# Praxis des
# Handels- und Wirtschaftsrechts

Heft 5

# Bankrecht

von

**Dr. Rainer M. Kohls**
Rechtsanwalt und Fachanwalt für Steuerrecht
in Frankfurt am Main

2., überarbeitete Auflage

C.H.BECK'SCHE VERLAGSBUCHHANDLUNG
MÜNCHEN 1997

Die Deutsche Bibliothek – CIP-Einheitsaufnahme

*Kohls, Rainer M. :*
Bankrecht / von Rainer M. Kohls. – München : Beck, 1997.
(Praxis des Handels- und Wirtschaftsrechts ; H. 5)
ISBN 3 406 42752 9
NE: GT

## ISBN 3 406 42752 9

Satz und Druck der C. H. Beck'sche Buchdruckerei, Nördlingen
Gedruckt auf säurefreiem, alterungsbeständigem Papier
(hergestellt aus chlorfrei gebleichtem Zellstoff)

# Vorwort

Das Bankrecht befindet sich in einem Übergangsstadium. In kaum einem anderem Rechtsgebiet vollzieht sich ein so vehementer Wandel, einerseits bedingt durch den fundamentalen Trend zur Dienstleistungswirtschaft, der sich besonders im Bereich der Finanzdienstleistungen auswirkt, andererseits verursacht durch die europäische Angleichung des Rechts der Finanzdienstleistungen und die damit verbundene Öffnung des deutschen Marktes für neue Finanzprodukte und -instrumente des Eurofinanzmarktes.

Dieses Kompaktlehrbuch soll vor allem Bankkaufleuten, Rechtsanwälten und fortgeschrittenen Studenten sowohl einen direkten, interdisziplinären Einstieg in die immer komplexere und kompliziertere Materie des Bankrechts ermöglichen als auch Repititorium sein. Es hat, nota bene, nicht den Anspruch, einen Kommentar zu ersetzen.

Trotz der für ein solches Buch unumgänglichen Beschränkung auf das Wesentliche, wurde insbesondere im Rahmen des privaten Bankrechts angestrebt, dogmatische Diskussionen zu besonderen Problembereichen neben dem beträchtlichen Umfang des zu vermittelnden Stoffes gebührend zu berücksichtigen.

Frankfurt am Main, im Juli 1997　　　　　　　　　　Dr. Rainer M. Kohls

# Inhaltsverzeichnis

Literaturverzeichnis . . . . . . . . . . . . . . . . . . . . . . . . . . . . . . . . . . . XIII
Abkürzungsverzeichnis . . . . . . . . . . . . . . . . . . . . . . . . . . . . . . . . . XV

**Erster Teil. Einführung** . . . . . . . . . . . . . . . . . . . . . . . . . . . . . . . . 1

**Zweiter Teil. Öffentliches Bankrecht** . . . . . . . . . . . . . . . . . . . . . . 7

**1. Kapitel. Kreditwesengesetz** . . . . . . . . . . . . . . . . . . . . . . . . . . . . 7
A. Allgemeines . . . . . . . . . . . . . . . . . . . . . . . . . . . . . . . . . . . . . . . 7
B. Kreditanzeigen, Organkredite und Bonitätsprüfung . . . . . . . . . . . . . . . 8
C. Eigenmittelausstattung und Liquidität . . . . . . . . . . . . . . . . . . . . . . 15
D. Beteiligungslimite des Einlagenkreditinstituts . . . . . . . . . . . . . . . . . . 18
E. Geschäftsleiterqualifikation . . . . . . . . . . . . . . . . . . . . . . . . . . . . . 18
F. Einlagensicherung und Anlegerentschädigung . . . . . . . . . . . . . . . . . . 19

**2. Kapitel. Bundesbankgesetz** . . . . . . . . . . . . . . . . . . . . . . . . . . . . 22
A. Allgemeines . . . . . . . . . . . . . . . . . . . . . . . . . . . . . . . . . . . . . . . 22
B. Mindestreservepolitik . . . . . . . . . . . . . . . . . . . . . . . . . . . . . . . . . 22
C. Diskontpolitik . . . . . . . . . . . . . . . . . . . . . . . . . . . . . . . . . . . . . . 24
D. Lombardpolitik . . . . . . . . . . . . . . . . . . . . . . . . . . . . . . . . . . . . . 24
E. Offenmarktpolitik . . . . . . . . . . . . . . . . . . . . . . . . . . . . . . . . . . . 25
F. Einlagenpolitik . . . . . . . . . . . . . . . . . . . . . . . . . . . . . . . . . . . . . 25
G. Sonstiges . . . . . . . . . . . . . . . . . . . . . . . . . . . . . . . . . . . . . . . . . 25

**3. Kapitel. Hypothekenbankgesetz** . . . . . . . . . . . . . . . . . . . . . . . . . 26

**Dritter Teil. Privates Bankrecht** . . . . . . . . . . . . . . . . . . . . . . . . . . 27

**1. Kapitel. Allgemeines** . . . . . . . . . . . . . . . . . . . . . . . . . . . . . . . . . 27
A. Bankvertrag . . . . . . . . . . . . . . . . . . . . . . . . . . . . . . . . . . . . . . . 27
B. Allgemeine Geschäftsbedingungen (AGB) . . . . . . . . . . . . . . . . . . . . 27
C. Bankgeheimnis und Bankauskunft . . . . . . . . . . . . . . . . . . . . . . . . . 28
D. Besonderheiten beim Tod eines Kunden . . . . . . . . . . . . . . . . . . . . . 30
E. Datenschutz . . . . . . . . . . . . . . . . . . . . . . . . . . . . . . . . . . . . . . . 32
F. Geldwäsche . . . . . . . . . . . . . . . . . . . . . . . . . . . . . . . . . . . . . . . 33

**2. Kapitel. Einlagengeschäft und Kontoarten** . . . . . . . . . . . . . . . . . . 36
A. Allgemeines . . . . . . . . . . . . . . . . . . . . . . . . . . . . . . . . . . . . . . . 36
B. Kontoarten . . . . . . . . . . . . . . . . . . . . . . . . . . . . . . . . . . . . . . . . 37
  I. Einzel-, Gemeinschafts- und Fremdkonto . . . . . . . . . . . . . . . . . . 37
  II. Sonderkonto . . . . . . . . . . . . . . . . . . . . . . . . . . . . . . . . . . . . 38
  III. Anderkonto . . . . . . . . . . . . . . . . . . . . . . . . . . . . . . . . . . . . 39
  IV. Sperrkonto . . . . . . . . . . . . . . . . . . . . . . . . . . . . . . . . . . . . . 40
  V. Nummernkonto . . . . . . . . . . . . . . . . . . . . . . . . . . . . . . . . . . 40
  VI. Kontokorrentkonto . . . . . . . . . . . . . . . . . . . . . . . . . . . . . . . 40
  VII. Sparkonto . . . . . . . . . . . . . . . . . . . . . . . . . . . . . . . . . . . . . 42

## 3. Kapitel. Kreditgeschäft ... 44
### A. Kredit ... 44
  I. Allgemeines ... 44
  II. Zins ... 44
  III. Kündigung ... 46
### B. Kreditarten ... 47
  I. Verbraucherkredit ... 47
  II. Finanzierungskredit ... 51
  III. Lombardkredit ... 53
  IV. Akzeptkredit ... 54
  V. Rembourskredit ... 55
### C. Kreditformen ... 56
  I. Kontokorrent – oder Überziehungskredit ... 56
  II. Konsortialkredit ... 58
    1. Allgemeines ... 58
    2. Syndizierung ... 58
    3. Konsortium ... 59
    4. Lead Manager/Agent ... 59
    5. Eurokonsortialkreditvertrag ... 60
  III. Schuldscheindarlehen ... 60
  IV. Kreditfazilitäten ... 61
### D. Kreditsicherheiten ... 62
  I. Allgemeines ... 62
    1. Bestellung und Verstärkung ... 62
    2. Sicherungsvertrag und Sicherungszweckvereinbarung ... 63
    3. Konkurs des Sicherungsgebers ... 65
  II. Sachsicherheiten ... 65
    1. Pfandrecht ... 65
      a) Pfandrecht an beweglichen Sachen ... 66
        aa) Rechtsnatur und Entstehung ... 66
        bb) Einwendungen und Einreden ... 67
        cc) Verwertung ... 67
        dd) Erlöschen ... 69
      b) Pfandrecht an Rechten ... 69
        aa) Allgemeines ... 69
        bb) Entstehung ... 69
          (1) Verbriefte Rechte ... 70
          (2) Nicht verbriefte Rechte ... 71
          (3) Forderungen ... 71
    2. Sicherungsübereignung ... 72
      a) Begriff und Gegenstand ... 72
      b) Entstehung ... 75
      c) Erlöschen ... 78
      d) Zwangsvollstreckung und Konkurs ... 78
    3. Sicherungsabtretung ... 79
      a) Begriff, Vorteile, Risiken und Rechtsnatur ... 79
      b) Abtretungsverbote ... 80
      c) Abtretung ... 81
      d) Verwertung ... 84
    4. Grundpfandrecht ... 84
      a) Hypothek ... 84
        aa) Rechtsnatur, Entstehung und Übertragung ... 84
        bb) Einreden und Einwendungen ... 85

cc) Besondere Hypothekenarten . . . . . . . . . . . . . . . . . . . . 86
dd) Haftungsumfang . . . . . . . . . . . . . . . . . . . . . . . . . . . 87
ee) Befriedigung des Gläubigers . . . . . . . . . . . . . . . . . . . . 88
b) Grundschuld . . . . . . . . . . . . . . . . . . . . . . . . . . . . . . . . 89
aa) Rechtsnatur und Entstehung . . . . . . . . . . . . . . . . . . . 89
bb) Befriedigung des Gläubigers . . . . . . . . . . . . . . . . . . . 90
cc) Übertragung . . . . . . . . . . . . . . . . . . . . . . . . . . . . . . 93
dd) Einreden und Einwendungen. . . . . . . . . . . . . . . . . . . 93
c) Rentenschuld . . . . . . . . . . . . . . . . . . . . . . . . . . . . . . . . 93
d) Freigabe von Grundpfandrechten . . . . . . . . . . . . . . . . . . 94
e) Zwangsvollstreckung aus Grundpfandrechten. . . . . . . . . . . 94
aa) Zwangsversteigerung . . . . . . . . . . . . . . . . . . . . . . . . 95
bb) Zwangsverwaltung. . . . . . . . . . . . . . . . . . . . . . . . . . 96
III. Personalsicherheiten . . . . . . . . . . . . . . . . . . . . . . . . . . . . . 97
1. Bürgschaft . . . . . . . . . . . . . . . . . . . . . . . . . . . . . . . . . . . 97
a) Rechtsnatur und Entstehung . . . . . . . . . . . . . . . . . . . . . . 97
b) Bürgschaftsfall . . . . . . . . . . . . . . . . . . . . . . . . . . . . . . . 99
c) Besondere Bürgschaften . . . . . . . . . . . . . . . . . . . . . . . . 101
d) Umfang. . . . . . . . . . . . . . . . . . . . . . . . . . . . . . . . . . . 102
e) Erlöschen . . . . . . . . . . . . . . . . . . . . . . . . . . . . . . . . . 102
2. Kreditauftrag . . . . . . . . . . . . . . . . . . . . . . . . . . . . . . . . . 103
3. Garantie . . . . . . . . . . . . . . . . . . . . . . . . . . . . . . . . . . . . 104
4. Patronatserklärung. . . . . . . . . . . . . . . . . . . . . . . . . . . . . 106
5. Gewährleistungen ausländischer Sicherungsgeber . . . . . . . . . 106
6. Schuldmitübernahme . . . . . . . . . . . . . . . . . . . . . . . . . . . 107

**4. Kapitel. Diskontgeschäft** . . . . . . . . . . . . . . . . . . . . . . . . . . . 108

**5. Kapitel. Wertpapiergeschäft** . . . . . . . . . . . . . . . . . . . . . . . . 110
A. Wertpapiere . . . . . . . . . . . . . . . . . . . . . . . . . . . . . . . . . . . 110
B. Kundenorders . . . . . . . . . . . . . . . . . . . . . . . . . . . . . . . . . . 111
C. Orderausführung . . . . . . . . . . . . . . . . . . . . . . . . . . . . . . . 113
I. Kommission . . . . . . . . . . . . . . . . . . . . . . . . . . . . . . . . 113
II. Eigengeschäft . . . . . . . . . . . . . . . . . . . . . . . . . . . . . . . 114
III. Insidergeschäft . . . . . . . . . . . . . . . . . . . . . . . . . . . . . . 115
D. Erfüllung . . . . . . . . . . . . . . . . . . . . . . . . . . . . . . . . . . . . 117
I. Einkaufsgeschäft . . . . . . . . . . . . . . . . . . . . . . . . . . . . . 117
II. Verkaufsgeschäft . . . . . . . . . . . . . . . . . . . . . . . . . . . . . 121

**6. Kapitel. Depotgeschäft** . . . . . . . . . . . . . . . . . . . . . . . . . . . . 122
A. Allgemeines . . . . . . . . . . . . . . . . . . . . . . . . . . . . . . . . . . . 122
B. Verwahrung und Verwaltung . . . . . . . . . . . . . . . . . . . . . . . 123
C. Verwahrarten . . . . . . . . . . . . . . . . . . . . . . . . . . . . . . . . . 124
I. Sonderverwahrung . . . . . . . . . . . . . . . . . . . . . . . . . . . 125
II. Sammelverwahrung . . . . . . . . . . . . . . . . . . . . . . . . . . 125
D. Gutschrift in Wertpapierrechnung . . . . . . . . . . . . . . . . . . . . 127
E. Verpfändung. . . . . . . . . . . . . . . . . . . . . . . . . . . . . . . . . . 127
F. Drittverwahrung . . . . . . . . . . . . . . . . . . . . . . . . . . . . . . . 128
G. Depotprüfung . . . . . . . . . . . . . . . . . . . . . . . . . . . . . . . . . 129

**7. Kapitel. Investmentgeschäft** . . . . . . . . . . . . . . . . . . . . . . . . 131
A. Begriff. . . . . . . . . . . . . . . . . . . . . . . . . . . . . . . . . . . . . . 131
B. Kapitalanlagegesellschaft . . . . . . . . . . . . . . . . . . . . . . . . . . 132

## X    Inhaltsverzeichnis

C. Fondverwaltung ............................................. 134
   I. Allgemeines ............................................. 134
   II. Wertpapierfonds ........................................ 136
   III. Beteiligungsfonds ...................................... 138
   IV. Immobilienfonds ....................................... 139
   V. Fondsbewertung ........................................ 139
D. Anteilscheine ............................................... 140
E. Depotbank .................................................. 142
F. Vertrieb ausländischer Fondsanteile ........................... 143

**8. Kapitel. Garantiegeschäft** ................................... 145
A. Allgemeines ................................................. 145
B. Besondere Garantiearten bzw. -formen ........................ 146
   I. ec-Karte ................................................ 146
   II. Kreditkarte ............................................ 147
   III. Hermes-Garantie ...................................... 148
   IV. Ausbietungsgarantie ................................... 149
   V. Scheckeinlösungsgarantie ............................... 149
   VI. Bankgarantien des Außenhandels ....................... 149
C. Indirekte Garantie ........................................... 150

**9. Kapitel. Girogeschäft und Zahlungsverkehr** ................. 151
A. Allgemeines ................................................. 151
B. Überweisung ................................................ 151
C. Lastschrift .................................................. 155
D. Scheckeinlösung und -inkasso ................................ 160
   I. Scheckeinlösung ........................................ 160
      1. Allgemeines ....................................... 160
      2. Erfüllung .......................................... 164
      3. Fälschung ......................................... 165
      4. Prüfungspflicht .................................... 165
      5. Bereicherungsausgleich ............................ 166
   II. Scheckinkasso .......................................... 167
      1. Verhältnis Bank – Kunde ........................... 167
      2. Interbanken – Giroverhältnis ....................... 169
E. Wechseleinlösung und -inkasso ............................... 170
F. ec-Automatenzahlung ....................................... 171
G. Electronic-Cash-System ..................................... 173
H. Btx-home banking .......................................... 173

**10. Kapitel. Factoringgeschäft und Forfaitierung** ............. 175

**11. Kapitel. Leasinggeschäft** .................................. 177

**12. Kapitel. Termingeschäft** ................................... 182
A. Allgemeines ................................................. 182
B. Börsentermingeschäft ....................................... 184
C. Termingeschäftsfähigkeit/Termineinwand .................... 185
D. Differenz- und Wetteinwand ................................. 188
E. Insidergeschäft .............................................. 189
F. Beratungspflichten .......................................... 190

**13. Kapitel. Emissionsgeschäft** ................................ 192
A. Emission und Emissionskonsortium ......................... 192
B. Prospekt .................................................... 195

| | |
|---|---|
| C. Prospekthaftung | 196 |
|    I. Haftung gem. §§ 45, 46 BörsG, 13 VerkProspG | 196 |
|    II. Allgemeine zivilrechtliche Prospekthaftung | 196 |
|    III. Enthaftung | 198 |
|    IV. Verjährung | 198 |
| D. Tender-Verfahren | 198 |

**14. Kapitel. Akkreditivgeschäft** . . . . . . . . . . . . . . . . . . . . . . . . . . . . 200

| | |
|---|---|
| A. Begriff und Abwicklungsmodalitäten | 200 |
| B. Rechtsbeziehungen | 202 |
| C. Haftung | 203 |
| D. Übertragung | 204 |
| E. Gegenakkreditiv (Back-to-Back-Credit) | 205 |

Stichwortverzeichnis . . . . . . . . . . . . . . . . . . . . . . . . . . . . . . . . . . . . . . 207

# Literaturverzeichnis

*Ashauer*, Wechsel- und Scheckrecht, 1988
*Assmann/Schütze*, Handbuch des Kapitalanlagerechts, 2. Aufl., 1997
*Baumbach/Hopt*, Handelsgesetzbuch, 29. Aufl., 1995
*Becker*, Das neue Wertpapierhandelsgesetz, 1995
*Beckmann/Bauer*, Entscheidungssammlung zum Bankenaufsichtsrecht, Stand: August 1989
*Blaurock*, Aktuelle Probleme aus dem Kreditsicherungsrecht, 1990
*Bülow*, Recht der Kreditsicherheiten, 1988
–, Konsumentenkredit in der höchstrichterlichen Rechtsprechung, 1989
*Canaris*, Großkommentar zum Handelsgesetzbuch, 3. Band, 1. Teil (Bankvertragsrecht), 1988
–, Großkommentar zum Handelsgesetzbuch, 3. Band, 3. Teil (Bankvertragsrecht), 1981
*Claussen*, Bank- und Börsenrecht, 1996
*Fleischmann*, Hypothekenbankgesetz, 1979
*Gacho*, Das Akkreditiv, 1985
*Gursky*, Wertpapierrecht, 1989
*Hadding/Häuser*, Rechtsfragen des Lastschriftverfahrens, 1981
*Hartung*, Wertpapieroptionsgeschäft, 1989
*Heinsius/Horn/Than*, Depotgesetz, 1975
*Hopt/Mülbert*, Kreditrecht, in: Staudinger, BGB, §§ 607ff., 12. Aufl., 1989
*Horn*, Bürgschaften und Garantien, 1989
*Hueck/Canaris*, Recht der Wertpapiere, 12. Aufl., 1986
*Hüffer*, Aktuelle Rechtsfragen zum Bankkonto, 2. Aufl., 1989
*Jährig/Schuck/Rösler/Weite*, Handbuch des Kreditgeschäfts, 5. Aufl., 1989
*Körner/Dach*, Geldwäsche, 1994
*Kohlhof*, Der Diskontkredit, 1985
*Kohls*, Die vorvertragliche Informationshaftung nach dem Recht der B. R. Deutschland, der U. S. A. und Englands am Beispiel der Lead Bank eines Kreditkonsortiums, 1990
*Mallmann/Schroeter*, Aktuelle Rechtsfragen zum Datenschutz im Bankverkehr, 1988
*Nielsen*, Das Bankrecht, 1989
–, Aktuelle Fragen aus Praxis und Rechtsprechung zum Inkasso-, Akkreditiv- und Garantiegeschäft, 1989
*Nirk*, Das Kreditwesengesetz, 1985
*Obermüller*, Die Bank im Konkurs und Vergleich ihres Kunden, 1985
*Obst/Hintner*, Geld-, Bank- und Börsenwesen, 39. Aufl., 1993
*Palandt/Bearbeiter*, Bürgerliches Gesetzbuch, 56. Aufl., 1997
*Pottschmidt/Rohr*, Kreditsicherungsrecht, 1992
*Reifner*, Handbuch des Kreditrechts, 1991
*Riebell/Barthelmes*, Kreditanzeigen nach dem KWG, 1986
*Rieder*, Der Kredit bei Tod des Darlehensnehmers, 1987
*Schebesta*, Bankprobleme beim Tod eines Kunden, 1988
*Schimansky/Bunte/Lwowski* (Hrsg.), Bankrechts-Handbuch, Bände I–III, 1997
*Schönle*, Bank- und Börsenrecht, 2. Aufl., 1976
*Schork*, Gesetz über das Kreditwesen, 18. Aufl., 1993

*Schwark*, Börsengesetz, 2. Aufl., 1994
*Schwarz*, Factoring, 1989
*Sichtermann/Feuerborn*, Das Bankgeheimnis, 1987
*Stöber*, Hypothek und Grundschuld in der Kreditpraxis, 1980
*Ulmer/Habersack*, Verbraucherkreditgesetz, 1992
*Weller*, Kreditkartenverfahren, 1986
*Witte*, Schuldscheindarlehen, 1966

# Abkürzungsverzeichnis

| | |
|---|---|
| a. A. | anderer Ansicht |
| a. a. O. | am angegebenen Ort |
| ABAF | Allgemeine Bedingungen für die Abtretung von Forderungen |
| Abs. | Absatz |
| a. E. | am Ende |
| a. e. c. | argumentum e contrario |
| AG | Aktiengesellschaft |
| AGB | Allgemeine Geschäftsbedingungen |
| AGB-Banken | Allgemeine Geschäftsbedingungen der Banken |
| AGB-DBBK | Allgemeine Geschäftsbedingungen der Deutschen Bundesbank |
| AGBG | AGB-Gesetz |
| AGBSp | Allgemeine Geschäftsbedingungen der Sparkassen |
| AKA | AKA Ausfuhrkreditgesellschaft mbH |
| AktG | Gesetz über Aktiengesellschaften und Kommanditgesellschaften auf Aktien |
| Alt. | Alternative |
| am. | amerikanisch |
| AMR | Anweisung über Mindestreserven |
| AnfG | Anfechtungsgesetz |
| Anm. | Anmerkung |
| AO | Abgabenordnung |
| Arg. | argumentum |
| Art. | Artikel |
| ASB | Allgemeine Sicherungsübereignungs-Bedingungen |
| Aufl. | Auflage |
| AuslInvestmG | Auslandinvestment-Gesetz |
| BAKred | Bundesaufsichtsamt für das Kreditwesen |
| Bank Arch. | Bankarchiv, Zeitschrift für Bank- und Börsenwesen |
| BB | Der Betriebsberater |
| BBankG | Bundesbankgesetz |
| BBauG | Bundesbaugesetz |
| BDSG | Bundesdatenschutzgesetz |
| BFH | Bundesfinanzhof |
| BGB | Bürgerliches Gesetzbuch |
| BGBl | Bundesgesetzblatt |
| BGH | Bundesgerichtshof, auch Entscheidungen des Bundesgerichtshofs in Zivilsachen (Band und Seite) |
| BONUS | Borrower Option for Notes and Underwritten Standby |
| BörsG | Börsengesetz |
| BörsZulV | Börsenzulassungs-Verordnung |
| BSE-Abkommen | Abkommen über das beleglose Scheckeinzugsverfahren |
| BStBl | Bundessteuerblatt |
| BT-DR | Bundestagsdrucksache |
| Btx | Bildschirmtext |

## Abkürzungsverzeichnis

| | |
|---|---|
| BuB | Bankrecht und Bankpraxis |
| BuM | Bundesamt für Materialprüfung |
| BVerfG | Bundesverfassungsgericht |
| bzw. | beziehungsweise |
| CD | Certificate of Deposit |
| c. i. c. | culpa in contrahendo |
| d/a | documents against acceptance |
| DB | Der Betrieb |
| DepotG | Depotgesetz |
| DG-BankG | Gesetz über die Deutsche Genossenschaftsbank |
| d. h. | das heißt |
| d/p | documents against payment |
| DSL-Bank-Gesetz | Gesetz über die Deutsche Siedlungs- und Landesrentenbank |
| DTB | Deutsche Terminbörse |
| ec | eurocheque |
| EDV | Elektronische Datenverarbeitung |
| EGBGB | Einführungsgesetz zum Bürgerlichen Gesetzbuch |
| Einf. | Einführung |
| ERA | Einheitliche Richtlinien und Gebräuche für Dokumenten-Akkreditive |
| ErbStDV | Erbschaftsteuer-Durchführungsverordnung |
| ErbStG | Erbschaftsteuer- und Schenkungsteuergesetz |
| ERP | European Recovery Program |
| EStG | Einkommensteuergesetz |
| etc. | et cetera |
| EU | Europäische Union |
| EV | Eigentumsvorbehalt |
| E. v. | Eingang vorbehalten |
| e. V. | eingetragener Verein |
| f./ff. | folgend(e) |
| FIBOR | Frankfurt Inter-Bank Offered Rate |
| FRA | Forward (Future) Rate Agreement |
| GBO | Grundbuchordnung |
| gem. | gemäß |
| GG | Grundgesetz |
| ggfls. | gegebenenfalls |
| GmbH | Gesellschaft mit beschränkter Haftung |
| GmbHG | Gesetz betreffend die Gesellschaften mit beschränkter Haftung |
| Grds. | Grundsatz |
| grds. | grundsätzlich |
| GUN | Grantor Underwritten Notes |
| GuV | Gewinn- und Verlustrechnung |
| GWG | Geldwäschegesetz |
| GZS | Gesellschaft für Zahlungssysteme mbH |
| HGB | Handelsgesetzbuch |
| Hinw. | Hinweis |
| h. L. | herrschende Lehre |
| h. M. | herrschende Meinung |
| HypBankG | Hypothekenbankgesetz |
| i. e. | id est |
| insbes. | insbesondere |
| Insiderhandels-Ri | Insiderhandels-Richtlinien |

# Abkürzungsverzeichnis XVII

| | |
|---|---|
| i. S. (v.) | im Sinne (von) |
| i. V. m. | in Verbindung mit |
| i. w. S. | im weiten (weitesten) Sinne |
| KAGG | Gesetz über Kapitalanlagegesellschaften |
| KfW-Gesetz | Gesetz über die Kreditanstalt für Wiederaufbau |
| KG | Kammergericht (Fußnote) |
| KG | Kommanditgesellschaft (Text) |
| KO | Konkursordnung |
| KWG | Kreditwesengesetz |
| LG | Landgericht |
| LIBOR | London Interbank Offered Rate |
| LM | Nachschlagewerk des Bundesgerichtshofs, hrsg. von Lindenmaier, Möhring u. a. |
| LSA | Abkommen über den Lastschriftverkehr |
| LZB | Landeszentralbank |
| m. a. W. | mit anderen Worten |
| m. w. N. | mit weiteren Nachweisen |
| n. F. | neue Fassung |
| NIF | Note Issuance Facilities |
| NJW | Neue Juristische Wochenschrift |
| Nr.(n) | Nummer(n) |
| o. a. | oben ausgeführt, oben angeführt |
| OECD | Organization for Economic Cooperation and Development |
| OHG | Offene Handelsgesellschaft |
| OLG | Oberlandesgericht |
| OLGZ | Entscheidungen der Oberlandesgerichte in Zivilsachen |
| OWiG | Ordnungswidrigkeitengesetz |
| PDA | Privatdiskont AG |
| PIN | Persönliche Identifikationsnummer |
| REIF | Revolving Euronote Issuance Facilities |
| RG | Reichsgericht, auch amtliche Sammlung der RG-Rechtsprechung (Band und Seite) |
| RGZ | Reichsgericht – Rechtsprechung in Zivilsachen (Band und Seite) |
| Rn. | Randnummer |
| Rspr. | Rechtsprechung |
| RUF | Revolving Underwriting Facilities |
| S. | Seite |
| s. | siehe |
| SchG | Scheckgesetz |
| SCHUFA | Schutzgemeinschaft für allgemeine Kreditsicherung |
| SEC | The Securities Exchange Commission |
| SNIF | Short-Term Note Issuance Facilities |
| s. o. | siehe oben |
| sog. | sogenannt(e, er, es) |
| SSD | Schuldscheindarlehen |
| StPO | Strafprozeßordnung |
| str. | streitig |
| s. u. | siehe unten |
| TAN | Transaktionsnummer |
| TRUF | Transferable Revolving Underwriting Facilities |
| u. a. | unter andere (m, n) |
| U. S. | United States |

## Abkürzungsverzeichnis

| | |
|---|---|
| u. U. | unter Umständen |
| VerbrKrG | Verbraucherkreditgesetz |
| VerkProspG | Verkaufsprospektgesetz |
| VerkProspVO | Verkaufsprospekt-Verordnung |
| VG | Verwaltungsgericht |
| vgl. | vergleiche |
| VGH | Verwaltungsgerichtshof |
| Warn. Rspr. | Rechtsprechung des Reichsgerichts, hrsg. von Warneyer |
| WG | Wechselgesetz |
| WM | Wertpapiermitteilungen |
| WpHG | Wertpapierhandelsgesetz |
| z. B. | zum Beispiel |
| Ziff. | Ziffer |
| ZPO | Zivilprozeßordnung |
| ZVG | Zwangsvollstreckungsgesetz |
| z. Z. | zur Zeit |

# Erster Teil. Einführung

Das Bankrecht besteht aus öffentlichem und privatem Bankrecht.
Das *öffentliche Bankrecht* betrifft die staatliche Aufsicht über das Kredit- und Finanzdienstleistungswesen. Rechtsgrundlagen sind u. a. das Gesetz über das Kreditwesen (KWG), das Gesetz über die Deutsche Bundesbank (BBankG), das Hypothekenbankgesetz (HypBankG), das Gesetz über Bausparkassen (BausparkG), das Gesetz über Kapitalanlagegesellschaften (KAGG), das Geldwäschegesetz (GWG), das Gesetz über die Deutsche Genossenschaftsbank (DG-BankG), das Gesetz über die Kreditanstalt für Wiederaufbau (KfW-Gesetz), das Gesetz über die Deutsche Ausgleichsbank (Ausgleichsbank-Gesetz), das Gesetz über die landwirtschaftliche Rentenbank (Rentenbankgesetz), das Gesetz über die Deutsche Siedlungs- und Landesrentenbank (DSL-Bank-Gesetz), Sparkassengesetze der Länder, Verordnungen etc., wobei bestimmte Gesetze (z. B. HypBankG, KAGG) eine Zwitterstellung zwischen öffentlichem und privatem Bankrecht einnehmen.

Das für die Aufsicht und Konzessionierung des Kredit- und Finanzdienstleistungswesens maßgebliche Gesetz ist das Kreditwesengesetz (§§ 6 I, 32 ff. KWG); nur im Sinne dieses Gesetzes gelten zum Beispiel die Deutsche Bundesbank oder die Kreditanstalt für Wiederaufbau weder als Kreditinstitut noch als Finanzdienstleistungsinstitut (§ 2 I, VI KWG), d. h. sie unterliegen nicht der Aufsicht durch das Bundesamt für das Kreditwesen (BAKred), sondern einer besonderen Staatsaufsicht. Das Schwergewicht der Ausführungen zum öffentlichen Bankrecht bildet im Rahmen dieses Buches naturgemäß das Kreditwesengesetz.

Das *private Bankrecht* ist das Recht der Bankgeschäfte. Nach § 1 I 2 Nr. 1–12 KWG sind **Bankgeschäfte**
- das **Einlagengeschäft**, i. e. die Annahme fremder Gelder als Einlagen oder anderer rückzahlbarer Gelder des Publikums, sofern der Rückzahlungsanspruch nicht in Inhaber- oder Orderschuldverschreibungen verbrieft wird, ohne Rücksicht darauf, ob Zinsen vergütet werden (Rn. 73 ff.). Die zweite Tatbestandsalternative setzt unbedingt rückzahlbare Gelder des Publikums voraus. Vermögenseinlagen stiller Gesellschafter, Genußrechte, die am laufenden Verlust des kapitalnehmenden Unternehmens teilnehmen, sowie nachrangige Forderungen, die vereinbarungsgemäß im Falle der Liquidation des kapitalnehmenden Unternehmens hinter die anderen Forderungen des Unternehmens zurücktreten, sind nur bedingt rückzahlbar und erfüllen diese Voraussetzung nicht. Genausowenig ist die Hereinnahme rückzahlba-

rer Gelder von verbundenen Unternehmen eine solche des Publikums. Die Ausgabe von Inhaber- oder Orderschuldverschreibungen ist ausgenommen, weil Industrieunternehmen dadurch die Möglichkeit erhalten sollen, sich direkt am Kapitalmarkt zu finanzieren, ohne dadurch selbst Kreditinstitute zu werden (BR-DR 963/96 S. 63);
- das **Kreditgeschäft**, i. e. die Gewährung von Gelddarlehen (Rn. 99 ff.) und Akzeptkrediten (Rn. 133 ff.);
- das **Diskontgeschäft**, i. e. der Ankauf von Wechseln und Schecks (Rn. 301 ff.);
- das **Finanzkommissionsgeschäft**, i. e. die Anschaffung und die Veräußerung von **Finanzinstrumenten** (Wertpapiere, Geldmarktinstrumente, Devisen, Rechnungseinheiten, Derivate) im eigenen Namen für fremde Rechnung (verdeckte Stellvertretung; vgl. auch Rn. 306 ff.). Erfolgt das Geschäft im fremden Namen für fremde Rechnung (offene Stellvertretung), dann handelt es sich um eine Finanzdienstleistung gem. § 1 Ia II Nr. 4 KWG (Abschlußvermittlung, s. u.). Der Handel im eigenen Namen für eigene Rechnung ist entweder Eigenhandel i. S. d. § 1 Ia 2 Nr. 4 KWG, wenn er als Geschäftsbesorgung für andere erfolgt (= Finanzdienstleistung), oder andernfalls Eigenhandel i. S. d. § 1 III 1 Nr. 5 KWG;
- das **Depotgeschäft**, i. e. die Verwahrung und die Verwaltung von Wertpapieren für andere (Rn. 344 ff.);
- das **Investmentgeschäft**, i. e. die in § 1 des Gesetzes über Kapitalanlagegesellschaften (KAGG) bezeichneten Geschäfte (Rn. 367 ff.);
- die Eingehung der Verpflichtung, Darlehensforderungen vor Fälligkeit zu erwerben;
- das **Garantiegeschäft**, i. e. die Übernahme von Bürgschaften, Garantien und sonstigen Gewährleistungen für andere (Rn. 401 ff.);
- das **Girogeschäft**, i. e. die Durchführung des bargeldlosen Zahlungsverkehrs und des Abrechnungsverkehrs (Rn. 417 ff.);
- das **Emissionsgeschäft**, i. e. die Übernahme von Finanzinstrumenten (s. o.) für eigenes Risiko zur Plazierung oder die Abgabe von Garantien für den Plazierungserfolg (sog. echtes Underwriting; Rn. 517 ff.);
- das **Geldkartengeschäft**, i. e. die Ausgabe vorausbezahlter Karten zu Zahlungszwecken (**Geldkarten**), vorausgesetzt, der Kartenemittent ist nicht der Leistungserbringer, der die Zahlung aus der Karte erhält (sog. dreiseitiges Geldkartengeschäft). Das zweiseitige Geldkartensystem (Kartenemittent ist auch Leistungserbringer) wurde wegen vermeintlich geringeren Risikos nicht der Bankaufsicht unterstellt (BR-DR 963/96 S. 63 f.). Nach Maßgabe des § 2 V KWG kann das BAKred im Benehmen mit der Deutschen Bundesbank darüberhinaus bestimmen, daß ein Geldkarteninstitut von bestimmten Vorschriften des KWG freigestellt wird, darunter auch die Vorschriften für angemessene Eigenmittel und Liquidität, weil, so die amtliche Begründung, auf

## Erster Teil. Einführung

Grund der (heute noch) begrenzten Nutzung und Verbreitung dieses Systems keine Gefährdung des Zahlungsverkehrs zu erwarten sei (BR-DR 963/96 S. 71);
- das **Netzkartengeschäft**, i. e. die Schaffung und die Verwaltung von Zahlungseinheiten in Rechnerzentren. **Netzgeld** sind vorausbezahlte elektronische Zahlungseinheiten, die anstelle von Bar- oder Buchgeld verwendet werden. Das vom Kreditinstitut emittierte Zahlungsmittel wird vom Benutzer auf PC-Festplatte gespeichert und einmalig oder auch mehrfach zur Abwicklung von Fernzahlungen durch Dialog zwischen den beteiligten Rechnern verwendet, wobei moderne kryptographische Verfahren vor Fälschungen oder Verfälschungen Schutz bieten sollen.

Der zuvor aufgeführte KWG-Katalog der zwölf Bankgeschäftskategorien ist unter dem Aspekt des privaten Bankrechts bei weitem nicht abschließend. Er ist lediglich die gesetzliche Grundlage zur Qualifizierung als **Kreditinstitut**, falls ein Unternehmen die in diesem Katalog bezeichneten Geschäfte gewerbsmäßig *oder* in einem Umfang betreibt, der einen in kaufmännischer Weise eingerichteten Geschäftsbetrieb erfordert (§ 1 I 1 KWG), d. h. selbst wenn der Umfang der nach Maßgabe des § 1 I 2 KWG ausgeübten Geschäfte objektiv keinen in kaufmännischer Weise eingerichteten Geschäftsbetrieb erfordert, qualifiziert ein Unternehmen dennoch als Kreditinstitut, falls es diese Geschäfte auf gewisse Dauer angelegt und mit der Absicht der Gewinnerzielung, also **gewerbsmäßig**, betreibt. Auch diejenigen Unternehmen qualifizieren danach als Kreditinstitute, die z. B. nur in geringer Zahl kurzfristig rückzahlbare, im Namen der Einleger bei anderen Kapitalnehmern zu plazierende Gelder hereinnehmen, und dafür keinen in kaufmännischer Weise eingerichteten Geschäftsbetrieb bedürfen. Gem. § 2 I Nr. 1–8 KWG *gelten* bestimmte, dort im einzelnen aufgeführte Anstalten und Unternehmen nicht als Kreditinstitute, obwohl sie es, wie z. B. die Bundesbank (Nr. 1) oder die Kreditanstalt für Wiederaufbau (Nr. 2), materiell sind. Diese öffentlich-rechtlichen Einrichtungen sind nicht dem BAKred, sondern einer besonderen Staatsaufsicht unterstellt.

Von den De-Lege-Bankgeschäften des § 1 I 2 KWG sind die sonstigen De-Facto-Bankgeschäfte zu unterscheiden, die, falls sie nicht gleichzeitig auch als De-Lege-Bankgeschäfte betrieben werden, allenfalls zum **Finanzdienstleistungsinstitut** oder **Finanzunternehmen** qualifizieren.

**Finanzdienstleistungen**, d. h. sonstige Geschäftstypen des privaten Bankrechts, sind gem. § 1 Ia Nr. 1–7 KWG
- die **Anlagevermittlung**, i. e. die Vermittlung von Geschäften über die Anschaffung und die Veräußerung von Finanzinstrumenten (s. o.) oder deren Nachweis. Der Anlagevermittler beschränkt sich auf die Entgegennahme und Übermittlung von Aufträgen von Anlegern.

Erfaßt ist die Tätigkeit des Nachweismaklers i. S. d. § 34c GewO, soweit sie sich auf Finanzinstrumente i. S. d. § 1 XI KWG bezieht;
- die **Abschlußvermittlung**, i. e. die Anschaffung und Veräußerung von Finanzinstrumenten im fremden Namen für fremde Rechnung. Die Regelung erfaßt die offene Stellvertretung. Sie deckt sich mit der Tätigkeit des Abschlußmaklers i. S. d. § 34c GewO, falls eine Partei beim Abschluß des Geschäfts vertreten wird. Ansonsten besteht bloße Anlagevermittlung i. S. d. § 1 Ia Nr. 1 KWG. Anlage- und Abschlußvermittler, die im Rahmen des KWG gleichgestellt werden, unterliegen kraft Gesetzes nur einer eingeschränkten Solvenzaufsicht, falls sie nicht befugt sind, sich bei der Erbringung von Finanzdienstleistungen Eigentum oder Besitz an Geldern oder Wertpapieren ihrer Kunden zu verschaffen, und nicht auf eigene Rechnung mit Finanzinstrumenten handeln (§ 2 VIII KWG);
- die **Finanzportfolioverwaltung**, i. e. die Verwaltung einzelner in Finanzinstrumenten angelegter Vermögen für andere mit Entscheidungsspielraum. Die Finanzportfolioverwaltung ist gegenüber der Depotverwaltung i. S. d. § 1 I 2 Nr. 5 KWG subsidiär. Soweit Wertpapiere betroffen sind, hat der Portfolioverwalter die Papiere auf einem Depotkonto des Kunden bei einem sog. Kassenverein (s. Rn. 346) verwahren zu lassen;
- der **Eigenhandel**, i. e. die Anschaffung und die Veräußerung von Finanzinstrumenten im Wege des Eigenhandels für andere. Erfolgt der Eigenhandel nicht als Geschäftsbesorgung für andere, liegt keine Finanzdienstleistung vor. Der Handel im fremden Namen für fremde Rechnung (offene Stellvertretung) ist dagegen eine Finanzdienstleistung, und zwar eine Abschlußvermittlung i. S. d. § 1 Ia 2 Nr. 2 KWG. Der Handel im eigenen Namen für fremde Rechnung (verdeckte Stellvertretung) ist schließlich Bankgeschäft i. S. d. § 1 I 2 Nr. 4 KWG (Finanzkommissionsgeschäft);
- die **Drittstaateneinlagenvermittlung**, i. e die Vermittlung von Einlagengeschäften mit Unternehmen mit Sitz außerhalb des Europäischen Wirtschaftsraums. Gem. § 53 KWG sind inländische Zweigstellen ausländischer Unternehmen, die Bankgeschäfte betreiben oder Finanzdienstleistungen erbringen, erlaubnispflichtig. Die verbreitete Umgehung dieser Vorschrift durch die Beauftragung eines inländischen Treuhänders, der von ihm eingesammelte Einlagegelder ins Nicht-EU-Ausland weiterleitet, wird dadurch entgegengewirkt, daß die Umgehungsform selbst als Finanzdienstleistung qualifiziert und dadurch der Aufsicht des BAKred unterstellt wird (BR-DR 963/96 S. 66f.);
- das **Finanztransfergeschäft**, i. e. die Besorgung von Zahlungsaufträgen. Der Tatbestand umfaßt den Transfer als Dienstleistung für andere und bezweckt die Aufsichtslücke zum Girogeschäft gem. § 1 I 2

Nr. 9 KWG, das lediglich die auf Grund von Geschäftsbesorgungsverträgen banktypische Verrechnung von Buchgeld mittels Gut- und Lastschriften betrifft, zu schließen und dadurch sog. Money Transmitter Agencies der Aufsicht des BAKred zu unterstellen;
– das **Sortengeschäft**, i. e der Handel mit Sorten. Das Sortengeschäft umfaßt den Austausch von Banknoten und Münzen, die gesetzliche Zahlungsmittel darstellen, sowie den Verkauf und den Ankauf von Reiseschecks. Die Vorschrift unterstellt, wie die Vorschrift über das Finanztransfergeschäft hinsichtlich der Money Transmitter Agencies, sog. Wechselstuben, die nach der früheren Rechtslage gezielt zur Geldwäsche mißbraucht wurden, der Aufsicht des BAKred.

Drittstaateneinlagenvermittler, Finanztransferdienstleister und Wechselstuben werden KWG-rechtlich gleich behandelt. Auch für sie besteht, wie für die Anlage- und Abschlußvermittler, eine nur eingeschränkte Solvenzaufsicht (§ 2 VII KWG).

Ein **Finanzdienstleistungsinstitut** ist ein Unternehmen, das, ohne selbst Kreditinstitut zu sein, die zuvor aufgeführten Finanzdienstleistungen für andere gewerbsmäßig **oder** in einem Umfang erbringt, der einen in kaufmännischer Weise eingerichteten Geschäftsbetrieb erfordert. Es gilt insoweit das bereits zuvor für das Kreditinstitut Gesagte entsprechend. Die Qualifikation eines Unternehmens als Finanzdienstleistungsinstitut ist ausdrücklich gegenüber seiner etwaigen Einordnung als Kreditinstitut subsidiär, d. h. ein als Kreditinstitut eingestuftes Unternehmen kann nicht gleichzeitig Finanzdienstleistungsinstitut sein. Finanzdienstleistungen werden in diesem Fall als De-Facto-Bankgeschäfte von dem Kreditinstitut erbracht. Prinzipiell bedürfen alle inländischen Unternehmen, die gewerbsmäßig Finanzdienstleistungen erbringen, der Erlaubnis nach § 32 KWG und der Aufsicht durch das BAKred. § 2 VI Nr. 1–12 KWG nimmt, wie § 2 I KWG hinsichtlich Kreditinstitute, bestimmte Anstalten und Unternehmen, die materiell als Finanzdienstleistungsinstitute einzustufen sind, aus dem Anwendungsbereich des KWG heraus, darunter aus den bereits dargelegten Gründen ebenfalls die Deutsche Bundesbank (Nr. 1) und die Kreditanstalt für Wiederaufbau (Nr. 2).

Weitere Geschäftstypen des privaten Bankrechts sind zum Beispiel auch die Geschäfte der **Finanzunternehmen** i. S. v. § 1 III 1 Nr. 1–8 KWG, das heißt
– Beteiligungserwerb,
– Factoring (Rn. 482 ff.),
– Leasing (Rn. 488 ff.),
– Ausgabe oder Verwaltung von Kreditkarten (Rn. 407 ff.) oder Reiseschecks,
– Eigenhandel in Finanzinstrumenten,
– Beratung Dritter bei der Anlage von Finanzinstrumenten (**Anlageberatung**),

6 Erster Teil. Einführung

- Dienstleistungen in den Bereichen Unternehmensberatung sowie „Mergers & Aquisitions",
- Vermittlung von Darlehen zwischen Kreditinstituten (**Geldmaklergeschäft**).

Das KWG legt den Begriff „Finanzunternehmen" als Restgröße einer quasi doppelten Subsidiarität für Unternehmen des Finanzsektors in dem Sinne fest, daß alle Unternehmen, die nicht bereits als Kreditinstitute oder Finanzdienstleistungsinstitute zu qualifizieren sind, von dieser Restgröße aufgefangen werden sollen.

Rechtsgrundlagen des Rechts der Bankgeschäfte, also des privaten Bankrechts, sind u. a. das Bürgerliche Gesetzbuch (BGB), das Handelsgesetzbuch (HGB), das Börsengesetz (BörsG), das Depotgesetz (DepotG), das Gesetz über Kapitalanlagegesellschaften (KAGG), das Verbraucherkreditgesetz (VerbrKrG), das Verkaufsprospektgesetz (VerkProspG), das Wechselgesetz (WG), das Wertpapierhandelsgesetz (WpHG), das Scheckgesetz (ScheckG), die Allgemeinen Geschäftsbedingungen der Banken (AGB-Banken) und der Sparkassen (AGBSp) sowie sonstige Sonderbedingungen, Richtlinien und Handelsbräuche, auf die im einzelnen im Rahmen dieses Buches eingegangen werden wird.

# Zweiter Teil. Öffentliches Bankrecht

## 1. Kapitel. Kreditwesengesetz

### A. Allgemeines

Ein Institut muß hinsichtlich der internen Risikosteuerung geeignete 7
Maßnahmen zur Steuerung, Überwachung und Kontrolle der typischen
Risiken seines Geschäfts aufweisen, und zwar insbesondere
- angemessene Regelungen, anhand derer sich die finanzielle Lage des Instituts jederzeit mit hinreichender Genauigkeit bestimmen läßt,
- eine ordnungsgemäße Geschäftsorganisation,
- ein angemessenes internes Kontrollverfahren,
- angemessene Sicherheitsvorkehrungen für den Einsatz der elektronischen Datenvereinbarung,
- Aufzeichnungen über die ausgeführten Geschäfte, die eine lückenlose Überwachung durch das BAKred gewährleisten (vgl. § 25a I KWG).

Das Kreditwesengesetz bezweckt, die Funktionsfähigkeit des Kredit- und Finanzdienstleistungswesens durch ein externes System von präventiven und repressivem Risikomanagement zu sichern.

*Präventiv* erfolgt die Risikosteuerung insbesondere durch einen Erlaubnisvorbehalt zum Betreiben von Bankgeschäften i. S. v. § 1 I 2 KWG und Finanzdienstleistungen i. S. v. § 1 Ia KWG (§ 32 KWG) sowie laufende Überwachung der Kreditinstitute, umfangreiche Anzeigepflichten, Monatsausweispflichten (§ 25 KWG), Auskunftsverlangen, Auflagen und Prüfungen (§§ 44–44c KWG), insbesondere Jahresabschluß- und Zwischenprüfungen (§ 29 KWG) sowie Depotprüfungen (§ 30 KWG).

*Repressive* Maßnahmen sind z. B. die Aufhebung der Betriebserlaubnis (§ 35 KWG), die Abberufung von Geschäftsleitern (§ 36 KWG), die Anordnung der sofortigen Einstellung des Geschäftsbetriebs im Falle unerlaubten Betreibens von Bankgeschäften bzw. Erbringens von Finanzdienstleistungen oder der Vornahme ungesetzlicher Geschäfte (§ 37 KWG), die Anordnung von Sonderprüfungen (§§ 44 I 2, 44b KWG) und Moratorien (§ 47 KWG), das Verbot der Vornahme von Gewinnausschüttungen, das Verbot der Annahme von Einlagen und/oder der Gewährung neuer Kredite (§§ 45, 46 KWG) sowie die Anordnung von Zwangsmaßnahmen nach den Bestimmungen des Verwaltungs-Vollstreckungsgesetzes (§ 50 KWG) und/oder die Verhängung von Freiheits-, Geldstrafen und -bußen (§§ 54 ff. KWG).

Die Aufsicht über Kredit- und Finanzdienstleistungsinstitute sowie alle damit zusammenhängenden Maßnahmen übt das Bundesaufsichtsamt für das Kreditwesen (BAKred) aus; es hat Mißständen im Kredit- und Finanzdienstleistungswesen entgegenzuwirken, welche die Sicherheit der den Instituten anvertrauten Vermögenswerte gefährden, die ordnungsmäßige Durchführung der Bankgeschäfte oder Finanzdienstleistungen beeinträchtigen oder erhebliche Nachteile für die Gesamtwirtschaft herbeiführen können. Es kann im Rahmen der ihm zugewiesenen Aufgaben gegenüber dem Institut und seinen Geschäftsleitern Anordnungen treffen, die geeignet und erforderlich sind, solche Mißstände in dem Institut zu verhindern oder zu beseitigen (§ 6 I, II KWG).

Das BAKred handelt ausschließlich im öffentlichen Interesse und arbeitet in Verfolgung seiner Aufgaben mit der Deutschen Bundesbank zusammen (§§ 6 III, 7 KWG), und zwar vorwiegend im Wege des Informationsaustausches. In diesem Zusammenhang können auch personenbezogene Daten an das BAKred übermittelt werden, und zwar von der Bundesbank an das BAKred auch im automatisierten Datenaustausch, falls bei jedem zehnten Datenabruf für Zwecke der Datenschutzkontrolle der Zeitpunkt, die Angaben, welche die Feststellung der aufgerufenen Daten ermöglichen, sowie die für den Abruf verantwortliche Person protokolliert werden (§ 7 II KWG).

Dem Erlaubnisvorbehalt gem. § 32 KWG unterliegen nur Institute, also Kreditinstitute und Finanzdienstleistungsinstitute, nicht dagegen bloße Finanzunternehmen i. S. v. § 1 III KWG (vgl. Rn. 5). Andererseits beschränkt sich die laufende Bankenaufsicht des BAKred keineswegs nur auf die erlaubnispflichtigen Bankgeschäfte i. S. v. § 1 I 2 KWG bzw. Finanzdienstleistungen i. S. v. § 1 Ia KWG, sondern auch auf Finanzgeschäfte i. S. v. § 1 III KWG. Demzufolge haben die Kredit- oder Finanzdienstleistungsinstitute die Aufnahme oder Einstellung auch dieser Geschäfte unverzüglich dem BAKred anzuzeigen (§ 24 I Nr. 9 KWG).

## B. Kreditanzeigen, Organkredite und Bonitätsprüfung

8    Zu Aufsichtszwecken wird hinsichtlich der Meldung von sog. Groß- und Millionenkrediten i. S. d. §§ 13, 14 KWG der **Kreditbegriff** des § 1 I 2 Nr. 2 KWG („Gewährung von Gelddarlehen und Akzeptkrediten") fiktiv wesentlich erweitert und umfaßt gem. § 19 I 1 KWG Bilanzaktiva i. S. v. § 19 I 2 KWG, Termingeschäfte i. S. v. § 1 XI 4 (**Derivative**) mit Ausnahme der Stillhalterpositionen von Optionsgeschäften sowie die dafür übernommenen Gewährleistungen und andere außerbilanzielle Geschäfte i. S. d. § 19 III KWG (z. B. Indossamentsverbindlichkeiten aus weitergegebenen Wechseln, Bürgschaften und Garantien für Bank-

## 1. Kapitel. Kreditwesengesetz

aktiva, Akkreditive, Terminkäufe auf Aktiva, Plazierung von Termineinlagen auf Termin, Ankaufs- und Refinanzierungszusagen etc.). Gem. § 13 I, IV KWG haben Institute, die von den Vorschriften über das Handelsbuch (vgl. Rn. 10) freigestellt sind (**Nichthandelsbuchinstitute**), der Deutschen Bundesbank unverzüglich anzuzeigen, wenn die Gesamtheit ihrer Kredite i. S. d. § 19 I KWG und Zusagen von Kreditrahmenkontingenten an *einen* Kreditnehmer (kreditnehmerbezogene Gesamtposition) insgesamt 15 vom Hundert (ab 1. 1. 1999: 10 v. H.) ihres haftenden Eigenkapitals i. S. d. § 10 II 2 KWG (**Kernkapital** i. S. d. § 10 II a KWG + **Ergänzungskapital** i. S. d. § 10 II b KWG) ohne Berücksichtigung der eigenmittelqualifizierenden Drittrangmittel, (s. Rn. 20) erreichen oder übersteigen (**Großkredite**). Die Deutsche Bundesbank leitet diese Anzeigen dann mit ihrer Stellungnahme an das BAKred weiter, falls diese nicht darauf verzichtet (§ 13 I 3 KWG). Kredite an einen Kreditnehmer dürfen 40 vom Hundert (ab 1. 1. 1999: 25 v. H.) des haftenden Eigenkapitals nicht überschreiten (§ 13 III 1 KWG, sog. **Großkrediteinzelobergrenze**). Geschieht dies trotzdem, ist das Überschreiten der Großkrediteinzelobergrenze nicht nur unverzüglich dem BAKred und der Deutschen Bundesbank anzuzeigen, sondern auch um den Betrag, um den der Großkredit die Großkrediteinzelobergrenze überschreitet, mit haftendem Eigenkapital zu unterlegen (§ 13 III 2 KWG). Die Kredite eines Nichthandelsbuchinstituts an verbundene Unternehmen dürfen ohne Zustimmung des BAKred 30 vom Hundert (ab 1. 1. 1999: 20 v. H.) des haftenden Eigenkapitals nicht überschreiten, falls die betreffenden Großkreditnehmer nicht nach den Bestimmungen des KWG oder den Vorgaben einer Aufsichtsbehörde in einem anderen Staat des Europäischen Wirtschaftsraums konsolidiert werden. Geschieht es dennoch, ist dies unverzüglich dem BAKred und der Deutschen Bundesbank anzuzeigen und der überschießende Betrag mit zusätzlichem haftenden Eigenkapital zu unterlegen (§ 13 III 3, 4 KWG). Alle Großkredite zusammen dürfen schließlich ohne Zustimmung des BAKred nicht das Achtfache des haftenden Eigenkapitals des Nichthandelsbuchinstituts überschreiten. Auch in diesem Fall ist ein Zuwiderhandeln unverzüglich dem BAKred und der Deutschen Bundesbank anzuzeigen und der überschießende Betrag mit zusätzlichem haftenden Eigenkapital zu unterlegen (§ 13 III 5, 6 KWG).

Im Gegensatz zu Nichthandelsbuchinstituten richtet sich die Großkredit-Anzeigepflicht von **Handelsbuchinstituten** nicht nach ihrem haftenden Eigenkapital, sondern nach ihren Eigenmitteln i. S. d. § 10 II 1 KWG (haftendes Eigenkapital + Drittrangmittel i. S. d. § 10 II c KWG). Gem. § 13a I 3 KWG sind danach von dem Handelsbuchinstitut die Gesamtheit der Kredite an einen Kreditnehmer der Deutschen Bundesbank anzuzeigen, wenn diese kreditnehmerbezogene Gesamtposition 10 vom Hundert ihrer Eigenmittel erreicht oder überschreitet. Es ist davon auszugehen, daß dieser Vomhundertsatz erst ab 1. Januar 1999 gilt, und bis zu diesem Zeitpunkt auf Grund eines Redaktionsversehens in § 64d 1 KWG („Übergangsregelung für Großkredite") noch ein Vomhundertsatz von 15 gilt (s. u.). Der irreführende Begriff **Handelsbuch**, der sich jedoch in der Bankpraxis durchgesetzt hat und nicht mit den HGB-Handelsbüchern zu verwechseln ist, bedeutet eine aus bestimmten, in § 1 XII 1 Nr. 1–4 KWG im einzelnen aufgeführten Beständen und Geschäften kalkulierte Gesamtrisikoposition, wobei die Finanzinstrumente i. S. d. § 1 XI 1 KWG (Wertpapiere, Geldmarktinstrumente, Devisen, Rechnungseinheiten, Derivate) der Ausgangspunkt sind, allerdings unter Außerachtlassung von Devisen, Rechnungseinheiten sowie Warenund Edelmetallderivaten (vgl. § 1 XII 3 KWG). Alles, was nicht zur Risikoposition „Handelsbuch" gehört, bildet begrifflich die Restgröße **Anlagebuch** (§ 1 XII 4 KWG). Beide „Bücher" zusammen bilden das **Gesamtbuch**. Bei Handelsbuchinstituten resultiert aus der Unterscheidung dieser zwei gesetzlich vorgegebenen Risikopositionen („Bücher"), daß nicht allein die Gesamtheit der Kredite an einen Kreditnehmer, die 10 vom Hundert (bis 31. 12. 1998 höchstwahrscheinlich 15 v. H.) der Eigenmittel erreichen oder überschreiten, anzeigepflichtig ist, sondern auch die Gesamtheit der Kredite an einem Kreditnehmer, die 15 vom Hundert (ab 1. 1. 1999: 10 v. H.) der Anlagebuch-Gesamtposition (**kreditnehmerbezogene Anlagebuch-Gesamtposition**) erreicht oder überschreitet (**Anlagebuch-Großkredit**; § 13a I 3, 4 KWG). Ohne Zustimmung des BAKred darf die kreditnehmerbezogene Anlagebuch-Gesamtposition eines Handelsbuchinstituts darüber hinaus 40 vom Hundert (ab 1. 1. 1999: 25 v. H.) seines haftenden Eigenkapitals (nicht der Eigenmittel) nicht überschreiten (**Anlagebuch-Großkrediteinzelobergrenze**; § 13a III 1 KWG). Geschieht dies dennoch, ist die Überschreitung dem BAKred und der Deutschen Bundesbank anzuzeigen und der Überschreitungsbetrag mit zusätzlichem haftenden Eigenkapital zu unterlegen (§ 13a III 2 KWG). Die kreditnehmerbezogene Anlagebuch-Gesamtposition eines Handelsbuchinstituts gegenüber einem verbundenen Unternehmen darf ohne Zustimmung des BAKred 30 vom Hundert (ab 1. 1. 1999: 20 v. H.) seines haftenden Eigenkapitals (nicht der Eigenmittel) nicht überschreiten, falls die betreffenden Großkreditnehmer nicht nach den Bestimmungen des KWG oder den Vorgaben einer Aufsichtsbehörde in einem anderen Staat des Europäischen Wirtschaftsraums mit dem Kreditgeber konsolidiert werden (§ 13a IV 3 KWG). Unabhängig davon, ob das BAKred seine Zustimmung zum Überschreiten der Anlagebuch-Großkrediteinzelobergrenze erteilt, hat das Handelsbuchinstitut das Überschreiten dem BAKred und der Deutschen Bundesbank anzuzeigen und den Überschreitungsbetrag mit haftendem Eigenkapital zu unterlegen (§ 13a III 3, 4 KWG). Das Handelsbuchinstitut hat darüber hinaus sicherzustellen, daß ohne Zustimmung des BAKred die Gesamtheit aller Anlagebuch-Großkredite das Achtfache seines haftenden Eigenkapitals (**Anlagebuch-Großkreditgesamtobergrenze**) nicht überschreitet (§ 13a III 5 KWG). Unabhängig davon, ob das BAKred seine Zustimmung erteilt, hat das Handelsbuchinstitut das Überschreiten der Anlagebuch-Großkreditgesamtobergrenze dem BAKred und der Deutschen Bundesbank anzuzeigen und mit zusätzlichem haftenden Eigenkapital zu unterlegen (§ 13a III 6 KWG). Die obigen Erörterungen gelten entsprechend für das Verhältnis der kreditnehmerbezogenen Gesamtposition zu den Eigenmitteln, worauf dann entsprechend die **Gesamtbuch-Großkrediteinzelobergrenze** (40 vom Hundert der Eigenmittel; ab 1. 1. 1999: 25 v. H.) bzw. **Gesamtbuch-Großkreditgesamtobergrenze** (Achtfaches der Eigenmittel) anzuwenden ist (vgl. im einzelnen § 13a IV KWG). Selbst wenn das BAKred nach pflichtgemäßem Ermessen seine Zustimmung zur Überschreitung der Gesamtbuch-Großkrediteinzelobergrenze oder gem. § 13a IV 3 KWG zum Überschreiten der kreditnehmerbezogenen Gesamtposition gegenüber verbundenen Unternehmen (30 vom Hundert der Eigenmittel; ab 1. 1. 1999: 20 v. H.) erteilt, darf die **kreditnehmerbezogene Handelsbuch-Gesamtposition**, also das Verhältnis der Gesamtheit der Kredite an einen Kreditnehmer eines Handelsbuchinstituts zu seinem Handelsbuch (§ 13a I 4 KWG), höchstens das Fünffache seiner Eigenmittel, die nicht zur Unterlegung von Risiken des Anlagebuchs benötigt werden, betragen (§ 13a V 1 KWG). Eine Überschreitung dieses Limits ist unverzüglich dem BAKred und der Deutschen Bundesbank anzuzeigen und der Überschreitungsbetrag mit zusätzlichen Eigenmitteln zu unterlegen. Die Gesamtheit aller kreditnehmerbezogenen Gesamtpositionen, welche die Obergrenzen gem. § 13a IV 1 und 3 KWG (s. o.) länger als 10 Tage überschreiten, dürfen nach Abzug der Beträge, die diese Obergrenzen nicht überschreiten (**Gesamt-Überschreitungsposition**), zusammen nicht das Sechsfache der Eigenmittel des Handelsbuchinstituts überschreiten (§ 13a V 3 KWG). Auch insofern besteht eine unverzügliche Anzeigepflicht gegenüber dem BAKred und der Deutschen Bundesbank sowie die Pflicht zur Unterlegung zusätzlicher Eigenmittel.

Die Großkreditbestimmungen der §§ 13, 13a KWG sind auch auf konsolidierter Basis einzuhalten. Der Konsolidierungskreis wird dem § 10a KWG (s. Rn. 21) gleichgeschaltet (§ 13b KWG).

Gem. § 64d KWG („Übergangsregelung für Großkredite") gilt ab 1. 1. 1999 für die Großkreditdefinitionsgrenze nach § 13 I 1 KWG ein Vomhundertsatz von 10 statt 15. Dies sollte auf Grund eines redaktionellen Versehens in § 64d 1 KWG auch für die Gesamtbuch-Großkreditgrenze (nicht „Gesamtbuch-Großkreditgesamtobergrenze") nach § 13a I 3 KWG (nicht „§ 13a IV 5 KWG") gelten. Für die Großkrediteinzelobergrenze nach § 13 III 1 oder 3 KWG, die Anlagebuch-Großkrediteinzelobergrenze nach § 13a III 1 oder 3 KWG und die Gesamtbuch-Großkrediteinzelobergrenze nach § 13a IV 1 oder 3 und 4 gilt dann ein Vomhundertsatz von 25 statt 40 bzw. ein Vomhundertsatz von 20 statt 30. Die Kredite sind bis zum 31. 12. 2001 auf die Großkrediteinzelobergrenzen nach § 13 III 1 oder 3 KWG und § 13a IV 1 oder 3 KWG zurückzuführen, es sei denn, es handelt sich um Kredite, die bereits vor dem 1. 1. 1996 gewährt wurden und die auf Grund vertraglicher Bedingungen erst nach dem 31. 12. 2001 fällig werden. Die oben genannten Fristen verlängern sich für Institute, deren haftendes Eigenkapital am 5. 2. 1993 sieben Millionen ECU betrug, jeweils um fünf Jahre (vgl. im einzelnen § 64d KWG). Kreditinstitute (nicht Finanzdienstleistungsinstitute), die am 1. 1. 1998 über eine Erlaubnis nach § 32 KWG verfügen, brauchen die §§ 13 bis 13b KWG erst ab 1. 10. 1998 anzuwenden. Sollten sie sich dazu entscheiden, haben sie dies dem BAKred und der Deutschen Bundesbank anzuzeigen und bis dahin die §§ 13, 13a KWG in der Fassung vom 22. 1. 1996 anzuwenden (§ 64e IV KWG). Zu den Anzeige- und Berechnungspflichten gem. §§ 13 bis 13b KWG gibt es zahlreiche gesetzliche Ausnahmen (vgl. im einzelnen § 20 II–V KWG).

**13** Gem. § 14 I 1 KWG haben Kreditinstitute, Eigenhändler i. S. d. § 1 Ia 2 Nr. 4 KWG und Factoringunternehmen i. S. d. § 1 III 1 Nr. 2 KWG der Deutschen Bundesbank bis zum 15. der Monate Januar, April, Juli und Oktober diejenigen Kreditnehmer anzuzeigen, deren Verschuldung zu einem Zeitpunkt während der dem Meldetermin vorhergehenden drei Kalendermonate 3 Millionen Deutsche Mark oder mehr betragen hat (**Millionenkredite**), wobei ein inländisches übergeordnetes Institut (s. Rn. 21) verpflichtet ist, für alle in- und ausländischen nachgeordneten Unternehmen i. S. d. § 10a II–V KWG, einschließlich Finanzunternehmen und Unternehmen mit bankbezogenen Hilfsdiensten, die Anzeigen einzureichen (§§ 14 I 2, 13b II KWG). Ausgenommen davon sind allerdings die inländischen nachgeordneten Unternehmen, die selbst anzeigepflichtig sind (§ 14 I 3 KWG). Die danach nicht selbst anzeigepflichtigen gruppenangehörigen Unternehmen haben dem übergeordneten Unternehmen die dafür erforderlichen Angaben zu übermitteln (§ 14 I 4 KWG). Von den Anzeigepflichten gem. § 14 KWG werden zahlreiche Kredite (i. S. d. § 19 I 1 KWG) fiktiv ausgenommen (vgl. im einzelnen § 20 VI KWG).

**14 Organkredite** i. S. d. § 15 I 1 KWG (z. B. Kredite an Geschäftsleiter i. S. d. § 1 II 1 KWG, Gesellschafter i. S. d. § 15 I 1 Nr. 2 KWG, Aufsichtsorgane, Prokuristen und zum gesamten Geschäftsbetrieb ermächtigte Handlungsbevollmächtigte, die Ehegatten und minderjährigen Kinder der Vorgenannten sowie verbundene Unternehmen i. S. d. § 15 I 1 Nrn. 9, 10 KWG) sind zwar grds. nicht anzeigepflichtig, Kredite i. S. d. § 21 I 1 KWG sowie Entnahmen, die über die einem Geschäftsleiter oder einem Aufsichtsorgan zustehenden Vergütungen hinausgehen, dürfen aber grds. nur erfolgen, wenn *vor* der Kreditgewährung ein ein-

## 1. Kapitel. Kreditwesengesetz

stimmiger Beschluß sämtlicher Geschäftsleiter des Instituts und die ausdrückliche Zustimmung des Aufsichtsorgans vorliegt, es sei denn, die Kreditlimite gem. § 15 III KWG werden unterschritten oder der wegen Eilbedürftigkeit nicht vor Kreditgewährung gefaßte Beschluß wird in den Fällen des § 15 I 1 Nr. 6 bis 11 KWG durch eine unverzügliche nachträgliche Zustimmung der vorbezeichneten Genehmigungsorgane ersetzt (§ 15 IV 4 1. Hs. KWG). Gleiches gilt für die Gewährung von Krediten eines abhängigen oder beherrschten Unternehmens an die in § 15 II 1 KWG aufgeführten Organe des herrschenden Instituts. In diesen Fällen muß die ausdrückliche Zustimmung des Aufsichtsorgans des herrschenden Instituts erteilt sein (§ 15 II 2 KWG). Für Schäden aus Organkrediten, die unter Verletzung des § 15 KWG gewährt wurden, haften Geschäftsleiter und Aufsichtsorgane dem betroffenen Institut unter bestimmten Voraussetzungen gesamtschuldnerisch, und zwar hinsichtlich ihres Verschuldens unter Umkehr der Beweislast (vgl. § 17 I KWG).

Die Gewährung von Krediten darf gem. § 18 S. 1, 2 KWG grundsätzlich nur erfolgen, wenn die **Bonität** eines jeden Kreditnehmers (i. S. d. § 19 II KWG) durch Offenlegung seiner wirtschaftlichen Verhältnisse vor Kreditgewährung geprüft wurde, es sei denn, der Kredit ist nicht höher als 500 000 Deutsche Mark oder das Verlangen nach Offenlegung ist im Hinblick auf die gestellten Sicherheiten oder auf die Mitverpflichteten offensichtlich unbegründet. Diese Pflicht zur Bonitätsprüfung beschränkt sich nicht nur auf den Zeitpunkt der Kreditgewährung, sondern gilt für die gesamte Laufzeit des Krediites (a. e. c. aus § 18 S. 3 KWG). Die Offenlegung *zum Zeitpunkt der Kreditgewährung* hat bei natürlichen Personen mindestens durch Selbstauskunft nebst Vorlage des letzten Einkommensteuerbescheides, bei Unternehmen durch Vorlage mehrerer unterschriebener, möglichst testierter Abschlüsse der letzten Jahre zu erfolgen. Bei einer ausschließlich auf Sicherheiten abgestellten Kreditvergabe, insbesondere bei verpfändeten Wertpapierdepots, Sicherungsabtretungen und Sicherungsübereignungen, ist eine ständige Überprüfung des Bestandes und/oder der Werthaltigkeit der Sicherheiten vorzunehmen.

Als einwandfrei gesichert und vollständig gedeckt können Kredite nur gelten, wenn bestimmte, durch das BAKred in diversen Verlautbarungen festgesetzte **Höchstwerte** nicht überschritten werden, und zwar für
– Sparguthaben und Termineinlagen (jeweils in Landeswährung) der Nennwert,
– Bausparverträge der Ansparwert,
– Lebensversicherungen der Rückkaufswert,
– Edelmetalle der Metallwert,
– festverzinsliche Wertpapiere 80% des jeweiligen Börsenkurses,
– Dividendenwerte 60% des jeweiligen Börsenkurses,

14  Zweiter Teil. Öffentliches Bankrecht

- Wertpapiere ohne Kursnotierung 75% des Steuerwertes,
- Beteiligungen 75% des Vermögenssteuerwertes,
- Grundstücke bis zu 50% des Verkehrswertes oder bis zu 60% des nach §§ 11, 12 HypBankG vorsichtig ermittelten Beleihungswertes.

Warendokumente, Sicherungsübereignungen und Sicherungsabtretungen rechtfertigen, selbst wenn hohe Risikoabschläge vorgenommen werden, nur in Ausnahmefällen einen Verzicht auf Offenlegung der wirtschaftlichen Verhältnisse, weil die mit diesen Sicherheiten verbundenen rechtlichen und tatsächlichen Risiken meistens nur schwer abzuschätzen sind. Bei einer ausschließlich auf Sicherheiten abgestellten Kreditvergabe, insbesondere bei verpfändeten Wertpapierdepots, Sicherungsabtretungen und Sicherungsübereignungen, hat das Kreditinstitut eine ständige Überprüfung des Bestandes und der Werthaltigkeit der Sicherheiten vorzunehmen. Auch *nach Kreditgewährung* ist grundsätzlich bei nicht ausreichender Besicherung oder Fehlens von qualifizierten Mitverpflichteten eine laufende Offenlegung seitens des Kreditnehmers erforderlich. Das Kreditinstitut *kann* allerdings gem. § 18 S. 3 KWG von einer solchen laufenden Offenlegung absehen, wenn insbesondere
- der Kredit durch Grundpfandrechte auf selbstgenutztes Wohneigentum gesichert ist,
- der grundpfandrechtlich besicherte Kredit 80% des nach § 12 HypBankG vorsichtig ermittelten Beleihungswertes des Pfandobjekts nicht übersteigt,
- der Kreditnehmer die von ihm geschuldeten Zins- und Tilgungsleistungen störungsfrei erbringt.

17  Für Organkredite und Bonitätsprüfung gilt ebenfalls ein besonderer Kreditbegriff. Gem. § 21 I 1 KWG fallen darunter unter anderen Gelddarlehen aller Art, Akzeptkredite, Diskontierung von Wechseln und Schecks, Bürgschaften, Garantien und sonstige Gewährleistungen eines Instituts und dessen mehr als 25%iger Besitz an Aktien und Geschäftsanteilen eines anderen Unternehmens. Auch Factoring ist ein Kredit i. S. d. §§ 15, 18 KWG, es sei denn, die Forderungen gegen den jeweiligen Schuldner werden laufend erworben, der Veräußerer der Forderung hat nicht für ihre Erfüllung einzustehen und die Forderung ist innerhalb von drei Monaten, vom Tage des Ankaufs an gerechnet, fällig (§ 21 I 1 Nr. 1, IV KWG). Andere Kredite wiederum sind ausdrücklich ausgenommen, wie z. B. hinsichtlich § 18 KWG (Bonitätsprüfung) Kredite an Bund, rechtlich unselbständige Sondervermögen des Bundes oder der Länder, Länder, Kommunen, Kommunalverbände, ungesicherte Geldhandelsforderungen zwischen Instituten, Wechselgeschäfte zwischen Instituten, abgeschriebene Kredite oder Realkredite (§ 21 II, III KWG).

18  Gem. § 19 II 1 KWG gelten als *ein* Kreditnehmer im Sinne der zuvor behandelten §§ 13 bis 18 KWG auch eine Mehrzahl natürlicher oder juristischer Personen, falls auf Grund eines zwischen ihnen vorhandenen

Beherrschungsverhältnisses eine Risikoeinheit dergestalt besteht, daß finanzielle Schwierigkeiten des einen auch zu Zahlungsschwierigkeiten des/r anderen führt. Dies ist gem. § 19 II 2 KWG unter anderen der Fall bei
- allen Unternehmen, die dem selben Konzern angehören oder durch Verträge verbunden sind, die vorsehen, daß das eine Unternehmen verpflichtet ist, seinen ganzen Gewinn an ein anderes Unternehmen abzuführen, sowie in Mehrheitsbesitz stehende Unternehmen mit den an ihnen mit Mehrheit beteiligten Unternehmen oder Personen, davon ausgenommen die in § 19 II 2 Nr. 1a–d KWG genannten Gebietskörperschaften, Sondervermögen, Organisationen und Institutionen,
- Personenhandelsgesellschaften und ihre persönlich haftenden Gesellschafter sowie Partnerschaften und Partner i. S. d. Partnerschaftsgesetzes,
- Personen und Unternehmen, für deren Rechnung Kredit aufgenommen wird, mit demjenigen, der den Kredit im eigenen Namen aufnimmt.

## C. Eigenmittelausstattung und Liquidität

Ein anderes Instrument der präventiven Risikosteuerung sind gesetzliche, der Kontrolle des BAKred unterliegende Vorgaben zu Mindestanforderungen an die Eigenmittelausstattung und Liquidität von Kredit- und Finanzdienstleistungsinstituten (§§ 10, 11 KWG).

Institute müssen im Interesse der Erfüllung ihrer Verpflichtungen gegenüber ihren Gläubigern, insbesondere zur Sicherung der ihnen anvertrauten Vermögenswerte, angemessene Eigenmittel aufweisen (§ 10 I 1 KWG). Diese neue, auf der KWG-Novelle 1997 beruhende Vorschrift unterscheidet sich von dem bis dahin geltenden Recht, das noch auf die Angemessenheit des haftenden Eigenkapitals abstellte. Die **Eigenmittel** setzen sich aus dem haftenden Eigenkapital und den sogenannten **Drittrangmittel** (i. e. Nettogewinn i. S. d. § 10 II c Nr. 1 KWG + kurzfristige nachrangige Verbindlichkeiten i. S. d. § 10 VII KWG) zusammen (§ 10 II 1 KWG). Das **haftende Eigenkapital** seinerseits besteht aus dem **Kernkapital**, so wie es in § 10 II a KWG je nach Rechtsform des Instituts definiert ist, und dem **Ergänzungskapital** entsprechend § 10 II b KWG abzüglich der in § 10 VI 1 KWG aufgeführten Positionen (§ 10 II 2 KWG).

Die Vorschriften des § 10 KWG zur Eigenmittelausstattung gelten auch für Institutsgruppen oder Finanzholding-Gruppen (§ 10a I 2 KWG). Auch diese müssen insgesamt angemessene Eigenmittel aufweisen. Eine **Institutsgruppe** i. S. d. § 10a I KWG besteht aus dem im Inland ansässigen Institut, das keinem anderen Institut mit Sitz im Inland nachgeordnet ist (**übergeordnetes Unternehmen**), und den nachgeordneten

Unternehmen (gruppenangehörige Unternehmen). **Nachgeordnete Unternehmen** sind gem. §§ 10a II 2 i. V. m. 1 VII 1, 10a IV 1 KWG Unternehmen, die selbst Institute, Finanzunternehmen oder **Unternehmen mit bankbezogenen Hilfsdiensten** (z. B. Immobilienverwaltung, Rechenzentrum) sind und
- als Tochterunternehmen i. S. d. § 290 HGB gelten oder
- auf die ein beherrschender Einfluß ausgeübt werden kann oder
- Unternehmen mit Sitz im Inland oder Ausland sind, an denen das übergeordnete Unternehmen oder ein anderes gruppenangehöriges Unternehmen mindestens 20 vom Hundert der Kapitalanteile hält, die Institute oder Unternehmen gemeinsam mit anderen Unternehmen leitet und für die Verbindlichkeiten dieser Institute oder Unternehmen auf ihre Kapitalanteile beschränkt haftet.

Kapitalanlagegesellschaften gelten nicht als nachgeordnete Unternehmen (§ 10a V KWG).

22 Eine **Finanzholding-Gruppe** i. S. d. § 10a I KWG besteht, wenn einem im Inland ansässigen Finanzunternehmen, deren Tochtergesellschaften ausschließlich oder hauptsächlich Institute oder Finanzunternehmen sind und die mindestens ein Einlagenkreditinstitut (s. u.) oder ein **Wertpapierhandelsunternehmen** i. S. d. § 1 III d 2 KWG zum Tochterunternehmen haben (**Finanzholding-Gesellschaft**), mindestens ein Kreditinstitut, das Einlagen oder andere rückzahlbare Gelder des Publikums entgegennimmt und das Kreditgeschäft betreibt (**Einlagenkreditinstitut**), oder ein im Inland ansässiges Wertpapierhandelsunternehmen als Tochterunternehmen nachgeordnet ist, es sei denn, die Finanzholding-Gesellschaft ist ihrerseits einem Einlagenkreditinstitut, einem Wertpapierhandelsunternehmen oder einer Finanzholding-Gesellschaft mit Sitz in der EU als Tochterunternehmen nachgeordnet (§ 10a III 1 KWG). Zur Beurteilung der Angemessenheit der Eigenmittel von Institutsgruppen oder Finanzholding-Gruppen hat das übergeordnete Unternehmen seine für die Ermittlung der Eigenmittel maßgeblichen Positionen mit denen der anderen nachgeordneten gruppenangehörigen Unternehmen zusammenzufassen (§ 10a VI 1, 2 KWG), und zwar im Falle nachgeordneter Tochterunternehmen in der Weise, das die Eigenmittel des übergeordneten Unternehmens mit den Eigenmitteln der/s nachgeordneten Unternehmens(s) addiert und davon der Buchwert der Beteiligung und sonstige in § 10a VI 3ff. KWG aufgeführte Positionen abzuziehen sind, um die so bereinigten Konzerneigenmittel zu erhalten. Handelt es sich bei den nachgeordneten Unternehmen um keine Tochterunternehmen, erfolgt die Zusammenfassung der Eigenmittel jeweils quotal in Höhe desjenigen Anteils, der der Beteiligung des übergeordneten Unternehmens an dem nachgeordneten Unternehmen entspricht (§ 10 VII KWG). Das übergeordnete Unternehmen ist für eine angemessene Eigenmittelausstattung der Gesamtgruppe verantwortlich, wobei die nachgeordnete

# 1. Kapitel. Kreditwesengesetz

gruppenangehörigen Unternehmen eine ordnungsgemäße Organisation und angemessene interne Kontrollverfahren einzurichten haben, damit die ordnungsgemäße Aufbereitung und Weiterleitung der Konsolidierungsdaten an das Mutterunternehmen sichergestellt ist (§ 10a VIII, IX KWG).

Kreditinstitute, die am 1. 1. 1998 über die Erlaubnis nach § 32 KWG **23** verfügen, brauchen die §§ 10, 10a KWG erst ab 1. 10. 1998 anzuwenden. Sollten sie sich dafür entscheiden, haben sie dies dem BAKred und der Deutschen Bundesbank anzuzeigen und bis zum 31. 9. 1998 die §§ 10, 10a KWG in der Fassung vom 22. 1. 1996 anzuwenden.

Das BAKred erläßt im Einvernehmen mit der Deutschen Bundesbank **24** zu §§ 10, 10a, 11 KWG die sog. **Grundsätze**. Der voluminöse **Grundsatz I** betrifft die Angemessenheit der Eigenmittel von Instituten und Institutsgruppen. Seine geänderte Fassung, die bereits auf § 10 I 1 KWG der KWG-Novelle 1997 (Angemessenheit der *Eigenmittel*) beruht, war im Juli 1997 noch nicht veröffentlicht. Nach **Grundsatz Ia** sollen bestimmte mit Preisrisiken behaftete Positionen (sog. **Risikopositionen**) insgesamt 42% des haftenden Eigenkapitals täglich bei Geschäftsschluß nicht übersteigen. Es handelt sich dabei um offene Positionen (Unterschiedsbetrag zwischen vorgegebenen Aktiv- und Passivpositionen) in Fremdwährung und unverarbeiteten Edelmetallen (21%), Zinsgeschäftspositionen (14%) und Unterschiedsbeträgen zwischen Lieferansprüchen und -verpflichtungen aus Termin- und Optionsgeschäften (7%).

Die Grundsätze II und III betreffen die **Liquidität** eines Instituts. Institute müssen ihre Mittel so anlegen, daß jederzeit eine ausreichende Liquidität gewährleistet ist (§ 11 S. 1 KWG). **Grundsatz II** begrenzt die dort im einzelnen aufgeführten langfristigen Aktiva in der Weise, daß sie die Summe der dort ebenfalls bezeichneten langfristigen Passiva nicht übersteigen sollen. Leztere werden dabei nach ihrer Fristigkeit unterschiedlich gewichtet. **Grundsatz III** regelt das entsprechende Äquivalenzverhältnis für kurz- und mittelfristige, nicht sofort liquidierbare Aktiva.

Die Überwachung der Einhaltung der Grundsätze erfolgt durch un- **26** verzüglich nach Ablauf eines jeden Monats der Deutschen Bundesbank einzureichende **Monatsausweise**, die sie mit ihrer Stellungnahme an das BAKred weiterleitet (§ 25 I 1, 2 KWG). Werden gem. § 18 BBankG monatliche Bilanzstatistiken (sog. **Bista-Meldungen**) eingereicht, gelten diese als Monatsausweise (§ 25 I 3 KWG). Im Falle von Institutsgruppen hat eine zusammenfassende Meldung nach Maßgabe des § 10a VI, VII KWG durch das übergeordnete Unternehmen zu erfolgen (§ 25 II KWG).

Bei unzureichenden Eigenmitteln oder unzureichender Liquidität kann das BAKred Entnahmen durch die Inhaber oder Gesellschafter, die Ausschüttung von Gewinnen oder die Gewährung von Krediten i. S. d. § 19 I KWG untersagen oder beschränken (§ 45 I KWG).

## D. Beteiligungslimite des Einlagenkreditinstituts

27 Ein Kreditinstitut i. S. d. § 1 I 2 Nr. 1 und Nr. 2 KWG, das Einlagen oder andere rückzahlbare Gelder des Publikums entgegennimmt und das Kreditgeschäft betreibt (**Einlagenkreditinstitut**), darf an einem einzelnen Unternehmen, das weder Institut, Finanzunternehmen oder Versicherungsunternehmen noch Unternehmen mit bankbezogenen Hilfsdiensten ist, keine bedeutende, auf Dauer angelegte Beteiligung halten, deren Nennbetrag 15 vom Hundert des haftenden Eigenkapitals des Eigenkreditinstituts übersteigt (§ 12 I 1, 3 KWG). Der Nennbetrag der Gesamtheit der auf Dauer angelegten Beteiligungen an solchen Unternehmen darf zusammen nicht 60 vom Hundert des haftenden Eigenkapitals des Einlagenkreditinstituts übersteigen (§ 12 I 2, 3 KWG). Mit Zustimmung des BAKred ist eine Überschreitung beider Grenzwerte ausnahmsweise möglich, falls die über diese Grenzwerte hinausgehenden Beteiligungen mit zusätzlichem haftenden Eigenkapital unterlegt werden (§ 12 I 4, 5 KWG). Entsprechendes gilt für eine Institutsgruppe i. S. d. § 10a II KWG oder eine Finanzholding-Gruppe i. S. d. § 10a III KWG, zu der mindestens ein Einlagenkreditinstitut gehört. In diesem Fall hat das übergeordnete Unternehmen die Einhaltung der oben genannten Grenzwerte sicherzustellen (§ 12 II KWG).

## E. Geschäftsleiterqualifikation

28 Ein weiteres Element der präventiven Risikominderung sind die gesetzlichen Anforderungen an die Qualifikation der Geschäftsleiter eines Instituts, hinsichtlich derer die Absicht ihrer Bestellung und die Ermächtigung einer Person zur Einzelvertretung in dessen Geschäftsbereich unter Angabe der Tatsachen, die für die persönliche Zuverlässigkeit und die fachliche Eignung wesentlich sind, sowie der Vollzug einer solchen Absicht dem BAKred und der Deutschen Bundesbank unverzüglich anzuzeigen sind (§ 24 I Nr. 1 KWG). Institutsleiter müssen persönlich zuverlässig und fachlich geeignet sein. Eine persönliche Unzuverlässigkeit kann sich insbesondere aus dem Führungszeugnis sowie aus Ausbildungs- und Arbeitszeugnissen ergeben. Die fachliche Eignung setzt ausreichende theoretische und praktische Kenntnisse in den betreffenden Geschäften sowie Leitungserfahrung voraus (§ 33 II 1 KWG). Die fachliche Eignung für die Leitung eines Instituts ist regelmäßig anzunehmen, wenn eine dreijährige leitende Tätigkeit bei einem Institut von vergleichbarer Größe oder Geschäftsart nachgewiesen wird (§ 33 II 2 KWG). Die bisherige leitende Tätigkeit muß dabei Eigenverantwortlichkeit und umfassende Entscheidungsbefugnisse beinhaltet haben, mit Personalverant-

wortung ausgestattet und mindestens unmittelbar unterhalb der Geschäftsleitung angesiedelt gewesen sein. Die Regelvermutung gem. § 33 II 2 KWG ist dadurch widerlegbar, daß trotz der Leitungserfahrung keine hinreichenden theoretischen Kenntnisse hinsichtlich der betreffenden Geschäfte vorliegen. Dies trifft z. B. für eine reine Stabsstelle (z. B. Leiter der Rechtsabteilung) zu, nicht notwendigerweise aber für den Leiter einer Revisionsabteilung. Werden nach der Bestellung eines Geschäftsleiters Tatsachen hinsichtlich seiner persönlichen Zuverlässigkeit oder fachlichen Eignung bekannt, welche die Versagung der Erlaubnis gem. § 33 I 1 Nr. 3 und Nr. 4 KWG rechtfertigen würden, kann das BAKred die Erlaubnis, vorbehaltlich der Vorschriften des Verwaltungsverfahrensgesetzes, aufheben (§ 35 II Nr. 3 KWG).

## F. Einlagensicherung und Anlegerentschädigung

Weitere Instrumente der Risikoreduktion sind schließlich Einlagensicherungs- und Anlegerentschädigungseinrichtungen. 29

Beabsichtigt ein Kreditinstitut Einlagen oder andere rückzahlbare Gelder des Publikums entgegenzunehmen und das Kreditgeschäft zu betreiben (**Einlagenkreditinstitut** i. S. v. § 1 III d 1 i. V. m. § 1 I 2 Nr. 1 und 2 KWG), dann bedarf es, um überhaupt die Erlaubnis zum Betreiben dieses Geschäfts zu erlangen, eines Anfangskapitals in Höhe des Gegenwert von mindestens fünf Millionen ECU (§ 33 I Nr. 1 d KWG), wobei sich das Anfangskapital nach Maßgabe des § 10 II a 1 Nr. 1 bis 7 KWG bestimmt, d. h. Kernkapital je nach Rechtsform des Instituts unter Außerachtlassung der Vermögenseinlagen stiller Gesellschafter sowie abzüglich der Positionen des § 10 II a 2 KWG. Das Gesetz macht hingegen nicht zur Auflage, daß das Einlagenkreditinstitut darüber hinaus einem **Einlagensicherungsfonds** (z. B. dem Einlagensicherungsfonds des Bundesverbandes Deutscher Banken e. V. angeschlossen sein muß). Ein dahingehender Erlaubnisvorbehalt des BAKred wäre verfassungswidrig.[1]

Allerdings müssen Institute, die Einlagen oder andere rückzahlbare Gelder des Publikums entgegennehmen und die nicht durch eine geeignete inländische Einrichtung zur Sicherung der Einlagen oder anderer rückzahlbarer Gelder (**Einlagensicherungseinrichtung**) gedeckt sind, die Kunden, die nicht Kreditinstitute sind, grundsätzlich auf diese Tatsache drucktechnisch deutlich gestaltet in den Allgemeinen Geschäftsbedingungen, im Preisaushang und an hervorgehobener Stelle in den Vertragsunterlagen *vor* Aufnahme der Geschäftsbeziehung hinweisen, wobei der Hinweis in den Vertragsunterlagen keine anderen Erklärungen enthalten darf und von dem Kunden gesondert zu unterschreiben ist

---

[1] Arg. Art. 20 III GG; VG Berlin WM 1987, 370.

(§ 23a I 1 KWG). Scheidet das Institut aus einer solchen Sicherungseinrichtung aus, hat es hierüber die Kunden, das BAKred und die Deutsche Bundesbank unverzüglich schriftlich zu unterrichten (§ 23a I 2 KWG). Unabhängig davon sind z. B. nahezu alle privaten Einlagenkreditinstitute dem Einlagensicherungsfonds des Bundesverbandes Deutscher Banken e. V. angeschlossen, der bei diesem zentral als Sondervermögen eingerichtet wurde. Er hat die Aufgabe, bei drohenden oder finanziellen Schwierigkeiten von Banken, insbesondere bei drohender Zahlungseinstellung, im Interesse der Einleger für den liquiditätsmäßigen Ausfall einer Bank einzustehen und das Vertrauen in das private Kreditwesen aufrechtzuerhalten. Soweit ein Einlagensicherungsfonds an einen Kunden leistet, gehen diese Forderungen gegen das Institut in entsprechender Höhe Zug um Zug auf den Fonds über. Im Zusammenhang mit einem Haftungsfall ist die Bank befugt, dem Fonds alle erforderlichen Auskünfte zu erteilen und Unterlagen zur Verfügung zu stellen (Nr. 20 AGB-Banken).

30 Wertpapierhandelsunternehmen, die das Finanzkommissions- oder Emissionsgeschäft betreiben, oder Finanzdienstleistungsunternehmen, die die Anlagevermittlung, Abschlußvermittlung, Finanzportfolioverwaltung oder den Eigenhandel ausüben, haben die Kunden, *bevor* sie mit ihnen eine Geschäftsbeziehung eingehen, schriftlich darauf hinzuweisen, welcher geeigneten Einrichtung zur Entschädigung der Kunden (**Anlegerentschädigungseinrichtung**) das Institut angehört, welche Absicherung durch diese Einrichtung besteht oder welcher gleichwertige Schutz für das geplante Geschäft oder die geplante Dienstleistung zur Verfügung steht. Der Hinweis darf keine anderen Erklärungen enthalten und ist von dem Kunden gesondert zu unterschreiben. Scheidet das Institut aus der Entschädigungseinrichtung aus, hat es hierüber die Kunden, die nicht Kreditinstitute sind, sowie das BAKred und die Deutsche Bundesbank unverzüglich zu informieren (§ 23a II KWG).

31 Hat das BAKred bereits gem. § 46 a I 1 Nr. 1 KWG ein Veräußerungs- und Zahlungsverbot an ein Institut erlassen, weil Gefahr für die Erfüllung der Verbindlichkeiten dieses Instituts gegenüber seinen Gläubigern, insbesondere für die Sicherheit der ihm anvertrauten Vermögensgegenstände, besteht (§ 46 I 1 KWG), dann kann die Einlagensicherungs- oder Anlegerentschädigungseinrichtung ihre Leistung davon abhängig machen, daß eingehende, nicht zur Tilgung von Schulden gegenüber dem Institut bestimmte Zahlungen zu ihren Gunsten getrennt von dem zum Zeitpunkt des Erlasses des Veräußerungs- und Zahlungsverbots vorhandenen Institutsvermögen gehalten und verwaltet werden, damit die Durchsetzung ihres eigenen Rückgriffsanspruchs gegen das Institut wenigstens insoweit erhalten bleibt. Andererseits darf das Institut selbst dann noch laufende Geschäfte abwickeln oder neue zur Abwicklung erforderliche Geschäfte *insoweit* eingehen, wie die jeweilige Einlagen-

## 1. Kapitel. Kreditwesengesetz

sicherungs- oder Anlegerentschädigungseinrichtung die zur Durchführung erforderlichen Mittel zur Verfügung stellt oder sich verpflichtet, aus diesen Geschäften insgesamt entstehende Vermögensverluste des Instituts, soweit dies zur vollen Befriedigung der Gläubiger erforderlich ist, zu erstatten (§ 46a I 2, 3 KWG).

## 2. Kapitel. Bundesbankgesetz

### A. Allgemeines

**32** Die Deutsche Bundesbank regelt mit Hilfe der währungspolitischen Befugnisse, die ihr nach dem Bundesbankgesetz (BBankG) zustehen, den Geldumlauf und die Kreditversorgung der Wirtschaft mit dem Ziel, die Währung zu sichern, und sorgt für die bankmäßige Abwicklung des Zahlungsverkehrs im Inland und mit dem Ausland (§ 3 BBankG). Sie ist zwar bundesunmittelbare juristische Person des öffentlichen Rechts, von Weisungen der Bundesregierung jedoch unabhängig; gleichwohl ist sie verpflichtet, deren allgemeine Wirtschaftspolitik zu unterstützen, sie in wesentlichen währungspolitischen Angelegenheiten zu beraten und ihr auf Verlangen Auskunft zu erteilen (§§ 2, 12, 13 BBankG).

**33** Zur Beeinflussung des Geldumlaufs und der Kreditgewährung setzt die Bank die für ihre Geschäfte jeweils anzuwendenden Zins- und Diskontsätze fest und bestimmt die Grundsätze für ihr Kredit- und Offenmarktgeschäft (§ 15 BBankG). Sie hat in diesem Zusammenhang angeordnet, daß grds. alle Kreditinstitute i. S. d. §§ 1 I und 53 I KWG und Zweigstellen von Unternehmen i. S. d. §§ 53b und 53c KWG, wenn diese im Inland Bankgeschäfte i. S. d. § 1 I 2 KWG betreiben, auf einem bei ihr zu führenden Girokonto eine unverzinsliche Mindestreserve unterhalten müssen (§ 16 BBankG i. V. m. §§ 1, 4 der Anweisung der Deutschen Bundesbank über Mindestreserven [AMR] vom 1. 1. 1997). Von der Mindestreservepflicht sind gem. § 1 AMR bestimmte Unternehmen ausgenommen, z. B. Sozialversicherungsträger und die Bundesanstalt für Arbeit, private und öffentlich-rechtliche Versicherungsunternehmen, Unternehmen des Pfandleihgewerbes, Unternehmensbeteiligungsgesellschaften, Kapitalanlagegesellschaften, Wertpapiersammelbanken, Kapitalanlagegesellschaften (vgl. im einzelnen § 1 AMR).

### B. Mindestreservepolitik

**34** Mindestreserven sind zu halten für Verbindlichkeiten aus Einlagen und aufgenommenen Geldern, und zwar bei
– Buchverbindlichkeiten einschließlich Verbindlichkeiten aus Schuldverschreibungen, die auf den Namen oder, wenn sie nicht Teile einer Gesamtemission darstellen, an Order lauten, mit einer Befristung von weniger als vier Jahren (§ 2 Ia AMR),
– Verbindlichkeiten aus Schuldverschreibungen, die auf den Inhaber

## 2. Kapitel. Bundesbankgesetz

oder, wenn sie Teile einer Gesamtemission darstellen, an Order lauten, mit einer Befristung von weniger als zwei Jahren (§ 2 Ib AMR), sofern die Verbindlichkeiten nicht gegenüber selbst reservepflichtigen Kreditinstituten bestehen (reservepflichtige Verbindlichkeiten). Zu diesen reservepflichtigen Verbindlichkeiten gehören auch
- ein Überschuß der Passivposten über Aktivposten aus Geschäftsbeziehungen mit eigenen Unternehmen i. S. d. §§ 53 I, 53b und 53c KWG (§ 2 II a AMR; sog. passiver Verrechnungssaldo),
- Verbindlichkeiten aus Pensionsgeschäften, bei denen der Pensionsnehmer zur Rückgabe des in Pension genommenen Vermögensgegenstandes verpflichtet und der Vermögensgegenstand weiterhin dem Vermögen des pensionsgebenden Kreditinstituts zuzurechnen ist.

Von der Reservepflicht sind gem. § 1 IV AMR unter anderen *freigestellt*:
- Verbindlichkeiten gegenüber der Deutschen Bundesbank,
- Verbindlichkeiten aus Bauspareinlagen gem. § 1 I BausparkassenG, über die der Bausparer – unbeschadet des Rechts zur Kündigung des Bausparvertrages – vor Zuteilung der Bausparsumme nicht verfügen kann,
- Verbindlichkeiten aus Pensionsgeschäften gem. § 2 II b AMR mit einer vereinbarten Laufzeit bis zu einem Jahr in börsenfähigen Wertpapieren, sofern es sich nicht um selbst emittierte Wertpapiere handelt.

Die reservepflichtigen Verbindlichkeiten umfassen vor allem Sichteinlagen, befristete Einlagen und Spareinlagen (vgl. im einzelnen §§ 2, 3 AMR). Die Höhe der Mindestreserve ist unterschiedlich, je nachdem, ob es sich um Sichteinlagen, befristete Einlagen oder Spareinlagen handelt. Differenziert wird auch zwischen Verbindlichkeiten gegenüber Gebietsansässigen und Gebietsfremden. Die Mindestreserve für Sichteinlagen darf 30%, für befristete Einlagen 20% und für Spareinlagen 10% nicht überschreiten, sofern es sich um Verbindlichkeiten gegenüber Gebietsansässigen handelt (§ 16 I BBankG). Für Verbindlichkeiten gegenüber Gebietsfremden kann sie bis 100% gehen.

Das monatliche Durchschnittsguthaben eines Kreditinstituts bei der Bundesbank (Ist-Reserve) muß mindestens die festgesetzte Mindestreserve (Soll-Reserve) erreichen; unterschreitet die Ist-Reserve die Soll-Reserve kann die Bank einen Sonderzins bis zu 3% über dem jeweiligen Lombardsatz erheben. Eine erhebliche oder wiederholte Überschreitung ist dem Bundesaufsichtsamt für das Kreditwesen mitzuteilen (§ 16 II, III BBankG).

## C. Diskontpolitik

**36** Das klassische Instrument zur Beeinflussung des Geldumlaufs und der Kreditgewährung ist die Diskontpolitik, d. h. die Änderung des Zinssatzes, zu dem sich Kreditinstitute durch den Verkauf von Wechseln an die Bundesbank refinanzieren können (sog. **Diskontsatz**). Zu diesem Zweck werden für jedes einzelne Kreditinstitut sog. **Rediskontkontingente** festgelegt, und zwar grds. jeweils von den regional zuständigen Landeszentralbanken, die als Hauptverwaltungen der Bundesbank fungieren. Die Bundesbank kauft grds. nur Handeswechsel, aus denen drei als zahlungsfähig bekannte Verpflichtete haften und die innerhalb von drei Monaten seit Ankauf fällig sind (§ 19 I Nr. 1 BBankG). Letzteres gilt entsprechend für den Ankauf von Schatzwechseln (§ 19 I Nr. 2 BBankG).

## D. Lombardpolitik

**37** Ein anderes Instrument der Bundesbank ist die Lombardpolitik, d. h. die Änderung des Zinsatzes, zu dem Kreditinstitute gegen Verpfändung von Wertpapieren bei ihr Kredite aufnehmen können (sog. **Lombardsatz**). Gem. § 19 I Nr. 3 BBankG können der Bundesbank Wechsel, Schuldverschreibungen, Schuldbuchforderungen sowie solche Wertpapiere verpfändet werden, die im Lombardverzeichnis der Bundesbank aufgeführt sind, und zwar zu folgenden Sätzen:
- bundesbankfähige Wechsel (s. o.) bis zu 90% des Nennbetrages,
- Schatzwechsel der Bundesrepublik Deutschland und ihrer Sondervermögen (z. B. Bundesbahn, Bundespost, ERP-Sondervermögen etc.) sowie der Länder, die innerhalb von drei Monaten fällig sind, bis zu 90 % des Nennbetrages,
- unverzinsliche Schatzanweisungen, sofern sie innerhalb eines Jahres fällig werden, bis zu 75% des Nennbetrages,
- festverzinsliche, auf Deutsche Mark lautende Schuldverschreibungen und Schuldbuchforderungen, deren Schuldner der Bund, eines seiner Sondervermögen oder ein Land ist, bis zu 75% des Kurswertes.

**38** Die Aufnahme eines Wertpapiers in das Lombardverzeichnis verpflichtet die Bundesbank allerdings nicht zur Gewährung von Lombardkrediten gegen diese Werte und beschränkt nicht ihr Recht, die zu bestellende Deckung zu bestimmen. Nichtdiskontfähige Wechsel sind grds. auch nicht lombardfähig.

## E. Offenmarktpolitik

Ein weiteres Instrument der Bundesbank ist die Offenmarktpolitik, **39** wonach die Bank zur Regelung des Geldmarktes, also des Marktes für kurzfristig verfügbare Gelder, am offenen Markt folgende Wertpapiere zu Marktsätzen kaufen und verkaufen kann:
- bundesbankfähige Wechsel (s. o.),
- Schatzwechsel, deren Aussteller der Bund, eines seiner Sondervermögen oder ein Land ist,
- Schuldverschreibungen und Schuldbuchforderungen, deren Schuldner der Bund, eines seiner Sondervermögen oder ein Land ist,
- andere von der Bundesbank bestimmte Schuldverschreibungen.

Im Rahmen ihrer Offenmarktpolitik bietet die Bank den Kreditinstituten den befristeten Kauf lombardfähiger festverzinslicher Wertpapiere und Schatzanweisungen an. Diese sog. **Wertpapier-Pensionsgeschäfte,** mit denen sich die Kreditinstitute per Termin (in der Regel nach 25 bis 50 Tagen) zum Rückkauf verpflichten, werden im sog. **Tenderverfahren** abgewickelt, d. h. in einem Bietungsverfahren. Unterschieden wird zwischen einem **Mengentender,** bei dem seitens der Bundesbank der Zinssatz und die Laufzeit vorgegeben werden und die Kreditinstitute ihrerseits bestimmte Mengenangebote abgeben, sowie dem **Zinstender,** bei dem die Bank den Mindestzins und die Laufzeit vorgibt und die Kreditinstitute höhere Zinssätze als den Mindestzinssatz bieten.

## F. Einlagenpolitik

Die Einlagenpolitik besagt lediglich, daß der Bund das Sondervermö- **40** gen „Ausgleichsfonds", das ERP-Sondervermögen und die Länder ihre flüssigen Mittel bei der Bundesbank auf Girokonto einzulegen haben (§ 17 S. 1 BBankG).

## G. Sonstiges

Die Bundesbank besitzt bekanntlich das Monopol, Noten auszugeben **41** oder einzuziehen (§ 14 BBankG). Auf sie gezogene Schecks darf sie nur nach Deckung bestätigen und haftet dann aus dem Bestätigungsvermerk sowohl dem Inhaber, dem Aussteller als auch dem Indossanten für die Einlösung (§ 23 BBankG). Im übrigen ist sie berechtigt, wie bereits ausgeführt (vgl. Rn. 26), zur Erfüllung ihrer Aufgaben **Bista-Meldungen** anzuordnen und selbst Statistiken durchzuführen (§ 18 BBankG).

## 3. Kapitel. Hypothekenbankgesetz

**42** Das Hypothekenbankgesetz (HypBankG) begrenzt die zulässigen Geschäfte dieser Spezialinstitute auf die in §§ 1 und 5 dieses Gesetzes enumerativ aufgezählten Geschäftsarten. Es enthält darüber hinaus Vorschriften über Beleihungsgrenzen (§§ 11 II, 12 HypBankG), die für das gesamte Kreditwesen von Bedeutung sind, weil § 20 II Nr. 1 KWG auf sie verweist. Danach darf die Beleihung eines Grundstückes 60% seines aufgrund besonderer Bewertungsrichtlinien ermittelten Wertes nicht übersteigen, wobei dieser Beleihungswert nicht höher sein darf als der durch sorgfältige Ermittlung festgestellte **Verkaufswert (Verkehrswert)**. Bei der Feststellung des Verkaufswertes sind nur die dauernden Eigenschaften des Grundstücks und der Ertrag zu berücksichtigen, welchen das Grundstück bei ordnungsmäßiger Wirtschaft jedem Besitzer nachhaltig gewähren kann.

**43** Liegt eine Ermittlung des Verkehrswertes aufgrund der §§ 192–199 BBauG vor, so soll dieser Wert bei der Ermittlung des Beleihungswertes berücksichtigt werden.

# Dritter Teil. Privates Bankrecht

## 1. Kapitel. Allgemeines

### A. Bankvertrag

Der Bankvertrag ist ein Rahmenvertrag, durch den die Geschäftsverbindung zwischen Bank und Kunden begründet wird. Im Rahmen dieses Vertrages werden weitere Einzelverträge vereinbart, z. B. Giro-, Einlagen-, Kredit-, Diskont-, Effekten-, Depot- oder Garantiegeschäfte. Hauptbestandteil des Bankvertrages ist in aller Regel die Vereinbarung der Allgemeinen Geschäftsbedingungen der Bank (AGB-Banken) bzw. Sparkasse (AGBSp) als Grundlage zukünftiger Einzelverträge. Darüber hinaus entstehen bestimmte nebenvertragliche Schutzpflichten wie z. B. Verschwiegenheits-, Aufklärungs-, Auskunfts- oder Beratungspflichten. **44**

### B. Allgemeine Geschäftsbedingungen (AGB)

Durch die Vereinbarung der Allgemeinen Geschäftsbedingungen wird **45** ein gegenseitiges **besonderes Vertrauensverhältnis** begründet (vgl. Nr. 1 I AGBSp) und der Kunde zugleich zum Abschluß weiterer Einzelverträge aufgefordert (sog. **invitatio ad offerendum**).

Grundsätzlich werden Allgemeine Geschäftsbedingungen gem. § 2 AGB-Gesetz (AGBG) nur dann Vertragsbestandteil, wenn die Bank
- den Kunden ausdrücklich oder, wenn ein ausdrücklicher Hinweis wegen der Art des Vertragsabschlusses nur unter unverhältnismäßigen Schwierigkeiten möglich ist, durch deutlich sichtbaren Aushang am Ort des Vertragsabschlusses auf sie hinweist *und*
- dem Kunden die Möglichkeit verschafft, in zumutbarer Weise von ihrem Inhalt Kenntnis zu nehmen,

*und* wenn der Kunde mit ihrer Geltung einverstanden ist.

Diese Regelung gilt gem. § 24 AGBG zwar nicht für einen Kaufmann, **46** wenn der Vertrag zu seinem Handelsgewerbe gehört, in der Praxis der Banken wird aber der Kaufmann bei Kontoeröffnung vorsorglich wie der Nichtkaufmann behandelt. In der Praxis erfolgt die Vereinbarung der Allgemeinen Geschäftsbedingungen regelmäßig auf dem vom Kunden zu unterzeichnenden Kontoeröffnungsantrag. Schutzzweck des

28  Dritter Teil. Privates Bankrecht

AGB-Gesetzes ist, den Kunden vor Gefahren zu schützen, die sich aus der Übernahme vorformulierter Klauseln ergeben. § 4 AGBG normiert in diesem Zusammenhang den Vorrang individueller Vertragsabreden vor Allgemeinen Geschäftsbedingungen.

47 Seit dem Bestehen des AGBG wurden die hier primär angewandten AGB-Banken einer ständigen Anpassung unterzogen. Zuletzt sind die Abschnitte I und IV der AGB-Banken in der Fassung vom 1. 1. 1988 (Nrn. 1–28 sowie 40–47) ersetzt worden durch die AGB-Banken in der Fassung vom 1. 1. 1993, während die Abschnitte II und III der AGB-Banken alter Fassung (a. F.) entweder weiterhin Bestand haben, und zwar als Sonderbedingungen i. S. von Nr. 1 AGB-Banken neuer Fassung (n. F.), oder auch durch andere Sonderbedingungen (z. B. für Wertpapiergeschäfte oder Börsentermingeschäfte) verdrängt worden sind.

48 Die AGB-Banken n. F. vermeiden zwar einige AGBG-Verstöße der AGB-Banken a. F., insbesondere hinsichtlich von Freizeichnungen für leichte Fahrlässigkeit, bleiben aber trotz ergänzender Vorschriften zum Verbraucherkreditgesetz (VerbrKrG) ihrem materiellen Regelungsgehalt nach insgesamt hinter diesen zurück, und zwar in der überdeutlich werdenden Absicht, durch die AGB-Banken[1] neben den jeweiligen gesetzlichen Regelungen möglichst nicht mehr, wie zuvor, zusätzliche Rechtspositionen für den Kunden zu konstituieren.

## C. Bankgeheimnis und Bankauskunft

49 Die Bank ist gem. Nr. 2 I 1 AGB-Banken zur Verschwiegenheit über die kundenbezogenen Tatsachen und Wertungen verpflichtet, von denen sie Kenntnis erlangt (**Bankgeheimnis**). Informationen über den Kunden darf die Bank nur weitergeben, wenn gesetzliche Bestimmungen dies gebieten oder der Kunde eingewilligt hat oder die Bank zur Erteilung einer Bankauskunft befugt ist (Nr. 2 I 2 AGB-Banken).

50 Bankauskünfte erteilt die Bank nur eigenen Kunden sowie anderen Kreditinstituten für deren Zwecke oder die ihrer Kunden (Nr. 2 IV AGB-Banken). Eine **Bankauskunft** enthält allgemein gehaltene Feststellungen und Bemerkungen über die wirtschaftlichen Verhältnisse des Kunden, seine Kreditwürdigkeit und Zahlungsfähigkeit; betragsmäßige Angaben über Kontostände, Sparguthaben, Depot- oder sonstige der Bank anvertraute Vermögenswerte sowie Angaben über die Höhe von Kreditinanspruchnahmen werden nicht gemacht (Nr. 2 II AGB-Banken). Bankauskünfte werden generell nur erteilt, wenn der Anfragende ein berechtigtes Interesse an der gewünschten Auskunft glaubhaft darge-

---

[1] Im Rahmen dieses Buches erfolgt eine Bezugnahme auf die einzelnen Vorschriften der AGB-Banken grds. bei der Behandlung der jeweiligen Sachgebiete.

## 1. Kapitel. Allgemeines

legt hat und kein Grund zur Annahme besteht, daß schützwürdige Belange des Kunden der Auskunftserteilung entgegenstehen (Nr. 2 III 4 AGB-Banken). Im übrigen werden Bankauskünfte gem. Nr. 2 III 3 AGB-Banken nur erteilt über
– juristische Personen oder im Handelsregister eingetragene Kaufleute (i. e. **Geschäftskunden**), falls sich das Auskunftsersuchen auf deren geschäftliche Tätigkeit bezieht,
– Privatkunden und Vereinigungen, wenn das Auskunftsersuchen generell ist oder, falls nicht, der Kunde einer Bankauskunft im Einzelfall ausdrücklich zugestimmt hat.

Für Geschäftskunden im o. a. Sinne, nicht dagegen für Rechtsanwälte, **51** Steuerberater etc., wird deren Zustimmung zu einer Auskunftserteilung gesetzlich unterstellt, es sei denn, es liegt eine anderslautende Weisung des Geschäftskunden vor (Nr. 2 III 2 AGB-Banken). Die Bank-an-Bank-Auskünfte werden im übrigen durch die „Grundsätze für die Durchführung des Bankauskunftsverfahrens zwischen Kreditinstituten" im einzelnen geregelt.

Liegt eine erforderliche Einwilligung des Privatkunden nicht vor, oder hat der Empfänger kein berechtigtes Interesse dargelegt, so verstößt selbst eine richtige Auskunft gegen die Verschwiegenheitspflicht. Andererseits macht eine zwar rechtmäßig, aber fehlerhaft bzw. unvollständig erteilte Auskunft die Bank u. U. schadenersatzpflichtig aus positiver Forderungsverletzung. Dies gilt auch, wenn die Auskunft nicht einem Dritten, sondern dem Kunden selbst erteilt wird,[2] wobei diese Haftung ggfls. aus einem stillschweigend abgeschlossenen Auskunftsvertrag abzuleiten ist, wenigstens dann, wenn die Auskunft für den Empfänger von erheblicher Bedeutung ist und er sie zur Grundlage wesentlicher Entscheidungen macht.

Gesetzliche Auskunftspflichten der Bank bestehen im Strafverfahren **52** (§ 53 StPO), im Ordnungswidrigkeitenverfahren (§ 46 OWiG) und, im Rahmen des § 30a AO, auch gegenüber den Steuerbehörden (§ 93 AO). Im Strafverfahren hat die Staatsanwaltschaft ggfls. Angestellte der Bank als Zeugen zu laden (§ 161a StPO); sog. „**Überraschungsvernehmungen**" vor Ort sind unzulässig und können, werden sie seitens der Bank nicht verweigert, diese wegen Verletzung des Bankgeheimnisses schadensersatzpflichtig machen.

Auskunftsersuchen der Steuerbehörden dürfen nur subsidiär eingeholt werden (§ 93 I 3 AO), d. h. nur dann, wenn ein Auskunftsersuchen an den Steuerpflichtigen nicht zum Ziel führt oder keinen Erfolg verspricht (§ 30a V AO). Gegenüber der Polizei besteht dagegen keine Auskunftspflicht der Bank, mehr noch, sie macht sich ggfls. wegen Verletzung des Bankgeheimnisses schadensersatzpflichtig, falls ein polizeiliches Auskunftsersuchen nicht verweigert wird.

---

[2] BGH WM 1985, 381.

## D. Besonderheiten beim Tod eines Kunden

53  Mit dem Tod eines Kunden ist die Bank verpflichtet, die in ihrem Gewahrsam befindlichen Vermögensgegenstände des Kunden sowie die gegen sie gerichteten Forderungen (z. B. Bankguthaben), die beim Tod des Kunden zu dessen Vermögen gehörten oder über die dem Kunden zur Zeit seines Todes die Verfügungsmacht zustand, anzuzeigen (§ 33 I 1 ErbStG). Nicht anzeigepflichtig sind Treuhandkonten des verstorbenen Kunden, da sie wirtschaftlich nicht ihm gehörten. Nicht anzeigepflichtig sind ferner Bagatellbeträge. Andererseits soll gem. § 5 ErbStDV auch bei Schrankfächern des verstorbenen Kunden eine Anzeigepflicht der Banken bestehen, obwohl selbst nach dem erweiterten steuerlichen Gewahrsamsbegriff keine unmittelbare Einwirkungsmöglichkeit der Bank besteht. Eine Anzeigepflicht besteht nur bei positiver Kenntnis vom Todesfall des Kunden, nicht jedoch bei Mutmaßungen.

54  Anzeigepflichtig ist der Name, die Anschrift, der Todestag und der Sterbeort des Kunden. Die Forderungen des Kunden sind zum Nennbetrag ohne Zinsen für das Jahr des Todes anzugeben. Eine Saldierung mit Verbindlichkeiten des Kunden findet nicht statt. Bei Wertpapieren und Edelmetallen sind im Depotauszug die Kurse bzw. Rückkaufswerte am Todestag einzusetzen. In der Praxis geschieht die Kenntniserlangung in der Regel durch die Erben oder die Rücksendung von Postsendungen mit dem Vermerk „Empfänger verstorben".

55  Der Nachweis der Verfügungsberechtigung erfolgt durch Vorlegung eines mit „öffentlichem Glauben" ausgestatteten Erbscheines (§§ 2365, 2366 BGB), eines Testamentsvollstreckerzeugnisses oder weiterer hierfür notwendiger Unterlagen; fremdsprachige Urkunden sind auf Verlangen der Bank in deutscher Übersetzung vorzulegen (Nr. 5 S. 1 AGB-Banken). Auch ein Testament oder Erbvertrag nebst Eröffnungsniederschrift ist ausreichend, wenn zumindest eine beglaubigte Abschrift vorgelegt wird. Die Bank kann demjenigen, der darin als Erbe oder Testamentsvollstrecker bezeichnet ist, als Berechtigten ansehen, ihn verfügen lassen und insbesondere mit befreiender Wirkung an ihn leisten, es sei denn, ihr ist bekannt, daß der dort Genannte nicht verfügungsberechtigt ist, oder wenn ihr dies infolge Fahrlässigkeit nicht bekannt geworden ist (Nr. 5 S. 3 AGB-Banken).

56  Selbst ohne erbrechtliche Legitimation kann es nach dem Tode des Kunden noch zu wirksamen Verfügungen zu Lasten seines Kontos kommen. Der Tod des Kunden läßt beispielsweise gem. §§ 675, 672 BGB den Scheckvertrag grds. unberührt. Allerdings kann er durch den legitimierten Erben wirksam widerrufen werden, und zwar gem. § 2038 I 2 BGB im Wege des sog. **Notgeschäftsführungsrechts** auch nur durch

einzelne Miterben. Gleiches gilt für Überweisungsaufträge (§§ 675, 672 BGB), Lastschriften und Daueraufträge, es sei denn, es war vereinbart, daß der Dauerauftrag mit dem Tod des Kunden enden sollte.

Auch eine Vollmacht, deren Grundverhältnis in der Regel ein Geschäftsbesorgungsvertrag ist, erlischt mit dem Tod des Kunden nicht (§ 672 BGB), sondern wirkt bis zu ihrem Widerruf als Vollmacht der Erben fort,[3] und zwar mit der Maßgabe, daß der Bevollmächtigte auch nach dem Tode des Kunden noch wirksam Verfügungen zu Lasten des Kontos des Erben vornehmen kann. Auch hier kann jedoch der Vollmachtswiderruf entsprechend § 2038 I 2 BGB durch einen Miterben erfolgen. 57

Vollmachten auf den Todesfall, die also erst mit dem Tode des Kunden wirksam werden (z. B. Vollmacht zur Abwicklung der Beerdigung), unterliegen denselben Regeln. Vollmachten, die allein dem Zweck dienen, dem Bevollmächtigten etwas postmortal im Wege der Schenkung zuzuwenden, sind dagegen unwirksam, weil der Schenker (verstorbener Kunde) nicht mit dem/den Entreicherten, also dem/den Erben (§ 1922 BGB), identisch ist. Der Kunde hat mit der Vollmacht daher noch nicht alles getan, was von seiner Seite zur rechtlichen Neuzuordnung des Schenkungsgegenstandes an den Bevollmächtigten erforderlich ist.[4] 58

Anders als bei der unwirksamen postmortalen Schenkung, bei der der Schenkungsgegenstand unabhängig von dieser qua **Universalsukzession** in den Nachlaß eingeht, trifft dies bei Verträgen zugunsten Dritter auf den Todesfall nicht zu.[5] Bei diesen Verträgen vereinbaren Bank und Kunde, daß ein Dritter ein Forderungsrecht auf Leistung mit dem Tod des Kunden erwerben soll (§ 331 I BGB), ohne daß der Dritte davon Kenntnis erlangt. Dies hindert die Erben jedoch nicht, die erworbene Forderung wieder von dem Dritten zu kondizieren (§§ 812ff. BGB), sollte sie ohne Rechtsgrund erworben worden sein. Rechtsgrund ist wiederum regelmäßig ein Schenkungsvertrag, der auch in der Weise vereinbart werden kann, daß das prämortale Schenkungsangebot des Kunden erst postmortal durch den Begünstigten unter Vermittlung der Bank angenommen wird. Allerdings kann in diesem Fall vor Annahme durch den Begünstigten das Schenkungsangebot des verstorbenen Kunden durch die Erben widerrufen werden. Geschieht dies, erfolgt eine Forderungszuwendung an den Dritten ohne Rechtsgrund und kann daher kondiziert werden. Anders dagegen, wenn der Schenker sein eigenes Schenkungsangebot bereits zu seinen Lebzeiten für den Beschenkten angenommen (§ 181 BGB analog; sog. **Insichgeschäft**) oder der Beschenkte selbst dies bereits zu Lebzeiten des Schenkers getan hat. 59

---

[3] OLG Düsseldorf WM 1983, 548.
[4] BGH WM 1983, 413; 1971, 1338.
[5] BGHZ 41, 96.

**60** De facto ist die Begründung eines Anspruchs auf Auszahlung des Auseinandersetzungsguthabens durch Vertrag zugunsten Dritter auf den Todesfall zwar an sich möglich, aber dennoch unpraktisch und sollte daher nur ausnahmsweise empfohlen werden, zumal ein solcher Vertrag nur im Forderungsbereich umgesetzt werden kann. Im Depotbereich bedarf es dagegen eines Vertrages zwischen dem Kunden und dem Begünstigten, durch den die Einigung auf Eigentumsübertragung durch den Tod des Kunden aufschiebend bedingt wird (§§ 929, 158 I BGB).

**61** Probleme können eintreten, wenn der verstorbene Kunde zusammen mit einem Dritten ein Gemeinschaftskonto hatte. Handelt es sich um den Regelfall eines Oder-Kontos (vgl. Rn. 77 ff.), dann kann der Erbe neben dem anderen Oder-Berechtigten wie der Erblasser einzeln verfügen. Der andere Oder-Berechtigte, der dies verhindern will, kann durch einseitigen Widerruf das Oder-Konto in ein Und-Konto (vgl. Rn. 77 ff.) umwandeln, d. h., beide können dann über das Konto nur noch gemeinsam verfügen.

## E. Datenschutz

**62** Das Problem des Datenschutzes stellt sich vor allem im Zusammenhang mit Kreditinformationsdiensten (z. B. **SCHUFA**).

Die SCHUFA (Schutzgemeinschaft für allgemeine Kreditsicherung) ist eine Gemeinschaftseinrichtung der kreditgebenden Wirtschaft. Deren primäre Aufgabe ist es, ihren Vertragspartnern Informationen zu geben, um sie vor Verlusten im Verbraucher-Kreditgeschäft zu schützen. Die Datenübermittlung an die SCHUFA erfolgt nach dem Prinzip der Gegenseitigkeit, d. h., nur die Bank erhält Informationen, die selbst auch Informationen liefert.

**63** Die Zulässigkeit von Datenübermittlungen durch Banken an die SCHUFA beurteilt sich, soweit natürliche Personen betroffen sind, nach § 24 I BDSG. Juristische Personen sowie OHG und KG werden durch das BDSG dagegen nicht geschützt.

Geschützt sind des weiteren nur Daten, die „in Dateien gespeichert, verändert, gelöscht oder aus Dateien übermittelt werden" (§ 1 I 1 BDSG), nicht aber solche, die aus der Kreditakte stammen, d. h. die Bankauskunft aus der Kreditakte unterliegt nicht § 24 I BDSG.

Nachdem der BGH die alte SCHUFA-Klausel wegen Verstoßes gegen § 9 AGBG für unwirksam erklärt hat,[6] wurden drei neue SCHUFA-Klauseln eingeführt, und zwar für Kontoeröffnung, Kreditaufnahme und Bürgschaftserklärung. Alle Klauseln gleichen sich hinsichtlich der rechtlichen Strukturmerkmale. Die neuen SCHUFA-Klauseln unter-

---

[6] BGH ZIP 1985, 1253.

scheiden zwischen **Positivdaten** (Beantragung, Aufnahme und Beendigung der Kontoverbindung) und **Negativdaten** (Daten über nicht vertragsgemäße Abwicklung).

Für die *Positivdaten* willigt der Kunde mit Unterzeichnung der Klausel ein, diese an die SCHUFA weiterzuleiten. Diese Einwilligung ist gem. § 3 BDSG mit Wirkung ex nunc jederzeit widerrufbar.

Hinsichtlich der *Negativdaten* hat eine Interessenabwägung zwischen den aus dem Persönlichkeitsrecht herzuleitenden schutzwürdigen Belangen des Kunden, insbesondere dessen informationeller Selbstbestimmung, und den berechtigten Interessen des Kreditinstituts, einem Vertragspartner der SCHUFA, sowie denen der Allgemeinheit zu erfolgen. Dabei wird zwischen „harten" und „weichen" Negativmerkmalen unterschieden. Bei „harten" Negativmerkmalen (z. B. Zwangsvollstreckung, einstweilige Verfügung) ist im Interesse der Kreditwirtschaft und der Allgemeinheit an einem effektiv und sicher funktionierenden Kreditsystem eine Datenübermittlung an die SCHUFA auch ohne Einwilligung des Kunden zulässig. Handelt es sich dagegen lediglich um „weiche" Negativmerkmale (i. e. einseitige Maßnahmen der Bank ohne gerichtliche Feststellung), ist eine mögliche Beeinträchtigung der schutzwürdigen Belange des Kunden sehr sorgfältig zu prüfen. 64

Die seitens der Bank ausgesprochene Kündigung eines Girokontos reicht für eine Meldung an die SCHUFA allein nicht aus, allenfalls dann kann eine solche Meldung zulässig sein, wenn die Kündigung aufgrund wiederholter Scheckrückgabe mangels Deckung oder nach Scheckkartenmißbrauch erfolgt. Selbst in diesen Fällen wird aber teilweise eine Einwilligung des Kunden gem. § 3 BDSG verlangt,[7] die auch in der neuen SCHUFA-Klausel nicht vorgesehen ist. Wird dieser Ansicht gefolgt, wäre auch die neue SCHUFA-Klausel insoweit gem. § 9 AGBG unwirksam. 65

## F. Geldwäsche

Institute sind grundsätzlich verpflichtet, bei erster Annahme oder Abgabe von Bargeld, Wertpapieren i. S. d. § 1 I DepotG (vgl. Rn. 345) oder Edelmetallen im Wert von zur Zeit 20 000 Deutsche Mark oder mehr zuvor denjenigen zu identifizieren, der ihm gegenüber auftritt (§§ 2 I i. V. m. 1 I, 1 II, 9 I GwG), wobei sie sich bei dem zu Identifizierenden zu erkundigen haben, ob er für eigene Rechnung handelt und, falls nicht, Name und Anschrift des Vertretenen festzustellen haben (§ 8 I 1, 2 GwG). 66

Identifizieren bedeutet das Feststellen des Namens auf Grund eines 67

---

[7] Z. B. OLG Celle NJW 1980, 348; OLG Hamm WM 1983, 1248.

Personalausweises oder Reisepasses sowie des Geburtsdatums und der Anschrift, soweit sie darin enthalten sind, und das Feststellen von Art, Nummer und ausstellender Behörde des amtlichen Ausweises (§ 1 V GwG). Andere Dokumente als Personalausweis und Reisepaß sind grundsätzlich für die Identifizierung nicht zulässig. Bei Minderjährigen, die noch keinen Ausweis besitzen, wird man allerdings die Vorlage der Geburtsurkunde des Minderjährigen sowie den Personalausweis bzw. Reisepaß der Erziehungsberechtigten ausreichen lassen.

68 Um eine künstliche Aufsplittung und damit eine Umgehung des Schwellenbetrages zu verhindern, besteht eine Identifizierungspflicht auch dann, wenn mehrere der vorbezeichneten Finanztransaktionen durchgeführt werden, falls diese zusammen einen Betrag von 20 000 Deutsche Mark oder mehr ausmachen, sofern tatsächliche Anhaltspunkte für eine Verbindung zwischen diesen Transaktionen vorliegen (§ 2 II GwG; sog. „Smurfing"). Dies ist dann anzunehmen, wenn sich eine signifikante Anzahl von Transaktionen innerhalb eines begrenzten Zeitraums durch ihre Gleichartigkeit im Hinblick auf den Geschäftsabschluß, den Geschäftsgegenstand oder die Geschäftsabwicklung auszeichnet (BT-Drucksache 12/2704, S. 12).

69 Eine Identifizierung entfällt gem. §§ 2 IV, 7 GwG ausnahmsweise nur, wenn der grundsätzlich zu Identifizierende
– persönlich bekannt ist,
– bei früherer Gelegenheit bereits identifiziert wurde, wobei auch Kontoeröffnungen vor dem 29. November 1993 (Inkrafttreten des GwG) ausreichen, wenn zuvor eine Identifizierung gem. § 154 II AO i. V. m. der AEAO 1991 erfolgt war (BT-Drucksache 12/2704, S. 11 f.),
– für ein gewerbliches Geldbeförderungsunternehmen auftritt,
– Inhaber oder Mitarbeiter eines Unternehmens ist und er regelmäßig auf das Konto des Unternehmens bar einzahlt oder abhebt,
– Bargeld in einen Nachttresor einzahlt, sofern er **vorher** durch das Kredit- oder Finanzinstitut verpflichtet wurde, über den Nachttresor nur Geld für eigene Rechnung einzuzahlen (§ 2 IV, 2 GwG).

Selbst in diesen Fällen besteht jedoch gem. § 9 I, 3, 5 GwG **vor** der Transaktion eine Aufzeichnungspflicht hinsichtlich
– des Namens des zu Identifizierenden,
– des Umstands, daß der zu Identifizierende persönlich bekannt oder für ein gewerbliches Geldbeförderungsunternehmen aufgetreten ist (§ 7 GwG),
– des Namens des Einzuzahlenden bzw. Abhebenden und der Erklärung des Unternehmens, durch die dieses bekanntgibt, daß durch jene in Zukunft wiederholt Bargeld auf eigenes Konto eingezahlt oder abgehoben wird (§ 2 IV, 1 GwG).

70 Die Art und Weise der Aufzeichnungen ist grundsätzlich den Instituten freigestellt.

Sie **sollen,** soweit möglich, durch Fotokopie des vorgelegten Personalausweises oder Reisepasses erfolgen (§ 9 I, 2 GwG).

Die Aufzeichnungen können auch als Wiedergaben auf einem Bildträger oder auf anderen Datenträgern gespeichert werden, wenn sichergestellt wird, daß die gespeicherten Daten
- mit den festgestellten Angaben übereinstimmen,
- während der Dauer der Aufbewahrungsfrist (s. u.) verfügbar sind und jederzeit innerhalb angemessener Frist lesbar gemacht werden können (§ 9 II GwG).

Die Aufzeichnungen sind sechs Jahre seit Schluß des Kalenderjahres, in dem die jeweilige Angabe festgestellt wurde, aufzubewahren (§ 9 III 1, 3 GwG).

Die Verletzung von Identifizierungs-, Aufzeichnungs- und Erkundigungspflichten ist als Ordnungswidrigkeit bußgeldbedroht (§ 17 GwG). **71**

Erkennt der Bankangestellte leichtfertig (= grob fahrlässig) nicht, daß ein Gegenstand aus einem
- Verbrechen eines anderen,
- Drogenvergehen eines anderen (§ 29 I Nr. 1 BetäubungsmittelG),
- von einem Mitglied einer kriminellen Vereinigung (§ 129 StGB) begangenen Vergehen

herrührt (§ 261 StGB, „Geldwäsche"), wird er mit Freiheitsstrafe bis zu zwei Jahren oder mit Geldstrafe bestraft.

Besonders auch in diesem Zusammenhang kommt dem Internal-Control-System des Instituts besondere Bedeutung zu. Die zuständigen Mitarbeiter sind vorher auf ihre persönliche und fachliche Zuverlässigkeit zu überprüfen (§ 14 II Nr. 3 GwG), es sind interne Grundsätze, Verfahren und Kontrollen zur Verhinderung der Geldwäsche zu entwickeln (§ 14 II Nr. 2 GwG) und die Mitarbeiter sind regelmäßig über die Methoden der Geldwäsche (vgl. Geldwäsche-Richtlinie des Zentralen Kreditausschusses und des Bundeskriminalamtes) zu unterrichten (§ 14 II Nr. 4 GwG). Besteht der Verdacht einer Straftat i. S. d. § 261 StGB, dann ist dieser Verdacht unverzüglich (§ 121 I BGB: „ohne schuldhaftes Zögern") den zuständigen Strafverfolgungsbehörden anzuzeigen (§ 11 GwG).

Das GwG wird in der Fassung vom 25. Oktober 1993 nur ein untaugliches Alibi-Gesetz bleiben; denn der immense Verwaltungsaufwand, der für die betroffenen Institute entstanden ist, steht in keinem Verhältnis zu den verbliebenen Umgehungsmöglichkeiten. **72**

## 2. Kapitel. Einlagengeschäft und Kontoarten

### A. Allgemeines

73 Das KWG definiert das Einlagengeschäft als die Annahme fremder Gelder als Einlagen oder anderer rückzahlbarer Gelder des Publikums, sofern der Rückzahlungsanspruch nicht in Inhaber- oder Orderschuldverschreibungen verbrieft wird, ohne Rücksicht darauf, ob Zinsen vergütet werden (§ 1 I 2 Nr. 1 KWG).

**Sichteinlagen** (sog. **Tagesgelder**) sind täglich fällige Gelder auf Giro- oder Kontokorrentkonten; für sie gelten die §§ 700, 607ff. BGB,[1] d. h., es besteht eine unregelmäßige Verwahrung, für die grds. die Vorschriften über das Darlehen Anwendung finden. Lediglich Zeit und Ort der Rückgabe bestimmen sich „im Zweifel" nach den Vorschriften über den Verwahrungsvertrag (§§ 695, 697 BGB), d. h. die Gelder sind im Gegensatz zu § 609 BGB jederzeit rückzahlbar.

**Termineinlagen** sind Gelder, die erst zu einem bestimmten, vertraglich vereinbarten Zeitpunkt in der Zukunft fällig werden (sog. **Festgelder**) oder für die eine Kündigungsfrist vereinbart wurde (sog. **Kündigungsgelder**). Für sie gelten die Vorschriften über das Darlehen (§§ 607ff. BGB) direkt.

74 **Spareinlagen** sind Termineinlagen, die durch Ausfertigung einer Urkunde, insbesondere eines Sparbuches, gekennzeichnet sind; sie sind daher ebenfalls Darlehen des Kunden an die Bank (§§ 607ff. BGB).[2] Zu den Spareinlagen gibt es verschiedene Variationen, z. B. **Sparbriefe, Sparobligationen, Bonussparverträge** etc., die aber grds. nichts an der rechtlichen Qualität ändern.

Der Begriff „Einlagen" wird heute nur noch selten verwandt, da die Abgrenzung zum Begriff „Darlehen" kaum möglich ist; die Bankbilanz benutzt nur noch den Begriff „Spareinlagen" (Nr. 2c) der Passivseite), ansonsten unterscheidet sie lediglich zwischen Verbindlichkeiten gegenüber Kreditinstituten (Nr. 1) und gegenüber anderen Gläubigern (Nr. 2). Einlagen werden auf unterschiedlichen Konten geführt, je nachdem, ob es sich um Einzel-, Gemeinschafts- oder Fremdkonten, Sonder-, Ander-, Sperr- oder Nummernkonten, um Kontokorrent- oder Terminkonten, oder um Sparkonten handelt.

75 Keine Kundenkonten sind die **Konten pro Diverse (CpDs)**, bankinterne Sammelkonten, über die Geschäftsvorgänge gebucht werden, die im Zeitpunkt der Verbuchung noch nicht eindeutig einem Kunden zuge-

---

[1] BGHZ 84, 873.
[2] BGHZ 64, 284.

2. Kapitel. *Einlagengeschäft und Kontoarten* 37

ordnet werden können. Die Gründe dafür können mannigfaltig sein, z. B. fehlende Verfügungsbefugnis eines Kunden, falsche oder unklare Kontobezeichnungen, Fehler in der Datenerfassung. Ist der Name des Beteiligten unschwer zu ermitteln und für ihn bereits ein Konto angelegt worden, darf nicht über ein CpD verbucht werden.

## B. Kontoarten

### I. Einzel-, Gemeinschafts- und Fremdkonto

Das Einzelkonto ist der Normalfall; es entsteht auch, wenn nicht deutlich erkennbar wird, daß ein Gemeinschaftskonto errichtet werden soll.[3] Beim Fremdkonto fallen Kontoinhaberschaft und Verfügungsbefugnis auseinander,[4] z. B. der minderjährige Kontoinhaber wird hinsichtlich der Verfügung über sein Konto durch den Vormund vertreten. 76

Das Gemeinschaftskonto kann als „**Oder-Konto**" oder als „**Und-Konto**" eingerichtet werden, je nachdem, ob alle Kontoinhaber allein verfügen sollen (Oder-Konto) oder nur gemeinsam (Und-Konto). Nach den bisherigen AGB-Banken (Nr. 2 III 1) war in der Regel von einem Oder-Konto auszugehen, die jetzige Fassung läßt eine solche Regelung vermissen. Es ist daher stets eine vertragliche Bestimmung zu treffen. Wird eine Einzelzeichnungsbefugnis durch einen Kontoinhaber widerrufen, verwandelt sich ein Oder-Konto automatisch in ein Und-Konto. Bei Oder-Konten ist jeder einzelne Kontoinhaber Gläubiger der Bank, und zwar Gesamtgläubiger i. S. d. § 428 BGB, d. h., jeder Kontoinhaber kann über das gesamte Kontoguthaben verfügen; die Bank kann an diesen mit befreiender Wirkung leisten. 77

Bei einem Und-Konto sind im Außenverhältnis die Kontoinhaber nur gemeinschaftlich Gläubiger der Bank; diese kann daher auch nur an alle gemeinsam mit befreiender Wirkung zahlen. Im Innenverhältnis richtet sich beim Und-Konto die interne Berechtigung nach den jeweiligen vertraglichen oder gesetzlichen Beziehungen, je nachdem, ob eine Gesamthandsgemeinschaft (z. B. OHG, KG, BGB-Gesellschaft, Erbengemeinschaft) oder eine Bruchteilsgemeinschaft (§ 741 BGB) besteht. Letztere ist stets anzunehmen, wenn vertragliche Vereinbarungen fehlen. 78

Die Zwangsvollstreckung bei Oder-Konten kann durch Pfändungs- und Überweisungsbeschluß (§§ 829, 835 ZPO) gegen jeden Kontoinhaber erfolgen, und zwar in Höhe des gesamten Kontoguthabens,[5] d. h., es ist irrelevant, wem das Guthaben im Innenverhältnis zusteht;[6] der andere 79

---
[3] BGHZ 61, 76.
[4] BGH NJW 1988, 709.
[5] BGHZ 93, 321.
[6] BGH WM 1985, 344.

Kontoinhaber kann allerdings grds. weiter über das Konto verfügen und die Bank weiter an ihn befreiend leisten.

**80** Bei Und-Konten ist dagegen eine Zwangsvollstreckung nur aufgrund eines gegen alle Kontoinhaber gerichteten Vollstreckungstitels und eines gegen alle Kontoinhaber gerichteten Pfändungs- und Überweisungsbeschlusses analog §§ 736, 747 ZPO zulässig.[7] Ist der Vollstreckungstitel nur gegen einen Kontoinhaber gerichtet und erläßt das Vollstreckungsgericht dennoch einen Pfändungs- und Überweisungsbeschluß gegen alle Kontoinhaber, dann ist dieser Beschluß zwar rechtswidrig (§ 750 ZPO), von der Bank aber dennoch bis zu dessen Aufhebung zu beachten.[8]

**81** Die Einrichtung eines Oder-Kontos ist für sich allein grds. noch kein Schenkungsversprechen von Todes wegen gemäß § 2301 BGB, in dem Sinne, daß der jeweils überlebende Kontoinhaber den Anteil des Verstorbenen am Kontoguthaben mit dessen Tod erwerben soll. Nur besondere Umstände können in Ermangelung einer ausdrücklichen Vereinbarung den Schluß auf eine dahingehend konkludent erklärte Schenkung von Todes wegen rechtfertigen. Nach dem BGH kommen dafür vor allem Oder-Konten von Ehegatten in Betracht,[9] wobei kein Automatismus besteht und der überlebende Ehegatte die Beweislast dafür trägt, daß mit der Kontoeinrichtung schon ein dahingehendes Vermögensopfer, wenn auch nur aufschiebend bedingt, erbracht wurde. Der sicherere Weg ist allemal das Testament oder der Vertrag zugunsten Dritter auf den Todesfall gem. §§ 328, 331 BGB (vgl. Rn. 53 ff.).

## II. Sonderkonto

**82** Sonderkonten sind Konten, die einem bestimmten Zweck dienen (z. B. Baukonto, Grundstücksverwaltungkonto etc.); in der Regel werden sie mit einem „Wegen"-Zusatz versehen (deshalb auch: „**Wegen**"-**Konten**). Im Gegensatz zu Fremdkonten verbleibt die Verfügungsbefugnis beim Kontoinhaber. Dieser kann das Kontoguthaben aber für Dritte treuhänderisch halten.[10]

**83** Die Bank sollte gegenüber dem Kunden, der ein Sonderkonto eröffnet, für eine eindeutige Kennzeichnung des Kontos in der Weise Sorge tragen, daß im nachhinein zweifelsfrei festgestellt werden kann, ob es sich um zweckgebundenes Eigentum des Kontoinhabers oder um treuhänderisch gehaltenes Fremdvermögen handelt, über das der Kontoinha-

---

[7] BGH WM 1977, 840.
[8] BGH WM 1977, 840.
[9] BGH FamRZ 1986, 982; WM 1986, 786.
[10] BGHZ 21, 152; 61, 75.

ber nur im Rahmen der treuhänderischen Bindung verfügen kann. Ist letzteres der Fall, ist es bezüglich Forderungen der Bank gegen den Kunden pfändungssicher (s. u.).

Das Fremdkonto ist vom treuhänderisch gehaltenen Sonderkonto mit- 84
hin so zu unterscheiden, daß beim Fremdkonto der Kontoinhaber hinsichtlich seines eigenen Kontoguthabens nicht verfügungsbefugt ist, beim treuhändisch gehaltenen Sonderkonto der Kontoinhaber über fremdes Vermögen begrenzt verfügen kann.

### III. Anderkonto

Anderkonten sind **offene Treuhandkonten,** die für bestimmte Berufs- 85
gruppen geführt werden und denen aufgrund ihres Standesrechts häufig fremde Vermögenswerte anvertraut werden. Eine solche Standesaufsicht haben Rechtsanwälte, Notare, Angehörige der öffentlich bestellten wirtschaftsprüfenden und wirtschafts- und steuerberatenden Berufe und Patentanwälte.

Für die Führung dieser Konten gibt es besondere Geschäftsbedingungen (Sonderbedingungen i. S. Nr. 1 I AGB-Banken), die im wesentlichen inhaltsgleich sind. Gem. § 1 dieser Sonderbedingungen führt die Bank neben Konten und Depots des Kontoinhabers (**Eigenkonten**) auch Konten, „die nicht eigenen Zwecken des Kontoinhabers dienen sollen, bei denen er aber gleichwohl der Bank gegenüber allein berechtigt und verpflichtet ist" (**Anderkonten**).

Die offene Separierung der Anderkonten von den Eigenkonten 86
bewirkt z. B., daß die Bank mit eigenen Forderungen gegen den Kunden (Treuhänder) nicht gegen Verbindlichkeiten aus dem Treuhandkonto aufrechnen kann[11], das AGB-Pfandrecht (Nr. 14 AGB-Banken) bezüglich des Anderkontos nicht greift und auch Zwangsvollstreckungsmaßnahmen gegen den Kunden grds. nicht das Anderkonto erfassen. Sie dienen mithin dem Schutz des Treugebers. Dieser Schutz wird durch die Sonderbedingungen insbesondere auch dadurch erreicht, daß
- die Abtretung oder Verpfändung des Anderkontos ausgeschlossen ist,
- das Anderkonto von einer Pfändung nur dann betroffen ist, wenn dies aus der Pfändungsurkunde ausdrücklich hervorgeht,
- die Bank auf alle Aufrechnungs-, Zurückhaltungs- und Pfandrechte mit Ausnahme von solchen Forderungen, die mit der Kontoführung selbst zusammenhängen, verzichtet.

---

[11] BGHZ 61, 77; BGH NJW 1987, 3250.

## IV. Sperrkonto

**87** Sperrkonten sind Konten, über die der Kontoinhaber befristet, bis zu einem bestimmten Ereignis oder ohne Zustimmung Dritter nicht, nur beschränkt oder nur gemeinsam mit anderen verfügen kann. Die Sperre kann gesetzlich (z. B. Devisensperrkonten) oder rechtsgeschäftlich erfolgen (z. B. Mieterdarlehen).[12] Sie muß durch den Kontoinhaber selbst erfolgen, wobei die Bank, falls sie von dem Kontoinhaber einen entsprechenden Auftrag erhalten hat, dem Sperrbegünstigten den Vollzug bestätigt. Dingliche Sperren erfolgen durch Sicherungsabtretung, Verpfändung, Vertrag zugunsten Dritter (§§ 328 ff. BGB) oder Abtretungsverbot (§ 399 BGB). Schuldrechtliche Sperren sind nicht konkursfest.[13] Ist ein Konto mit einem Sperrvermerk versehen, darf eine Gutschrift nur auf diesem erfolgen, wenn es das einzige von mehreren Konten ist, über das der Kontoinhaber nur gemeinsam mit anderen verfügen kann.[14]

## V. Nummernkonto

**88** Nummernkonten weisen den Namen des Kontoinhabers nicht aus; sie sind bankintern nur über Codes, meistens Nummern, bestimmten Personen zuordnungsfähig. Diese Codes wiederum befinden sich unter Verschluß besonders ausgewählter, der Geschäftsleitung direkt verantwortlicher Mitarbeiter. Nummernkonten verstoßen gegen den Grundsatz der Kontenwahrheit (§ 154 I, II AO) und sind daher nach deutschem Recht nicht zulässig, sehr wohl aber in Luxemburg oder der Schweiz.

## VI. Kontokorrentkonto

**89** Kontokorrentkonten sind **Girokonten mit einer Kontokorrentabrede** i. S. d. § 355 HGB zwecks Verrechnung von Soll- und Habenposten. Sie dienen der Abwicklung aller Bankgeschäfte, einschließlich des Überweisungsverkehrs und der Verbuchung von Sichteinlagen. Banken führen Girokonten ausschließlich als Kontokorrentkonten (vgl. Nr. 7 AGB-Banken).

**90** Gem. § 355 I HGB besteht ein Kontokorrent darin, daß die aus einer Geschäftsbedingung „entspringenden beiderseitigen Ansprüche und Leistungen nebst Zinsen in Rechnung gestellt und in regelmäßigen Zeitabschnitten durch Verrechnung und Feststellung des für den einen oder anderen Teil sich ergebenden Überschusses ausgeglichen werden". Mit

---

[12] BGH WM 1961, 1128.
[13] BGH WM 1986, 749.
[14] BGH WM 1974, 274.

## 2. Kapitel. Einlagengeschäft und Kontoarten

der Einstellung in das Kontokorrent verlieren wechselseitige Einzelansprüche zwischen Bank und Kunden ihre rechtliche Selbständigkeit und werden laufend saldiert (deshalb auch: **laufende Konten**). Dabei ist der Tagessaldo ein „reiner Postensaldo" zur laufenden Kontrolle des Kontostandes;[15] erst die Saldierung am Ende einer Rechnungsperiode (i. e. das Quartalsende; vgl. Nr. 7 I AGB-Banken) hat schuldumschaffende bzw. novierende Wirkung.[16]

Die periodische Mitteilung des Saldos enthält zugleich den Antrag der Bank auf Abschluß eines abstrakten Schuldanerkenntnisvertrages über den mitgeteilten Saldostand. Gem. Nr. 7 II 2 AGB-Banken gilt dieser Antrag als von dem Kunden angenommen, wenn dieser nicht innerhalb eines Monats seit Zugang des Rechnungsabschlusses widerspricht; Schweigen gilt also als Zustimmung. Für die Fristwahrung reicht die rechtzeitige Absendung des Widerspruchs aus, wenn er schriftlich erfolgt (Nr. 7 II 1 AGB-Banken). Der Kunde kann auch noch nach Fristablauf eine Berichtigung des Rechnungsabschlusses verlangen, muß dann aber beweisen, daß sein Konto zu Unrecht belastet oder eine ihm zustehende Gutschrift nicht erteilt wurde (Nr. 7 II 4 AGB-Banken). Diese (neue) AGB-Regelung geht sogar über die gesetzliche Regelung hinaus, wonach der Kunde gem. § 812 II BGB bei Unrichtigkeit des fiktiven Saldoanerkenntnisses nur widerrufen kann, wenn er von dessen Unrichtigkeit keine Kenntnis hatte (§ 814 BGB), wobei die Bank allerdings die Kenntnis des Kunden zu beweisen hätte, ein tatsächlich schwieriges Unterfangen. Daneben kann der abstrakte Schuldanerkenntnisvertrag auch gem. §§ 119 ff. BGB angefochten werden.

Durch die fiktive Annahme des Rechnungsabschlusses werden qua abstraktem Schuldanerkenntnisvertrag die in den Saldo aufgenommenen Habenposten des jeweils anderen anerkannt.[17] Da mit der Einstellung in das Kontokorrent die eingestellten Forderungen ihre Selbständigkeit verlieren, sind sie weder einzeln abtretbar noch pfändbar (§ 357 HGB). Dies hindert jedoch nicht die Abtretung bzw. Pfändung künftiger Abschlußsalden gem. §§ 829 ff. ZPO;[18] selbst die Pfändung zukünftiger Einzelforderungen soll – institutswidrig – möglich sein.[19]

Entgegen § 248 BGB ist im Rahmen des Kontokorrents ausnahmsweise die Berechnung von **Zinseszinsen** zulässig (§ 355 I HGB), d. h., ergibt sich zum Abschluß einer Rechnungsperiode ein Debitsaldo zu Lasten des Kunden (sog. **Überziehungskredit**, s. Rn. 141 ff.), dann wird dieser Saldo von der Bank verzinst und zusammen mit den Zinsen in die neue Rechnungsperiode eingestellt, am Ende derer die Zinsen, zusammen mit

---
[15] BGHZ 73, 209.
[16] BGHZ 50, 280.
[17] BGH WM 1967, 1163; 1973, 263; 1975, 557; 1980, 176.
[18] BGHZ 80, 178.
[19] BGHZ 84, 329, 373.

dem jeweiligen Überziehungskapital, nochmals verzinst werden (vgl. Nr. 7 I 2 AGB-Banken).

93 Gem. Nr. 8 I AGB-Banken können fehlerhafte Gutschriften auf Kontokorrentkonten bis zum nächstfolgenden Rechnungsabschluß storniert werden, wobei der Kunde gleichzeitig einen etwaigen Einwand aus § 818 III BGB (Wegfall der Bereicherung) verliert. Diese Vorschrift ist nur hinsichtlich technischer Buchungsfehler wirksam, nicht jedoch im Falle eines Widerrufs des Überweisungsauftrages, da dieser mit der Gutschrift bindend geworden ist (vgl. Rn. 419). Nr. 8 I AGBSp, der auch eine Stornobuchung für den Fall des Widerrufs vorsieht, ist daher insoweit gem. § 9 AGBG unwirksam.

94 Das Kontokorrentverhältnis endet mit jederzeit möglicher Kündigung einer der beiden Vertragsparteien (Nr. 18 I, 19 I AGB-Banken). Nach Beendigung haben spätere „Saldierungen" der Bank keine kontokorrentmäßigen Folgen mehr, d. h. die Bank kann im Fall einer Überziehung des Kunden vom Schlußsaldo keine Zinseszinsen, sondern nur noch Verzugszinsen fordern.[20] Eine stillschweigende Beendigung eines Kontokorrentverhältnisses kommt grds. nicht in Betracht. Selbst wenn auf einem Kontokorrentkonto über mehrere Jahre hinweg keine oder nur unerhebliche Kontobewegungen stattgefunden haben, spricht dies nicht allein für die Beendigung der Kontokorrentbeziehung.[21]

## VII. Sparkonto

95 **Spareinlagen** werden nach außen durch Ausgabe eines Sparbuchs gekennzeichnet. Das **Sparbuch** ist kein Wertpapier, sondern lediglich ein Namens- bzw. Rektapapier i. S. d. § 952 II BGB,[22] d. h. das Recht am Sparbuch folgt dem Recht aus dem Sparbuch.

96 Die Bank ist allerdings nur verpflichtet, gegen dessen Vorlage zu zahlen (§ 808 II 1 BGB), kann andererseits bei einem Sparbuch mit Inhaberklausel (zahlbar auch an den Inhaber) aber befreiend leisten (§§ 362, 808 I 1 BGB), ohne daß der Inhaber, da das Sparbuch kein Wertpapier ist, allein aufgrund dieses Papiers Zahlung verlangen kann (§ 808 I 2 BGB; sog. **qualifiziertes Legitimationspapier**). Fehlt dagegen eine Inhaberklausel, handelt es sich also um ein reines Namenspapier, hat die Bank stets zu prüfen, ob derjenige, der unter Vorlage des Sparbuchs eine Verfügung treffen will, mit dem Inhaber des Sparkontos identisch ist. Nur dann wird sie befreit. Eine Befreiung findet darüber hinaus auch dann nicht statt, wenn das Sparbuch zwar eine Inhaberklausel enthält, also ein qualifiziertes Legitimationspapier ist, es jedoch von dem Inhaber

---

[20] BGH WM 1987, 897.
[21] BGH WM 1984, 426.
[22] BGH WM 1972, 701; 73, 41.

des Sparkontos gesperrt wurde. In diesem Fall wird selbst die Legitimationswirkung eines Sparbuchs mit Inhaberklausel ausnahmsweise aufgehoben.[23]

Soll gem. § 331 I BGB ein Sparkonto zugunsten eines Dritten mit der Maßgabe eingerichtet werden, daß der Dritte erst mit dem Ableben des Einzahlenden über die Spareinlage Kenntnis erlangen und verfügen soll,[24] können, falls es sich – wie üblich – um eine unentgeltliche Zuwendung des Einzahlenden handelt, dessen Erben nach seinem Tode die Schenkung widerrufen[25] und damit den Willen des Schenkers konterkarieren. Es ist daher erforderlich, daß der Schenker mit Einrichtung des Sparkontos sein eigenes Schenkungsangebot zugleich für den beschenkten Dritten annimmt. Dieses sog. **Insichgeschäft** ist wirksam, weil es dem Beschenkten nur einen Vorteil bringt (§ 181 a. E. BGB analog). 97

Spareinlagen werden, da einerseits gem. §§ 770 I 1, 607 ff. BGB Darlehensrecht anzuwenden ist und andererseits das Sparbuch kein Wertpapier ist, gem. §§ 398 ff. BGB abgetreten. Der Zessionar kann gem. §§ 985 I, 952 II BGB vom Zedenten die Herausgabe des Sparbuches verlangen. Wird lediglich das Sparbuch übertragen, ohne daß die Abtretung der Spareinlage ausdrücklich erklärt wurde, kann unter Würdigung der Gesamtumstände damit eine konkludente Abtretung verbunden sein (§ 133 BGB). 98

---

[23] BGH WM 1988, 1478.
[24] BGHZ 46, 198.
[25] BGHZ 66, 13; NJW 1975, 383.

# 3. Kapitel. Kreditgeschäft

## A. Kredit

### I. Allgemeines

99 In der Praxis besteht der Kreditvertrag in seinem Kern einerseits aus der Verpflichtung der Bank, ihrem Kunden zu einem bestimmten Zins (Nr. 12 AGB-Banken), ggfls. gegen eine bestimmte Sicherheit (Nrn. 13–17 AGB-Banken), für eine bestimmte Zeit ein Darlehen in bestimmter Höhe zur Verfügung zu stellen, andererseits aus der Verpflichtung des Kunden, dieses Darlehen bei Fälligkeit zurückzahlen (§§ 607 ff. BGB). Daneben gibt es unter Umständen Regelungsbedarf für eine Vielzahl anderer Vertragselemente, wie z. B.

– Zinsanpassung bei variablem Zins/Kopplung an Diskontsatz,
– Festlaufzeit/Kündigungsfristen
– Art der Inanspruchnahme (Bar, Aval, Diskont),
– vorzeitige Rückzahlbarkeit,
– Bereitstellungsprovision,
– Sicherheitenvereinbarung,
– Kreditkosten (Damnum/Disagio, etc.),
– Schadenersatz bei Nichtabnahme.

### II. Zins

100 Der Zins ist die nach Laufzeit bemessene, gewinn – und umsatzunabhängige Gegenleistung des Kunden für die zeitweilige Überlassung des Darlehenskapitals durch die Bank.[1]

**Kreditgebühren** sind laufzeitabhängig und daher Zinsen.[2] Gleiches gilt in der Regel für das **Disagio,** weil es in der Praxis nur noch als laufzeitabhängiger Ausgleich für einen niedrigen Nominalzins anzusehen ist.[3] Laufzeitunabhängige Kosten, sog. „**Einmalkosten**" (z. B. Bearbeitungskosten, Vermittlungsprovision, etc.), sind keine Zinsen.

101 Der sog. **effektive Jahreszins** ist daher im Gegensatz zum Nominalzins tatsächlich kein Zins, weil in dessen Berechnung sonstige Kosten mit einfließen, um z. B. eine vergleichende Bewertung i. S. d. § 138 BGB (Sittenwidrigkeit) vornehmen zu können.

---

[1] BGH NJW 1979, 541, 806.
[2] BGH NJW 1979, 2089, 2090.
[3] BGH NJW 1990, 428, 429.

## 3. Kapitel. Kreditgeschäft

Hinsichtlich der Zinshöhe nimmt der BGH Sittenwidrigkeit nach § 138 I BGB regelmäßig dann an, wenn der Vertragszins den marktüblichen Effektivzins relativ um 100%[4] oder absolut um 12% übersteigt.[5] Nr. 12 I AGB-Banken verweist für das Privatkundengeschäft hinsichtlich der Höhe der Zinsen und Entgelte auf den „Preisaushang – Regelsätze im standardisierten Privatkundengeschäft" und ergänzend auf das „Preisverzeichnis" der Bank. In diesem Preisverzeichnis, dessen Regelungen ebenfalls „Allgemeine Geschäftsbedingungen" (Sonderbedingungen) sind, wird regelmäßig der Zeitpunkt, zu dem Gutschriften oder Lastschriften auf einem Girokonto in die Zinsrechnung eingehen (sog. **Wertstellung**), geregelt. Der BGH hat dazu entschieden, daß gem. § 9 AGBG die Wertstellung von Bareinzahlungen tagesgleich zu erfolgen hat, weil infolge späterer Wertstellung Sollzinsen für einen tatsächlich nicht bestehenden Schuldsaldo entstehen können.[6]

102

In einer anderen Entscheidung zur nachschüssigen Zinsberechnung beim sog. **Annuitätendarlehen** führte der BGH aus, daß ein Verstoß gegen das sog. **Transparenzgebot** gem. § 9 AGBG vorliege, wenn die zinssteigernde Wirkung einer diesbezüglichen AGB-Klausel für den Privatkunden nicht hinreichend deutlich erkennbar wird.[7] Seitens der Bank ist daher erforderlich, dem Kunden eine **Annuitätentabelle** auszuhändigen oder den effektiven Jahreszins mitzuteilen (vgl. § 4 I Nr. 1e), II VerbrKrG).

103

Festzinsen werden für einen bestimmten Zeitraum der Gesamtlaufzeit eines Kredits vereinbart, variable Zinsen z. B. durch **Zinsgleitklausel** an den Diskont der Bundesbank oder bei Eurokrediten an **FIBOR** oder **LIBOR** gekoppelt oder auch durch eine **Zinsänderungsklausel** „bis auf weiteres" vereinbart (sog. **Vorbehaltsklausel**).

104

Im Falle einer Vorbehaltsklausel erfolgt die jeweilige Zinsfestsetzung gem. Nr. 12 I 3, II AGB-Banken i. V. m. § 315 III BGB nach billigem Ermessen der Bank. Sollte sie dieses Ermessen zu Lasten des Kunden fehlerhaft ausüben, weil z. B. die Senkung des Zinssatzes nicht dem gesenkten Diskont der Deutschen Bundesbank entspricht oder verzögert vorgenommen wird, kann der Kunde im Wege der **Gestaltungsklage** die Bestimmung durch Urteil herbeiführen (§ 315 III 2 BGB), wobei die Bank die Beweislast für die Billigkeit trägt.[8] Darüber hinaus kann der Kunde von der Bank die zuviel gezahlten Zinsen gem. § 812 I BGB kondizieren. Im übrigen ist sie, soweit die jeweiligen Kreditvereinbarungen keine Regelung vorsehen (Nr. 12 III 1 AGB-Banken), nicht nur berechtigt, eine Zinsherabsetzung nach billigem Ermessen vorzuneh-

105

---
[4] BGHZ 104, 105; 110, 338.
[5] BGHZ 110, 338.
[6] BGH WM 1989, 126.
[7] BGH WM 1988, 1780.
[8] BGHZ 41, 279; 97, 220; NJW 1969, 1809; 1981, 571.

men, sondern, wie bereits angedeutet, als inhärenter Bestandteil des Merkmals „Billigkeit" auch dazu verpflichtet.[9] Dieser Anspruch des Kunden auf Herabsetzung des Zinssatzes kann ggfls. auch mit der verbesserten Refinanzierungssituation der Bank begründet werden, wobei hinsichtlich einer Leistungsklage i. S. d. § 812 I BGB die Angabe der Höhe dem Ergebnis einer vorgeschalteten **Auskunftsklage** vorbehalten werden muß (§ 254 ZPO; sog. **Stufenklage**), weil dies für den Kunden in aller Regel die einzige Möglichkeit ist, die für eine solche Leistungsklage notwendigen Kalkulationsgrößen zu erhalten.

**106** Bei Verbraucherkrediten (s. Rn. 111 ff.) sind u. a. der Zinssatz und der effektive Jahreszins im Kreditvertrag anzugeben (§ 4 I 2 Nr. 1d VerbrKrG). Fehlt eine dieser Angaben und nimmt der Kunde dennoch das Darlehen in Empfang oder den Kredit in Anspruch, ermäßigt sich der dem Kreditvertrag zugrunde gelegte Zinssatz auf den gesetzlichen Zinssatz (§ 6 II 2 VerbrKrG). Bei Überziehungskrediten i. S. d. § 5 VerbrKrG (s. Rn. 141 ff.) richtet sich der maßgebliche Zinssatz nach dem Preisaushang und den Informationen, die die Bank dem Kunden übermittelt (Nr. 12 VI AGB-Banken).

### III. Kündigung

**107** Als Dauerschuldverhältnis wird das Kreditverhältnis, soweit keine Festlaufzeit vereinbart wird, durch Kündigung beendet (§§ 609, 609a BGB). § 13 VerbrKrG übertitelt zwar als „Rücktritt des Kreditgebers", verweist aber durch Abs. 1 auf die Voraussetzungen des außerordentlichen Kündigungsrechts gem. § 12 VerbrKrG und steht damit nicht im Gegensatz zu §§ 609, 609 a BGB. Nur hinsichtlich der Rechtsfolgen wird durch § 13 II VerbrKrG auf die Rücktrittsvorschriften (§§ 346 bis 354, 356 BGB) verwiesen.

**108** In der Praxis spielt das gesetzliche Kündigungsrecht gem. § 609 BGB keine Rolle. Es wird in der Regel ersetzt durch eine individuelle Vereinbarung zwischen den Vertragsparteien bzw. in Ermangelung einer solchen Vereinbarung durch Nr. 18 I, 19 II AGB-Banken, wonach Kredite ohne feste Laufzeit von jedem Vertragspartner jederzeit ohne Einhaltung einer Kündigungsfrist, Kredite mit fester Laufzeit nur aus wichtigem Grund gekündigt werden können. Im ersten Fall muß die kündigende Bank dem Kunden gem. Nr. 19 V AGB-Banken eine angemessene Frist einräumen, um z. B. über die Ablösung des Kredits mit einer anderen Bank zu verhandeln.[10] Gründe für eine außerordentliche Kündigung eines Kredites mit Festlaufzeit durch die Bank bestehen gem. Nr. 19 III AGB-Banken insbesondere, wenn der Kunde unrichtige Angaben über

---

[9] BGH WM 1977, 834, 835; BGHZ 97, 212, 217 m. w. N.
[10] BGH WM 1978, 236; 1983, 1038.

seine Vermögenslage gemacht hat, wenn eine wesentliche Verschlechterung oder eine erhebliche Gefährdung seines Vermögens eintritt oder wenn der Kunde seiner Verpflichtung zur Bestellung oder Verstärkung von Sicherheiten nach Aufforderung durch die Bank nicht innerhalb angemessener Frist nachkommt.

Dem Kunden seinerseits stehen darüber hinaus gem. § 609a BGB vertraglich nicht abdingbare, besondere Kündigungsmöglichkeiten zur Verfügung, und zwar 109
- mit einer Kündigungsfrist von einem Monat seit dem Tag, mit dem eine Zinsbindung endet, falls die Zinsbindung kürzer als die Darlehenslaufzeit ist, oder, bei roll-over-Krediten, jeweils für den Ablauf des Tages, an dem die Zinsbindung endet,
- mit einer Kündigungsfrist von drei Monaten mit Ablauf von sechs Monaten seit vollständigem Empfang eines Verbraucherkredites, wenn dieser Kredit nicht durch ein Grund- oder Schiffspfandrecht gesichert ist,
- mit einer Kündigungsfrist von sechs Monaten seit Ablauf von zehn Jahren (= **maximale Zinsbindungsfrist**) seit vollständigem Empfang eines Kredites, es sei denn, es wurde zwischenzeitlich eine Prolongation vereinbart,
- jederzeit mit einer Kündigungsfrist von drei Monaten bei Krediten mit variablem Zinssatz.

Besondere Kündigungsmodalitäten gibt es schließlich für **Verbraucherkredite,** die in Teilzahlungen zu tilgen sind (sog. **Teilzahlungskredite**); sie gewähren dem Kunden, der sich mit seinen Zahlungen in Verzug befindet, also einen außerordentlichen Kündigungsgrund geschaffen hat, einen nicht abdingbaren (relativen) Kündigungsschutz (vgl. nachfolgend zum Verbraucherkredit). 110

## B. Kreditarten

### I. Verbraucherkredit

Das Verbraucherkreditgesetz gilt sowohl für Kreditverträge wie auch für Kreditvermittlungsverträge. Der Verbraucherkreditvertrag ist ein Vertrag, durch den die Bank einer natürlichen Person einen entgeltlichen Kredit in Form eines Darlehens, eines Zahlungsaufschubs oder einer sonstigen Finanzierungshilfe gewährt oder zu gewähren verspricht, es sei denn, daß der Kredit nach dem Inhalt des Vertrages für deren bereits ausgeübte gewerbliche oder selbständige berufliche Tätigkeit bestimmt ist (**Verbraucher;** § 1 I, II VerbrKrG). Der Kreditvermittlungsvertrag ist ein Vertrag, nach dem ein Kreditvermittler es unternimmt, einem Verbraucher gegen Entgelt einen Kredit zu vermitteln oder ihm die Gele- 111

48 Dritter Teil. Privates Bankrecht

genheit zum Abschluß eines Kreditvertrages nachzuweisen (§ 1 III VerbrKrG).

**112** Bestimmte Schutzbestimmungen des Verbraucherkreditgesetzes (z. B. Schriftform, Widerrufsrecht; s. u.) gelten darüber hinaus gem. § 2 VerbrKrG entsprechend, wenn die Willenserklärung des Verbrauchers auf den Abschluß eines Vertrages gerichtet ist, der
- die Lieferung mehrerer als zusammengehörend verkaufter Sachen in Teilleistungen zum Gegenstand hat und bei dem das Entgelt für die Gesamtheit der Sachen in Teilleistungen zu entrichten ist;
- die regelmäßige Lieferung von Sachen gleicher Art zum Gegenstand hat;
- die Verpflichtung zum wiederkehrenden Erwerb oder Bezug von Sachen zum Gegenstand hat.

Das Gesetz über Verbraucherkredite findet keine Anwendung auf
- Kredite an juristische Personen und Personenhandelsgesellschaften,
- Kredite für bereits ausgeübte gewerbliche oder freiberufliche Zwecke (§ 1 I a. E. VerbrKrG),
- Existenzgründungskredite über einen Nettokreditbetrag von mehr als DM 100000,00 (§ 3 I Nr. 2 VerbrKrG),
- Kleinkredite unter einem Nettokreditbetrag von DM 400,00 (§ 3 I Nr. 1 VerbrKrG),
- kurzfristiger Zahlungsaufschub von bis zu drei Monaten (§ 3 I Nr. 3 VerbrKrG),
- Arbeitgeberkredite (§ 3 I Nr. 4 VerbrKrG),
- Wohnungs- und Städtebauförderungskredite (§ 3 I Nr. 5 VerbrKrG).

Der Verbraucherkreditvertrag bedarf gem. § 4 I VerbrKrG der Schriftform und grds. folgender Angaben:
- bei Kreditverträgen im allgemeinen:
  - Nettokreditbetrag, gegebenenfalls die Höchstgrenze des Kredits;
  - wenn möglich Gesamtbetrag aller vom Verbraucher zu entrichtenden Teilzahlungen einschließlich Zinsen und sonstiger Kosten;
  - Art und Weise der Rückzahlung des Kredits oder, wenn eine Vereinbarung hierüber nicht vorgesehen ist, die Regelung der Vertragsbeendigung;
  - Zinssatz und alle sonstigen Kosten des Kredits, die im einzelnen zu bezeichnen sind, einschließlich etwaiger vom Verbraucher zu tragender Vermittlungskosten;
  - effektiver Jahreszins oder, wenn eine Änderung des Zinssatzes oder anderer preisbestimmender Faktoren vorbehalten ist, der anfängliche effektive Jahreszins; zusammen mit dem anfänglichen effektiven Jahreszins ist auch anzugeben, unter welchen Voraussetzungen preisbestimmende Faktoren geändert werden können und auf welchen Zeitraum Belastungen, die sich aus einer nicht vollständigen Auszahlung oder aus einem Zuschlag zu dem Kreditbetrag er-

## 3. Kapitel. Kreditgeschäft

geben, bei der Berechnung des effektiven Jahreszinses verrechnet werden;
- Kosten einer Restschuld- oder sonstigen Versicherung, die im Zusammenhang mit dem Kreditvertrag abgeschlossen wird;
- zu bestellende Sicherheiten;
– bei Kreditverträgen, die die Lieferung einer bestimmten Sache oder die Erbringung einer bestimmten anderen Leistung gegen Teilzahlung zum Gegenstand haben:
- Barzahlungspreis;
- Teilzahlungspreis (Gesamtbetrag von Anzahlung und allen vom Verbraucher zu entrichtenden Teilzahlungen einschließlich Zinsen und sonstiger Kosten);
- Betrag, Zahl und Fälligkeit der einzelnen Teilzahlungen;
- effektiver Jahreszins;
- Kosten einer Versicherung, die im Zusammenhang mit dem Kreditvertrag abgeschlossen wird;
- Vereinbarung eines Eigentumsvorbehalts oder einer anderen zu bestellenden Sicherheit.

Der Angabe eines Barzahlungspreises und eines effektiven Jahreszinses bedarf es nicht, wenn der Kreditgeber nur gegen Teilzahlungen Sachen liefert oder Leistungen erbringt. Ausnahmsweise sind diese Angaben nicht erforderlich, und zwar bei:
– Finanzierungsleasingverträgen (§ 3 II Nr. 1 VerbrKrG; vgl. dazu **Leasinggeschäft** Rn. 488ff.),
– Kreditverträgen, die durch gerichtliches Protokoll (z. B. im Wege des Prozeßvergleichs) aufgenommen oder notariell beurkundet worden sind, wenn das Protokoll oder die notarielle Urkunde den Jahreszins, die bei Abschluß des Vertrages in Rechnung gestellten Kosten des Kredits sowie die Voraussetzungen enthält, unter denen der Jahreszins oder die Kosten geändert werden können (§ 3 II Nr. 3 VerbrKrG).

Der Verbraucher-Kreditvertrag ist nichtig, wenn die Schriftform insgesamt nicht eingehalten wird oder wenn die oben aufgeführten Angaben des § 4 I VerbrKrG fehlen, es sei denn, es handelt sich nur um die Angabe der zu bestellenden Sicherheit bei Kreditverträgen im allgemeinen oder die Vereinbarung eines Eigentumsvorbehalts oder einer anderen zu bestellenden Sicherheit bei Kreditverträgen, die Lieferung einer bestimmten Sache oder die Erbringung einer bestimmten Leistung gegen Teilzahlung zum Gegenstand haben, im besonderen (§ 6 I VerbrKrG). Hat der Kunde allerdings das Darlehen empfangen oder nimmt er den Kredit in Anspruch, wird ihm die Sache übergeben oder die Leistung erbracht, so wird der Vertrag zwar gültig, allerdings nur in einem gesetzlich vorgegebenen Rahmen, d. h. zum Beispiel, daß sich der vertragliche Zinssatz ex lege auf den gesetzlichen Zinssatz ermäßigt bzw. der Barzahlungspreis höchstens mit dem gesetzlichen Zinssatz verzinst werden kann (vgl. im einzelnen § 6 II, III VerbrKrG).

**116** Der Verbraucher-Kreditnehmer kann seine auf den Abschluß eines Kreditvertrages gerichtete Willenserklärung grds. binnen einer Frist von einer Woche schriftlich widerrufen (§ 7 I VerbrKrG). Hat er allerdings bereits das Darlehen empfangen, gilt ein Widerruf als nicht erfolgt, wenn er das Darlehen nicht binnen zwei Wochen entweder nach Erklärung des Widerrufs oder nach Auszahlung des Darlehens zurückzahlt (§ 7 III VerbrKrG). Zur Fristwahrung genügt die rechtzeitige Absendung des Widerrufs (§ 7 II 1 VerbrKrG). Die Widerrufsfrist beginnt erst zu laufen, wenn die Bank den Kunden hinsichtlich sämtlicher zuvor beschriebener Umstände belehrt hat, wobei die Belehrung durch ein drucktechnisch deutlich gestaltetes, gesondert zu unterschreibendes Formular zu erfolgen hat (§ 7 II 2 VerbrKrG). Unterbleibt eine solche Belehrung, so erlischt das Widerrufsrecht des Kunden erst nach beiderseits vollständiger Erbringung der Leistung, spätestens jedoch ein Jahr nach Abgabe der auf den Abschluß des Kreditvertrages gerichteten Willenserklärung des Kunden (§ 7 II 3 VerbrKrG). Ausnahmsweise kann eine auf den Abschluß eines Kreditvertrages gerichtete Willenserklärung nicht widerrufen werden, und zwar bei

- Realkreditverträgen, nach denen der Kredit von der Sicherung durch ein Grundpfandrecht abhängig gemacht und zu für grundpfandrechtlich abgesicherte Kredite üblichen Bedingungen gewährt wird (§ 3 II Nr. 2 VerbrKrG),
- Kreditverträgen, die durch gerichtliches Protokoll, z. B. im Wege eines Prozeßvergleichs, aufgenommen oder notariell beurkundet worden sind, wenn das Protokoll oder die notarielle Urkunde den Jahreszins, die bei Abschluß des Vertrages in Rechnung gestellten Kosten des Kredits sowie die Voraussetzungen enthält, unter denen der Jahreszins oder die Kosten geändert werden können (§ 3 II Nr. 3 VerbrKrG).

**117** Gemäß § 10 I VerbrKrG ist eine Vereinbarung, durch die der Kunde im Falle der Abtretung der Darlehensforderung auf sein Recht gem. § 404 BGB verzichtet, Einwendungen, die ihm gegenüber der Bank zustehen, auch dem Zessionar entgegensetzen zu können, unwirksam; gleiches gilt hinsichtlich einer etwaigen Aufrechnungsmöglichkeit (§ 406 BGB). Diese Regelung dürfte indessen für das Kreditgeschäft einer Bank kaum von praktischer Bedeutung sein.

Von größerer praktischer Relevanz ist dagegen § 10 II VerbrKrG, wonach der Bank untersagt ist, den Kunden zu verpflichten, zur „Sicherung" ihrer Ansprüche aus dem Kreditvertrag eine Wechselverbindlichkeit einzugehen bzw. einen Scheck entgegenzunehmen, die Bank begebene Wechsel und Schecks auf Verlangen des Kunden jederzeit herauszugeben hat und diesem für jeden Schaden haftet, der ihm aus einer solchen Wechsel- oder Scheckbegebung entsteht.

## 3. Kapitel. Kreditgeschäft

Handelt es sich bei einem Verbraucherkredit um einen Teilzahlungskredit, kann die Bank wegen Zahlungsverzugs des Kunden gem. § 12 I VerbrKrG nur außerordentlich kündigen, wenn
- der Kunde mit mindestens zwei aufeinanderfolgenden Teilzahlungsraten ganz oder teilweise in Verzug ist,
- die Rückstandsquote mindestens 10% und bei Laufzeiten von über drei Jahren mindestens 5% des Nennbetrages des Kredits oder des Teilzahlungspreises beträgt,
- die Bank dem Kunden erfolglos eine zweiwöchige Frist zur Zahlung des rückständigen Betrages mit der Erklärung gesetzt hat, daß sie bei Nichtzahlung innerhalb dieser Frist die gesamte Restschuld verlange.

118

Kündigt die Bank den Verbraucherkreditvertrag gem. § 12 I VerbrKrG, so hat sie zugunsten des Kunden eine Gutschrift hinsichtlich der nicht verbrauchten Zinsen und sonstigen laufzeitabhängigen Kosten des Kredits zu erteilen, die bei deren staffelmäßiger Rückrechnung auf die Zeit nach Wirksamwerden der Kündigung entfallen (§ 12 II VerbrKrG). Die Vorschriften des Verbraucherkreditgesetzes sind, soweit eine abändernde Vereinbarung zum Nachteil des Kunden von ihnen abweicht, unabdingbar (§ 18 S. 1 VerbrKrG). Soweit im übrigen das Verbraucherkreditgesetz besondere Kreditarten oder -formen betrifft, z. B. Überziehungskredit (§ 5 VerbrKrG), Finanzierungskredit (§ 9 VerbrKrG) oder Finanzierungsleasing („sonstige Finanzierungshilfen" i. S. d. § 1 II VerbrKrG), werden diese bei den jeweiligen Sachgebieten behandelt.

119

### II. Finanzierungskredit

Ein Finanzierungskredit liegt vor, wenn ein Kredit der Finanzierung
- des Kaufpreises eines Kaufvertrages,
- des Werklohns eines Werkvertrages oder
- des Dienstlohns eines Dienstvertrages

dient (**verbundenes Geschäft**) und der Kreditvertrag mit dem Kauf-, Werk- oder Dienstvertrag eine wirtschaftliche Einheit bildet (vgl. § 9 I 1, IV VerbrKrG).

120

Eine **wirtschaftliche Einheit** ist insbesondere dann anzunehmen, wenn die Bank sich bei der Vorbereitung oder dem Abschluß des Kreditvertrages der Mitwirkung des Verkäufers, des Werkunternehmers oder des Dienstleistungsbetreibers bedient (§ 9 I 2 VerbrKrG). Dies ist dann der Fall, wenn sich die jeweiligen Verträge als Teilstücke einer rechtlich oder wenigstens wirtschaftlich-tatsächlichen Einheit eng ergänzen,[11] und zwar in der Weise, daß der Kredit ausschließlich zu dem Zweck gewährt wird, den Kaufpreis oder die sonstige Vergütung zu begleichen.

121

Ist dies der Fall, soll der Kreditnehmer, der zugleich Verbraucher i. S. d.

122

---
[11] BT-DR 11/54 62 S. 23.

§ 1 I VerbrKrG ist, durch die rechtliche Aufspaltung der wirtschaftlichen Einheit von Kredit und Kauf-, Werk-, oder Dienstvertrag in zwei Verträge grds. nicht schlechter gestellt werden als ohne diese Aufspaltung im Falle eines direkten Abzahlungsgeschäfts mit dem Verkäufer, Werkunternehmer oder Dienstleistungsbetreiber. Erreicht wird diese grundsätzliche Gleichstellung dadurch, daß dem Verbraucher-Kreditnehmer gegen die Bank ein gesetzlicher **Einwendungsdurchgriff** aus dem verbundenen Kauf-, Werk- oder Dienstvertrag gewährt wird (§ 9 III 1 VerbrKrG), es sei denn,
- die finanzierte Vergütung (Kaufpreis, Werk-, Dienstlohn) liegt nicht höher als DM 400,00 (Klein-/Bagatellkredit),
- die Einwendungen beruhen auf einer nach Abschluß des Kreditvertrags vereinbarten Vertragsänderung,
- die Nachbesserung oder Nachlieferung wurde im Falle eines Kaufvertrages nicht zuvor erfolglos versucht (§ 9 III 2, 3 VerbrKrG; sog. **Subsidiarität des Durchgriffs**).

123 Sind die zuletzt genannten Ausnahmen nicht einschlägig, hat der Verbraucher-Kreditnehmer gegen die Bank in demselben Umfang alle rechtshindernden, – vernichtenden und – hemmenden Einwendungen (und Einreden), die ihm auch gegen den Verkäufer, Werkunternehmer oder Dienstleistungsbetreiber zustehen, insbesondere die der Nichtlieferung, Anfechtung, Wandelung, Minderung etc., nicht jedoch der Stundung, weil diese Einrede auf einer nach Abschluß des Kreditvertrags vereinbarten Vertragsveränderung zwischen Kreditnehmer und Verkäufer, Werkunternehmer oder Dienstleistungsbetreiber beruht (§ 9 III 2 2. Alt. VerbrKrG).

124 Liegen die Voraussetzungen eines verbundenen Geschäftes vor, kann der Einwendungsdurchgriff des Verbraucher-Kreditnehmers nicht durch die Allgemeinen Geschäftsbedingungen der Bank ausgeschlossen werden, weil die Vorschriften des Verbraucherkreditgesetzes insgesamt unabdingbar sind, soweit abweichende Vereinbarungen zum Nachteil des Verbrauchers gereichen (§ 18 S. 1 VerbrKrG).

125 Die enge wirtschaftliche Verknüpfung zwischen Kreditvertrag und Kauf-, Werk- oder Dienstvertrag (verbundener Vertrag) kommt im übrigen auch dadurch zum Tragen, daß die auf den Abschluß des verbundenen Vertrages gerichtete Willenserklärung des Kreditnehmers erst nach Ablauf der einwöchigen Widerrufsfrist (§ 7 I VerbrKrG; vgl. Rn. 116) wirksam wird und die diesbezüglich erforderliche Belehrung der Bank (§ 7 II VerbrKrG; vgl. Rn. 116) auch den Hinweis an den Kreditnehmer zu enthalten hat, daß im Falle seines Widerrufs auch der verbundene Vertrag nicht wirksam zustande kommt (§ 9 II 1, 2 VerbrKrG). Im übrigen gilt das Schriftformerfordernis gem. §§ 4 I Nr. 1 VerbrKrG, 126 BGB und insbesondere der (relative) Kündigungsschutz gem. § 12 I VerbrKrG (s. **Verbraucherkredit** Rn. 118).

## III. Lombardkredit

Beim Lombardkredit gewährt die Bank dem Kunden ein Darlehen **126** gegen Verpfändung von Wertpapieren, Edelmetallen oder anderen problemlos verwertbaren Waren, und zwar in der Praxis meistens in laufender Rechnung (sog. **unechter Lombardkredit**).

Der Lombardkredit ist wie der Immobilienkredit ein **Realkredit**; seine **127** in der Praxis häufigste Form ist der **Effektenlombard**. Dieser wird nicht in voller Höhe des Kurswertes der Wertpapiere, sondern nur zu einem bestimmten %-Satz (**Beleihungswert**) gewährt (s. Rn. 17), um sich seitens der Bank gegen zukünftige Kursschwankungen abzusichern. Bei der Festsetzung des Beleihungswertes spielen insbesondere die Marktverbreitung, die Herkunft und die Kursstabilität des Papiers eine Rolle, d. h. ein nationaler „blue chip" hat einen wesentlich höheren Beleihungswert als ein exotisches US-Papier.

In der Praxis werden einmal festgesetzte Beleihungswerte aufgrund **128** negativer Kursentwicklungen oft unterschritten; es entsteht ein Blankokreditanteil. In solchen Fällen sind seitens des Kunden, falls er für den Blankokreditanteil nicht gut ist, zusätzliche Sicherheiten beizubringen, oder der entstandene Blankoanteil ist zu tilgen. Auf Seiten der Bank bedarf es in diesem Zusammenhang einer periodischen Neubewertung des verpfändeten Depots.

Das Effektenlombardgeschäft spielt darüber hinaus eine wesentliche **129** Rolle im Inter-Banken-Geldmarktgeschäft. Die Verpfändung von Effekten erfolgt gem. Nr. 14 I AGB-Banken i. V. m. §§ 1204 ff. BGB. Soweit es sich um sonstige Rechte, z. B. Schuldbuchforderungen, handelt, entfällt eine AGB-Verpfändung nach den neuen AGB-Banken, die nach den alten AGB-Banken (Nr. 19 II) noch implizit war; es hat daher eine Verpfändung gem. §§ 1273 ff. BGB durch gesonderte Individualvereinbarung zu erfolgen. Anders dagegen gem. Nr. 21 I AGBSp, die eine Verpfändung von Rechten jeder Art weiterhin vorsehen. Zur Entstehung des Pfandrechts ist erforderlich, daß der Kunde einer Bank die Wertpapiere übergibt oder ihr seinen mittelbaren Besitz durch Abtretung des Herausgabeanspruchs verschafft; eine Bestellung des Pfandrechts durch Besitzkonstitut entsprechend § 930 BGB ist selbst durch Individualvereinbarung nicht möglich (arg. §§ 1205, 1292 und 1293 BGB).

Lombardgeschäft im weiten Sinne ist auch die Kreditgewährung ge- **130** gen Sicherungsübereignung von Warenlagern (sog. **Warenlombard**) oder gegen Sicherungszession von Kundenforderungen. Problematisch bei Sicherungsübereignungen von Warenlagern ist häufig, daß der Kunde selbst nur Vorbehaltskäufer ist, das Warenlager also noch unter Eigentumsvorbehalt des Verkäufers steht.

In diesem Fall kann das Eigentum nur im Wege des gutgläubigen Erwerbs gem. §§ 932 ff. BGB übertragen werden. Liegen diese Voraussetzungen nicht vor, wird als „rechtliches Minus" von der Bank lediglich das Anwartschaftsrecht des Kunden als Sicherheit erworben. Die Sicherungszession ist in der Regel eine Globalzession aller gegenwärtigen und zukünftigen Forderungen der Kunden gegen bestimmte seiner Schuldner.

131 Bei Vorwegabtretung künftiger Forderungen im Rahmen einer solchen Globalzession kann u. U. § 138 BGB (Sittenwidrigkeit von Rechtsgeschäften) den Prioritätsgrundsatz des § 408 I BGB, wonach der Erstzessionar der wirkliche Gläubiger und der Zweitzessionar Nichtberechtigter ist, durchbrechen, und zwar dann, wenn die an die Bank bereits abgetretene Forderung üblicherweise nochmals an den Lieferanten aufgrund eines verlängerten Eigentumsvorbehalts abgetreten wird.[12] Der Warenkredit genießt dann mehr Schutz als der Lombardkredit. Die Globalzession ist unwirksam.

132 In der Praxis enthält in Konsequenz dieser Rechtsprechung eine Globalzession heute eine sog. **dingliche Teilverzichtserklärung** der Bank, mit der Maßgabe, daß von der Globalzession ausdrücklich solche Forderungen ausgenommen werden, die branchenüblich auch einem verlängerten Eigentumsvorbehalt unterliegen. Dann ist die Globalzession hinsichtlich des mit dem verlängerten EV nicht konkurrierenden Teils wirksam.[13]

### IV. Akzeptkredit

133 Der Akzeptkredit ist Kreditgeschäft i. S. d. § 1 I 2 Nr. 2 KWG, obwohl die Bank dem Kunden kein Geld, sondern in Form des Akzepts nur ihre eigene Kreditwürdigkeit zur Verfügung stellt (sog. **Kreditleihe**) und damit eine eigene Wechselverbindlichkeit eingeht.

134 Das Akzept der Bank erlaubt es dem Kunden, den Wechsel bei einer anderen Bank zu diskontieren, obwohl dies in der Praxis die Ausnahme ist. Die vertragliche Regel ist vielmehr, daß die Bank ihr eigenes Akzept diskontiert (sog. **Eigenwechsel**). Diese Kombination von Akzept- und Diskontkredit (s. **Diskontgeschäft**, Rn. 301 ff.) hat nach der zutreffenden Rechtsprechung des BGH im Zweifel nicht Darlehens-, sondern Geschäftsbesorgungscharakter, mit der Maßgabe, daß die Bank die Erstattung der Wechselsumme nur verlangen kann, wenn sie den Wechsel eingelöst hat.[14] Als Entgelt für die Bank fällt bei dieser Kombination neben dem Diskont bzw. der Diskontprovision eine Akzeptprovision an; es ist in der Praxis allerdings nicht unüblich, aus diesen Sätzen einen Mischsatz zu bilden. An den diskontierten Wechseln erwirbt die Bank

---

[12] BGH WM 1959, 964.
[13] BGH WM 1974, 368.
[14] BGHZ 19, 282.

uneingeschränktes Volleigentum und damit zugleich die diesen zugrundeliegenden Forderungen (Nr. 15 I, II AGB-Banken).

## V. Rembourskredit

Der Rembourskredit ist eine Sonderform des Akzeptkredits. Er ist ein klassisches Instrument der Außenhandelsfinanzierung, der, soweit er nicht mit einem **Akkreditiv** (vgl. Rn. 538 ff.) gekoppelt ist, heute kaum noch praktische Bedeutung hat. 135

Beim Rembourskredit, der mit einem Akkreditiv verbunden ist, akzeptiert eine Bank in der Regel im Lande der vertraglich vereinbarten Währung (i. e. des Exporteurs) eine Tratte des Exporteurs Zug um Zug gegen Übergabe der **Versanddokumente** (Frachtbriefduplikate, Versicherungspolicen, Zollabfertigungsbescheinigungen, Lagerscheine, Ladescheine, Konnossemente etc.), und zwar im Auftrag der Hausbank des Importeurs. Der Exporteur kann die akzeptierte Tratte bei der akzeptierenden Bank oder einer sonstigen Drittbank diskontieren. 136

Bei Fälligkeit des Wechsels ist die Hausbank des Importeurs aufgrund des gem. Art. 10a) iii) ERA eröffneten Akzeptierungsakkreditives verpflichtet, der Bank, die die Tratte akzeptiert hat, den Wechselbetrag anzuschaffen, d. h. Rembours zu leisten. Die Hausbank ihrerseits ist von dem Importeur aufgrund des Akkreditivauftrages freizustellen. Wird der Rembours nicht durch die Hausbank des Importeurs, sondern durch eine weitere Drittbank (**Remboursbank**) geleistet, hat die Hausbank dieser rechtzeitig die ordnungsgemäße Weisung oder Ermächtigung zur Honorierung der Remboursansprüche zu erteilen (§ 21a) ERA). 137

Die rechtlichen Verhältnisse zwischen den einzelnen Beteiligten sind folgende:

Zwischen (deutschem) Importeur und seiner Hausbank besteht ein Werkvertrag, der eine Geschäftsbesorgung zum Gegenstand hat (§§ 675, 631 ff. BGB), und zwar mit der Maßgabe, daß letztere beauftragt und ermächtigt wird, im eigenen Namen für Rechnung des Importeurs einen Kreditauftrag i. S. d. § 778 BGB an die den Wechsel akzeptierende Bank (**Zweitbank**) zu erteilen. 138

Die Hausbank des Importeurs und die Zweitbank schließen, soweit in Ermangelung besonderer vertraglicher Bestimmungen überhaupt deutsches Recht anwendbar ist, ihrerseits einen Werkvertrag, der einen Geschäftsbesorgungsvertrag zum Gegenstand hat (§§ 675, 631 ff. BGB), und zwar mit der Maßgabe, daß letztere im eigenen Namen, aber für Rechnung der Hausbank des Importeurs dem Exporteur einen Akzeptkredit gewähren soll. Dafür haftet die Hausbank des Importeurs der Zweitbank gem. §§ 778 BGB, 349 S. 2 HGB wie ein selbstschuldnerischer Bürge für die rechtzeitige Revalierung des akzeptierten Wechsels.

139 In der Praxis wird in der Regel mögliche Rechtsstreitigkeiten aufgrund verschiedener Rechtsordnungen durch Vereinbarungen zwischen den Banken entgegengewirkt. Darüber hinaus besteht ein sog. **Negoziierungskredit** (vgl. Rn. 546).

140 Zwischen dem Exporteur und der Zweitbank besteht vor deren Wechselakzept nur dann eine geschäftliche Beziehung, wenn die Zweitbank dem Exporteur die Eröffnung eines umwiderruflichen Akkreditivs nicht nur mitteilt, sondern durch eine selbständige Verpflichtung bestätigt. Diese Bestätigung ist ein abstraktes Schuldversprechen (§§ 350, 351 HGB, 780 BGB) auf Erteilung eines Akzeptkredits. Zwischen Importeur und Exporteur wird schließlich in aller Regel ein Kauf- oder Werklieferungsvertrag (mit Akkreditivklausel) vereinbart.

## C. Kreditformen

### I. Kontokorrent – oder Überziehungskredit

141 Der Kontokorrentkredit ist die Form eines Kredits, der von der Bank dem Kunden als sog. **Überziehung** (vgl. § 5 VerbrKrG) im Rahmen des Kontokorrents (vgl. Rn. 89 ff.) gewährt wird, wobei häufig die Auszahlung an den Kunden qua Ersetzungsbefugnis der Bank durch Überweisungen an Dritte ersetzt wird.[15] Ein Überziehungskredit dient vor allem als kurzfristige Vor- und Zwischenfinanzierung. Er kann durch ausdrückliche Vereinbarung (§ 5 I VerbrKrG) oder konkludent durch Duldung zustande kommen (§ 5 II VerbrKrG), blanko oder besichert sein. Räumt die Bank dem Kunden ausdrücklich das Recht ein, sein laufendes Konto in bestimmter Höhe zu überziehen (§ 5 I VerbrKrG), dann ist einerseits dieses Überziehungsrecht des Kunden jederzeit, also auch während der Rechnungsperiode, fällig, andererseits aber auch für die Bank jederzeit kündbar (Nr. 19 II AGB-Banken, § 355 III HGB).

142 Ist der Kunde eine natürliche Person, die die Überziehung nicht für ihre bereits ausgeübte gewerbliche oder selbständige berufliche Tätigkeit in Anspruch nimmt (= **Verbraucher** i. S. d. § 1 I VerbrKrG), dann bedarf der Überziehungskredit keiner Schriftform i. S. d. § 4 VerbrKrG, wenn außer den Zinsen für die in Anspruch genommene Überziehung keine weiteren Kosten in Rechnung gestellt und die Zinsen nicht in kürzeren Perioden als drei Monaten belastet werden (§ 5 I 1

---

[15] BGHZ 46, 342; 89, 128.

VerbrKrG). Stattdessen muß gem. § 5 I 2 VerbrKrG die Bank den Kunden *vor* Inanspruchnahme unterrichten über
– die Höhe des Kredits,
– den zum Zeitpunkt der Unterrichtung geltenden Jahreszins,
– die Bedingungen, unter denen der Zinssatz geändert werden kann,
– die Regelung der Vertragsbeendigung.

Diese Unterrichtung kann durch Allgemeine Geschäftsbedingungen oder, wie üblich, durch Aushang in den für den Publikumsverkehr zugänglichen Geschäftsräumen geschehen (§ 5 I 3 VerbrKrG). Nach der ersten Inanspruchnahme des Überziehungskredits hat die Bank dem Kunden die durch AGB bzw. Aushang bereits mitgeteilten Vertragsbedingungen nochmals schriftlich zu bestätigen und ihn während der gesamten Inanspruchnahme über jede Änderung des Jahreszinses zu unterrichten (§ 5 I 4 VerbrKrG). Beides kann durch Ausdruck auf einem Kontoauszug erfolgen (§ 5 I 5 VerbrKrG). 143

War eine Kontoüberziehung zwischen Bank und Kunde nicht vorher vereinbart, sei es, weil die Bank überhaupt kein Überziehungslimit eingeräumt hat oder ein vereinbartes Überziehungslimit überschritten wird, und duldet die Bank diese ununterbrochene Überziehung länger als drei Monate, dann hat die Bank nach Ablauf den Verbraucher-Kunden über den Jahreszins und die Kosten sowie diesbezügliche Änderungen schriftlich zu unterrichten, wobei der Ausdruck auf einem Kontoausdruck ausreicht (§ 5 II VerbrKrG). Entsteht während der 3-Monats-Frist ein Habensaldo oder wird das eingeräumte Kreditlimit wieder unterschritten, entfällt diese Unterrichtungspflicht. 144

Wird ein Überziehungskredit gegen Verpfändung beweglicher Sachen gewährt (sog. „**unechter**" **Lombardkredit**), unterliegt dieser denselben Regeln wie der kaum praktizierte „echte" Lombardkredit (vgl. dazu Rn. 126 ff.). 145

Der bis zu einem bestimmten Kreditlimit ausdrücklich vereinbarte Anspruch auf Überziehung ist in der Regel weder abtretbar noch pfändbar, weil er regelmäßig höchstpersönlichen Charakter hat (§§ 399 1 Alt. BGB, 851 ZPO); selbst wenn aber ausnahmsweise nicht von einer Höchstpersönlichkeit auszugehen wäre, z. B. im Falle eines besicherten Abrufrechts, könnte die Bank jederzeit Abtretung und Pfändung durch sofortige Kündigung des Bankvertrages unterlaufen (Nr. 19 I AGB-Banken). Bei der bloß geduldeten Überziehung fehlt es dagegen bereits an einem abtretbaren bzw. pfändbaren Anspruch.[16]

---
[16] BGHZ 93, 315.

## II. Konsortialkredit

### 1. Allgemeines

**146** Der Konsortialkredit ist ebenfalls keine besondere Kreditart wie der Verbraucher-, Finanzierungs-, Lombard-, Akzept- oder Rembourskredit, sondern eine besondere Form der Gewährung von Großkrediten, kann aber durchaus in verschiedenen Kreditarten auftreten, z. B. auch als Konsortialdiskontkredit, Konsortialakzeptkredit, Konsortialavalkredit. Er erfüllt für die beteiligten Banken (Konsorten) in der Regel mehrere kumulativ oder fakultativ verfolgte Zwecke, und zwar
- Risikostreuung,
- Reduzierung der eigenen Eigenkapitalbeanspruchung,
- Umgehung eigener limitierter Plazierungskraft,
- Beachtung rechtlich zulässiger Höchstgrenzen (z. B. § 13 III Nr. 2, IV KWG).

**147** Überwiegend handelt es sich bei Konsortialkrediten um langfristige Investitionsfinanzierungen. Kreditnehmer sind z. B. Konzerne, Großunternehmen, Staaten und überstaatliche Organisationen. Das Konsortialkreditgeschäft ist ein wichtiger Teil des Eurokreditgeschäfts. Eurokredite werden kongruent zu den Fristigkeiten des Eurogeldmarktes ausschließlich auf Roll-Over-Basis herausgelegt (sog. **Roll-over-Kredite**), d. h. die Zinsanpassung erfolgt trotz der langen Laufzeit des Kredits in im voraus vereinbarten Zinsperioden, auf deren Länge der Kreditnehmer spekulativ Einfluß nehmen kann. Die im voraus bestimmte, periodische Zinsanpassung des auf Roll-Over-Basis herausgelegten Eurokonsortialkredits unterscheidet sich wiederum von dem Inlandkonsortialkredit mit variablem Zinssatz dadurch, daß dieser von dem Konsortium jederzeit in Anpassung an die Refinanzierungskosten nach billigem Ermessen (§ 315 III BGB) angepaßt werden kann. Im Innenverhältnis sind die Konsorten an dem Kredit mit im Konsortialvertrag vereinbarten Quoten beteiligt; der Kredit wird syndiziert.

### 2. Syndizierung

**148** Die Syndizierung kann in unterschiedlicher Weise erfolgen. Je nach Größe und Art des Kredits oder Profil, „standing" und Herkunft des Kreditnehmers ist vom „Lead manager" (s. u.) vor Abschluß des Konsortialvertrages zu entscheiden, ob ein Konsortialkredit am Markt zu plazieren ist oder aufgrund bereits vorhandener Geschäftsverbindungen syndiziert werden kann. Bei der Konsortialbildung werden in diesem Zusammenhang drei Ansätze unterschieden, und zwar eine Einladung zur Kreditbeteiligung an
- die wichtigsten Bankverbindungen des Kreditnehmers (sog. **programmed approach**"),

## 3. Kapitel. Kreditgeschäft

- die wichtigsten Bankverbindungen des Kreditnehmers sowie weitere ausgewählte Banken (sog. „**ad-hoc-approach**"),
- eine Vielzahl von Banken (sog. „**broadcast approach**").

### 3. Konsortium

Kreditkonsortien werden als direkte oder indirekte, d. h. als **Außen-** oder **Innenkonsortium**, gebildet. Während das Außenkonsortium durch direkte Vertragsbeziehungen zwischen Kreditnehmer und sämtlichen Konsorten gekennzeichnet ist, bestehen sie im Innenverhältnis nur zwischen Agent und jeweils einzelnen Konsorten, wobei im sog. **offenen Innenkonsortium** der Kreditnehmer von dem Bestehen Kenntnis erlangt, im sog. **verdeckten Innenkonsortium** dagegen nicht. Von dem verdeckten Innenkonsortium zu unterscheiden sind Unterbeteiligungen, die Konsorten mit anderen Drittbanken zur weiteren Risikostreuung und Refinanzierung eingehen. Besteht zwischen den Parteien dieser Unterbeteiligung Einigkeit, daß wechselseitig eine Vielzahl gleichartiger Geschäfte durchgeführt werden sollen, liegt ein sog. „**Metaverhältnis**" vor. 149

Nach deutschem Recht sind Konsortien Gelegenheitsgesellschaften des bürgerlichen Rechts. Die typischen Rechtsfolgen der §§ 705 ff. BGB werden allerdings in der Regel durch den Konsortialvertrag abbedungen (vgl. **Emissionskonsortium**, Rn. 518ff.). Im anglo-amerikanischen Recht wird das Konsortialverhältnis üblicherweise unter den Kategorien „agent/principal", „trust" oder „partnership" subsumiert; zutreffenderweise handelt es sich aber um ein „joint business venture" sui genesis. 150

Von den mit der Kredittilgung erledigten Konsortien auf Zeit sind spezifische und spezialisierte Dauerkonsortien zu unterscheiden, z. B. die Ausfuhrkreditgesellschaft mbH (AKA) für Zwecke der Außenhandelsfinanzierung und die Privatdiskont AG (PDA) für Zwecke der technischen Abwicklung des Privatdiskonts. Konsorten sind jeweils Großbanken, Landesbanken, Regionalbanken, größere Privatbanken. Aber auch Kreditkonsortien auf Zeit sind mit Rücksicht auf Kreditvolumen, Kreditzweck und vorvertraglichem Managementaufwand in der Regel **langfristige Kredite**, d. h. die Laufzeit des Kredits beträgt ab Kreditauszahlung mindestens vier Jahre. 151

### 4. Lead Manager/Agent

Der Konsortialführer, der im Verhältnis zum Kreditnehmer das Konsortium repräsentiert, kann „lead manager" und/oder „agent" sein. Der „lead manager" ist nach inzwischen allgemein anerkannter Terminologie vom „agent" in der Weise zu unterscheiden, daß sämtliche vorvertraglichen Maßnahmen der „lead bank", die nachvertragliche Kreditverwaltung dagegen der „agent bank" zugeordnet werden. 152

Zu den Aufgaben der Lead Bank gehören u. a. die Vorbereitung eines Finanzierungs- und Sicherheitenkonzepts, Erstellung des „information memorandum" (fakultativ), Vertragsverhandlungen mit Kreditnehmer und Konsortialbanken sowie Erstellung unterschriftsreifer Kredit- und Konsortialverträge, während sich die nachvertragliche Kreditverwaltung insbesondere auf die Feststellung der im Kreditvertrag festgesetzten Auszahlungsvoraussetzungen (z. B. Stellung von Sicherheiten, Garantien, Genehmigungen, „legal opinions", etc.), Auszahlung des Kreditbetrages, Einvernahme, Kontrolle und Weiterleitung von Zins- und Kapitalrückzahlungen, Zinsfestsetzung (z. B. bei auf „roll-over"-Basis herausgelegten Krediten) sowie fortlaufende Unterrichtung der Konsorten über die Bonität des Kreditnehmers bezieht.

153 Der Agent im Rahmen eines Konsortialkredites ist „**administrative agent**", der, anders als der „**fiduciary agent**", im eigenen wie im Interesse der Konsorten lediglich Verwaltungspflichten wahrnimmt, aber keine alleinige Entscheidungskompetenzen hat. In der weit überwiegenden Zahl aller Fälle ist der Agent mit dem Lead Manager identisch.

## 5. Eurokonsortialkreditvertrag

154 Häufig verwendete Bestandteile eines Eurokonsortialkreditvertrages sind eine
- **multicurrency-clause**, d. h. eine Option des Kreditnehmers, mit dem Ende einer Zinsperiode die Währung zu wechseln,
- **availibility-clause**, d. h. der Vorbehalt marktbedingter Verfügbarkeit von vereinbarten Vertragsbestandteilen (z. B. Zinshöhe, Laufzeit, Währung) zum Ende einer Zinsperiode, verbunden mit dem Angebot der Bank, den Kredit zu den dann bestehenden Marktbedingungen weiter zu gewähren,
- **bullet-payment-clause**, d. h. die Verpflichtung des Kreditnehmers, den Kredit in einem Betrag am Ende der Laufzeit zurückzuzahlen,
- **balloon-payment-clause**, d. h. die Verpflichtung des Kreditnehmers, einen am Ende der Laufzeit verbleibenden Restbetrag in einer Summe zurückzuzahlen,
- **stand-by-clause**, d. h. das Recht des Kreditnehmers, für den Fall zeitweiser Nicht- oder Teilinanspruchnahme des Kredits, diesen später wieder voll in Anspruch nehmen zu können.

## III. Schuldscheindarlehen

155 Schuldscheindarlehen (SSD) sind langfristige, bis zu 15 Jahren laufende Kredite, die von Kapitalsammelstellen (z. B. Versicherungsunternehmen, Pensionskassen) entweder direkt oder unter Einschaltung Dritter gewährt werden. Kreditnehmer sind in der Regel mittlere und große

Industrieunternehmen. In der Praxis erfolgt die Aufnahme von Schuldscheindarlehen nicht direkt, sondern über Banken. Diese treten, soweit es sich um Universalbanken handelt, als Vermittler, soweit es sich um Hypothekenbanken handelt, als Darlehensgeber auf.

Die von der Bank für eine Beteiligung an einem Schuldscheindarlehen angeworbenen Kapitalsammelstellen schließen mit dem Darlehensnehmer Einzelverträge ab, die, abgesehen von der unterschiedlichen Höhe der gegengezeichneten Beträge und möglicherweise voneinander abweichenden Auszahlungsterminen, einheitliche Konditionen aufweisen. 156

Das Darlehen wird von der Bank üblicherweise in Mindest-Tranchen (Usance: DM 100000,00) bei den Kapitalanlagegesellschaften (s. **Investmentgeschäft**, Rn. 367ff.) plaziert. Nach erfolgreicher Plazierung bleibt sie in der Regel Treuhänderin der Kreditsicherheiten. Als solche kommen primär erstrangige Grundschulden, aber auch Bürgschaften (z. B. Landesbürgschaften oder sonstige Bürgschaften erster Adressen) in Betracht.

Im Vergleich zur Anleihe besitzt das SSD eine größere Flexibilität und ist einfacher zu handhaben. Schuldscheindarlehen werden im Gegensatz zu Anleihen nicht durch Wertpapiere (z. B. Teilschuldverschreibungen, Obligationen) verbrieft. Es entstehen mithin keine Kosten für den Druck der Wertpapiere und der Prospekte, die Börseneinführung, die Kurspflege etc. und kein Wertberichtigungsbedarf. Dafür ist allerdings die Effektivverzinsung eines Schuldscheindarlehens etwas höher als die einer Anleihe. 157

Der Kreis der Darlehensgeber ist bei einem SSD wesentlich kleiner als bei einer Anleihe, weil es nicht öffentlich, sondern „privat" plaziert wird. Andererseits ist der Kreis der potentiellen Darlehensnehmer größer, weil die Aufnahme von Schuldscheinen nicht nur emissionsfähigen Kreditnehmern möglich ist. Als Kreditnehmer kommen daher auch Aktiengesellschaften, deren Aktien nicht amtlich notiert werden, Gesellschaften mit beschränkter Haftung und Personalgesellschaften in Betracht, vorausgesetzt, deren Bonität und/oder die gestellten Sicherheiten sind zufriedenstellend. 158

## IV. Kreditfazilitäten

Kreditfazilitäten sind neue Finanzierungsinstrumente des Euromarktes, die eine Kombination von Kredit- und Wertpapiergeschäft darstellen; sie werden häufig auch unter der Bezeichnung „**Euro-Note-Facilities**" zusammengefaßt. 159

Grundform aller Notes-Fazilitäten sind die Revolving Underwriting und Note Issuance Facilities (kurz: **RUFs** und **NIFs**). Dazu wurde eine Vielzahl von Varianten entwickelt, z. B. **SNIFs** (short-term note issuance 160 facilities), **GUNs** (grantor underwritten notes), **BONUS'** (borrower option for notes and underwritten standby), **REIFs** (revolving Euronote issuance facilities), **TRUFs** (transferable revolving underwriting facilities) etc., die sich im wesentlichen nur geringfügig voneinander unterscheiden.

161   Revolving Underwriting Facilities (**RUFs**) zerlegen Großkredite in mit Notes unterlegte Mindest-Tranchen. Notes sind nach allgemeinem Verständnis Urkunden, die schriftliche, bedingungslose Verpflichtungen enthalten, einen bestimmten Geldbetrag (i. e. der Teilbetrag des zerlegten Großkredites) zu einem bestimmten Zeitpunkt in der Zukunft an eine darin benannte Person oder an den Inhaber zu zahlen, also Schuldscheine.[17]

Eine Revolving Underwriting Facility entspricht damit in etwa dem Schuldscheindarlehen nach deutschem Recht (s. Rn. 155 ff.).

162   Die Tranchen werden von einem Bankenkonsortium (**Tender Panel**) im Rahmen eines Bietungsverfahrens erworben, wobei die Banken, die die günstigsten Zinsangebote abgeben, den Zuschlag erhalten. Anschließend werden die Notes am Markt plaziert (s. **Emissionsgeschäft**, Rn. 536).

Gleichzeitig verpflichten sich sog. **Underwriting Banks,** die mehrheitlich im Tender Panel vertreten sind, die Papiere bei Nichtplazierbarkeit zu einem vereinbarten Höchstsatz zu übernehmen bzw. die benötigten Mittel selbst zur Verfügung zu stellen. Diese Übernahmeverpflichtung bzw. Kreditgarantie wird als **Back-up line/Backstop** bzw. **Stand-by facility** bezeichnet. Der Bestandteil „Revolving" in der Bezeichnung dieser Kreditfazilität hängt mit der revolvierenden Begebung der Notes zusammen.

163   Note Issuance Facilities (**NIFs**) sind abgewandelte RUFs. Bei ihnen wird der Zins, d. h. die Marge über LIBOR, nicht vom Sole Placing Agent bzw. Tender Panel gestellt, sondern der Emittent bestimmt die Marge selbst, zu der er bereit ist, den tranchierten, mit Notes unterlegten Kredit in Anspruch zu nehmen.

## D. Kreditsicherheiten

### I. Allgemeines

#### 1. Bestellung und Verstärkung

164   § 18 KWG bestimmt, daß Bankkredite zu besichern sind, falls die wirtschaftlichen Verhältnisse des Kreditnehmers eine Blankokreditge-

---

[17] Kohls S. 47 f.

### 3. Kapitel. Kreditgeschäft

währung nicht zulassen. Demgemäß hat die Bank dem Kunden gegenüber jederzeit Anspruch auf Bestellung oder Verstärkung bankmäßiger Sicherheiten für alle Verbindlichkeiten, auch soweit sie bedingt oder befristet sind, es sei denn, es wurde ausdrücklich vereinbart, daß der Kunde keine oder ausschließlich im einzelnen benannte Sicherheiten zu bestellen hat (Nr. 13 I, II 4 AGB-Banken).

Hat die Bank bei der Kreditvergabe zunächst ganz oder teilweise davon abgesehen, die Bestellung oder Verstärkung von Sicherheiten zu verlangen, kann auch später noch eine Besicherung gefordert werden, wenn Umstände eintreten oder bekannt werden, die eine erhöhte Risikobewertung der Ansprüche gegen den Kunden rechtfertigen (Nr. 13 II 2, 3 AGB-Banken), und zwar insbesondere dann, wenn sich
- die wirtschaftlichen Verhältnisse des Kunden nachteilig verändert haben oder sich zu verändern drohen, oder
- die vorhandenen Sicherheiten wertmäßig verschlechtert haben oder zu verschlechtern drohen. 165

Bei Verbraucherkrediten (s. Rn. 111 ff.) besteht ein Anspruch auf Bestellung oder Verstärkung von Sicherheiten nur, soweit die Sicherheiten im Kreditvertrag angegeben worden sind (§ 4 I Nr. 1g) VerbrKrG), es sei denn, der Nettokreditbetrag übersteigt DM 100.00,00 (§ 6 II 6 VerbrKrG). Die Bank kann ihren Anspruch auf Bestellung und Verstärkung von Sicherheiten so lange geltend machen, bis der realisierte Wert aller Sicherheiten dem Gesamtbetrag aller Ansprüche aus der bankmäßigen Geschäftsverbindung (**Deckungsgrenze**) entspricht (Nr. 16 I AGB-Banken). 166

Gemäß Nr. 16 II AGB-Banken ist die Bank auf Verlangen des Kunden zur Freigabe von Sicherheiten verpflichtet, soweit diese nicht nur vorübergehend die Deckungsgrenze überschreiten. Die Freigabe erfolgt bei Banken in Höhe des die Deckungsgrenze übersteigenden Betrages bzw. bei Sparkassen, soweit der realisierbare Wert oder der in Sicherungsverträgen im einzelnen konkretisierte Wert aller Sicherheiten den Gesamtbetrag aller Forderungen der Sparkasse nicht nur vorübergehend um mehr als 20% übersteigt (Nr. 22 II AGBSp). Zu unterscheiden ist zwischen **Sachsicherheiten** (Pfandrechte an beweglichen Sachen und Rechten, Sicherungsübereignungen, Sicherungsabtretungen, Grundpfandrechte) und **Personalsicherheiten** (Bürgschaften, Garantien und sonstige Gewährleistungen). 167

### 2. Sicherungsvertrag und Sicherungszweckvereinbarung

Grundlage für die Bestellung der Sicherheiten ist neben dem Bank- und Kreditvertrag der Sicherungsvertrag, dessen Form sich nach der zu bestellenden Sicherheit richtet. Wesentliches Kriterium des Sicherungsvertrages ist die Sicherungszweckvereinbarung, nach der, entsprechend 168 einer allgemein gebräuchlichen Standardformel, die Sicherheit zur Sicherung aller gegenwärtig bestehenden und künftigen – auch bedingten und befristeten – Ansprüche der Bank und allen anderen ihrer Geschäftsstellen gegen den Kreditnehmer und/oder Sicherungsgeber aus der Geschäftsverbindung dient (sog. **weite Zweckvereinbarung**).

**169** Diese weite Zweckvereinbarung ist wenigstens dann grds. unproblematisch, wenn Kreditnehmer und Sicherungsgeber *identisch* sind;[18] sie kann auch durch die Allgemeinen Geschäftsbedingungen der Bank erfolgen (vgl. Nr. 14 II 1 AGB-Banken).[19]

Sind Kreditnehmer und Sicherungsgeber *nicht identisch*, kann dagegen im Einzelfall die weite Zweckvereinbarung für den Sicherungsgeber einen im Sinne von § 3 AGBG unzulässigen Überraschungseffekt beinhalten und damit unwirksam sein. Dies ist insbesondere immer dann anzunehmen, wenn Anlaß der Sicherheitenbestellung eine bestimmte Kreditaufnahme war; denn dann muß der Sicherungsgeber nicht damit rechnen, daß z. B. eine von ihm zugunsten der Bank bestellte Grundschuld auch noch als Sicherheit für alle künftigen Forderungen aus laufender Geschäftsverbindung zwischen der Bank und dem Kreditnehmer dient.[20]

**170** Will die Bank einem dahingehenden Einwand des Sicherungsgebers begegnen, hat sie entweder mit diesem hinsichtlich der nicht unter eine „enge" Sicherungszweckabrede fallenden Verbindlichkeiten des Kreditnehmers eine gesonderte Sicherungszweckvereinbarung zu schließen, oder aber der „weite" Umfang der Sicherungszweckerklärung muß für den Sicherungsgeber unmißverständlich und eindeutig aus der Sicherungszweckerklärung hervorgehen. Dies kann durch besonders große Schriftweise und/oder eine raumgreifende Schriftanordnung geschehen.[21]

Im Sicherungsvertrag wird in der Regel des weiteren vereinbart, daß ergänzend die Allgemeinen Sicherungsübereignungs-Bedingungen (ASB) und/oder die Allgemeinen Bedingungen für die Abtretung von Forderungen (ABAF) gelten sollen.

**171** Sicherungsverträge können grds. zwar wegen Übersicherung und Knebelung gem. § 138 BGB sittenwidrig sein, in praxi wird dieses Problem jedoch dadurch begrenzt, daß
– eine ständige Inhaltskontrolle der verwendeten Formularverträge gem. §§ 242 BGB, 9 AGBG erfolgt,
– sich die Bank gem. Nr. 16 II AGB-Banken im Falle der Übersicherung zur Freigabe von Sicherungsgegenständen verpflichtet, soweit die Deckungsgrenze nicht nur vorübergehend überschritten wird,
– die Sicherungsverträge im Falle von Globalzessionen eine dingliche

---

[18] BGH WM 1987, 802, 803.
[19] BGH WM 1987, 584.
[20] BGH WM 1987, 586; 1989, 85, 88.
[21] BGH WM 1985, 155, 157.

## 3. Kapitel. Kreditgeschäft

Teilverzichtsklausel (s. Rn. 132) enthalten, sodaß eine Konkurrenz mit verlängerten Eigentumsvorbehalten von Lieferanten des Kunden und damit dessen Knebelung nicht mehr entsteht.

Dennoch kann es im Einzelfall insbesondere zu sittenwidrigen Gläubigergefährdungen und Konkursverschleppungen i. S. d. § 138 BGB kommen, nämlich dann, wenn die Bank **172**

- durch Umfang und mangelnde Transparenz ihrer Sicherungsverträge bewußt eine Übersicherung in Kauf nimmt und dadurch Dritte zu einem Zeitpunkt, zu dem der Kunde aufgrund der Übersicherung bereits kreditunwürdig war, noch zu weiteren Kreditgewährungen veranlaßt (sog. **Gläubigergefährdung**),[22]
- das Hinauszögern eines unabwendbaren Konkurses ihres Kunden gezielt veranlaßt, um ihre eigenen Ansprüche vorweg befriedigen zu können (sog. **Konkursverschleppung**).[23]

### 3. Konkurs des Sicherungsgebers

Im Falle des Konkurses des Sicherungsgebers besteht zwischen Sach- und Personalsicherheiten ein grundlegender Unterschied. Wurde der Bank eine Sachsicherheit eingeräumt, kann sie sich gem. §§ 42, 48 KO daraus bevorzugt vor anderen Gläubigern befriedigen. Verfügt sie indessen über eine Personalsicherheit, hat sie nur die Stellung eines gewöhnlichen Konkursgläubigers (§ 3 KO), mit der Maßgabe, daß sie sich mit der anteilmäßigen Befriedigung ihrer Forderung aus der Konkursmasse, der sog. **Quote**, begnügen muß. Im übrigen kann im Konkurs auch eine Konkursanfechtung (§§ 29 ff. KO) erforderlich werden. Durch sie wird dem Konkursverwalter ermöglicht, bestimmte Sicherungsgeschäfte rückgängig zu machen, durch die die Konkursmasse in unbilliger Weise zum Nachteil der Konkursgläubiger geschmälert wird, und zwar insbesondere hinsichtlich Sicherheiten, die der Kunde der Bank innerhalb der letzten zehn Tage vor Konkursantrag oder Zahlungseinstellung eingeräumt hat. **173**

## II. Sachsicherheiten

### 1. Pfandrecht

Gegenstand des Pfandrechts können bewegliche Sachen (§§ 1204 ff. BGB) und Rechte (§§ 1273 ff. BGB) sein. **174**

---

[22] Vgl. RGZ 136, 247, 253.
[23] Vgl. BGH WM 1970, 399.

### a) Pfandrecht an beweglichen Sachen

### aa) Rechtsnatur und Entstehung

**175** Das Pfandrecht ist ein dingliches Recht an einer fremden Sache, kraft dessen der Pfandgläubiger sich wegen einer Forderung aus der Sache befriedigen darf (§ 1204 I BGB).

Neben dem Bestehen einer zugrundeliegenden Forderung (sog. **Akzessorietät**) ist gem. § 1205 I 1 BGB erforderlich, daß der Pfandgläubiger im Besitz der verpfändeten Sache sein muß (**Grundsatz der Publizität**). Aus diesem Grund hat das Pfandrecht im Verhältnis zur Sicherungsübereignung und -abtretung ständig an Bedeutung verloren.

**176** In der Praxis ist vor allem noch die Verpfändung von Wertpapieren, Edelmetallen, Münzen und Schmuck im Rahmen des unechten Lombardkredits (vgl. dazu Rn. 126) üblich. Es können jeweils nur einzelne Gegenstände, aber keine Sachgesamtheiten verpfändet werden (**Grundsatz der Spezialität**).

Gem. § 1205 I 1 BGB entsteht das Pfandrecht durch Einigung über die Entstehung des Pfandrechts und Übergabe (i. e. Verschaffung des unmittelbaren Besitzes). Hat die Bank bereits unmittelbaren Besitz erlangt, genügt die Einigung (§ 1205 I 2 BGB). Gem. Nr. 14 I AGB-Banken wird die Einigung über das Entstehen des Pfandrechts bereits vorweggenommen. Einer weiteren Verpfändung bedarf es nach Besitzerlangung also nicht mehr.

**177** Das AGB-Pfandrecht erstreckt sich gem. Nr. 14 III AGB-Banken allerdings nicht auf Werte, die der Bank mit einer besonderen Zweckbestimmung übergeben wurden, z. B. bei einer Bareinzahlung mit ausdrücklichem Überweisungsauftrag,[24] einem „offenen" Treuhandkonto,[25] einem Wechseldiskont,[26] einer Wechseleinlösung oder einer vorübergehenden Aufbewahrung.[27]

**178** Genausowenig wirkt das AGB-Pfandrecht gegenüber dem Kreditauszahlungsanspruch der Kunden, weil dieser mit dem Kredit gerade keine Absicherung von Verbindlichkeiten der Bank, sondern eine eigene Verfügungsgewalt bezweckt. In diesem Fall kann allenfalls ein Pfändungspfandrecht eingreifen.[28] Es erstreckt sich schließlich auch nicht auf Werte, die der Kunde in einem von ihm gemieteten Schrankfach bei der Bank deponiert hat, da er als Mieter in der Regel im Alleinbesitz dieser Werte bleibt, es sei denn, die Bank hat an dem Schrankfach Mitverschluß i. S. d. § 1206 BGB erlangt. Bei dem mit zwei verschiedenen Schlössern versehenen Schrankfach, welches nur durch Kunde und Bank gemein-

---

[24] BGH WM 1958, 1480.
[25] BGH ZIP 1985, 523 = WM 1985, 688.
[26] BGH WM 1968, 695.
[27] BGH WM 1958, 1480.
[28] OLG Düsseldorf WM 1988, 1688.

sam geöffnet werden kann, besteht ein solcher qualifizierter Mitbesitz (**Mitverschluß**), der ebenfalls von Nr. 14 I AGB-Banken erfaßt wird.

Hat der Kunde die Sache nur in mittelbarem Besitz, etwa weil er sie verliehen, vermietet oder einem Dritten zur Verwahrung übergeben hat, kann eine Übergabe dadurch ersetzt werden, daß der Kunde seinen mittelbaren Besitz auf die Bank überträgt, indem er seinen Herausgabeanspruch an diese abtritt und dem unmittelbaren Besitzer die Verpfändung anzeigt (§ 1205 II BGB). Die Vorschriften über den gutgläubigen Erwerb des Eigentums sind auf die Verpfändung entsprechend anwendbar (§ 1207 BGB). 179

Gehört die Sache nicht dem Kunden, erlangt die gutgläubige Bank mit Übergabe der Sache bzw. mit Abtretung eines tatsächlich bestehenden Herausgabeanspruches und der Pfandanzeige an den unmittelbaren Besitzer ein Pfandrecht, und zwar bei Geld und Inhaberpapieren in jedem Fall, bei anderen Sachen dann, wenn sie nicht abhanden gekommen sind (§ 1207 BGB). Nach § 1208 BGB ist auch ein gutgläubiger Erwerb des Vorrangs möglich, d. h. ein hinsichtlich sonstiger Belastungen gutgläubig erworbenes Pfandrecht geht anderen Rechten, mit denen die Pfandsache bereits belastet ist, im Range vor. Eine wichtige Ausnahme besteht jedoch bei der Verpfändung nach § 1205 II BGB durch Abtretung des Herausgabeanspruches und Anzeige an den unmittelbaren Besitzer; dessen Rechte behalten nämlich den Vorrang (§§ 1208, 936 III BGB). Dies hat z. B. Bedeutung für die Verpfändung von Depotwerten, die der Kunde bei einer anderen Bank unterhält. Das an diesen Werten bereits bestehende AGB-Pfandrecht der depotführenden Bank bleibt mit seinem Vorrang bestehen. 180

*bb) Einwendungen und Einreden*

Gegen die Rechte der Bank aus dem Pfandrecht kann der Verpfänder alles einwenden, was das Pfandrecht selbst betrifft, also insbesondere, daß es nicht wirksam entstanden oder bereits erloschen ist. Aufgrund der „strengen" Akzessorietät kann der Verpfänder darüber hinaus auch die dem Schuldner gegen die zugrundeliegende Forderung zustehenden Einreden und Einwendungen geltend machen (§ 1211 I BGB).

*cc) Verwertung*

Das Pfandrecht gewährt der Bank das Recht, sich durch Verkauf aus dem Pfand zu befriedigen (§ 1228 I BGB), sobald die Kreditforderung ganz oder teilweise fällig ist (§ 1228 II 1 BGB), und zwar gemäß § 1234 BGB nach vorheriger Androhung der Verwertung, die nicht vor Ablauf eines Monats nach Androhung beginnen darf. Eine zulässige Abbedingung dieser Frist (§ 1245 BGB), die in den alten AGB noch erfolgte (Nr. 20 II AGB-Banken a. F.), findet sich in den neuen AGB-Banken nicht mehr. 182

## Dritter Teil. Privates Bankrecht

**183** Ist der Verpfänder nicht zugleich Kreditnehmer, kann er vor Pfandverwertung dessen Schuld ablösen (§ 1249 I BGB). Die Forderung und damit auch das akzessorische Pfandrecht gehen dann kraft Gesetzes auf ihn über (§§ 1249, 268 II, 1250 BGB). Gem. Nr. 17 I AGB-Banken hat die Bank bei der Verwertung von Sicherheiten auf die berechtigten Belange des Kunden Rücksicht zu nehmen, d. h. sie muß sich im Interesse des Kunden um den bestmöglichen Preis bemühen (sog. **Grundsatz der Verhältnismäßigkeit**). Eine Verschleuderung des Sicherungsgegenstandes macht sie schadenersatzpflichtig.

**184** Pfänder, die einen Börsen- oder Marktpreis haben (Wertpapiere, Edelmetalle etc.), darf die Bank börsen- oder marktmäßig, andere Pfänder nur durch öffentliche Versteigerung verwerten (§§ 1221, 1235, 1238 BGB). Der Verkauf darf nur gegen sofortige Barzahlung erfolgen (§ 1238 I BGB). Bank und Verpfänder (Kunde) können mitbieten (§ 1239 I 1 BGB).

Besteht ein wirksames Pfandrecht und ist die Durchführung des Pfandverkaufs rechtmäßig, so geht das Eigentum an der Pfandsache auf den Ersteher über. Alle Pfandrechte erlöschen ohne Rücksicht darauf, ob sie dem Pfandrecht der den Verkauf betreibenden Bank im Range vorgingen oder nicht (§ 1242 BGB); die vorrangigen Pfandrechte setzen sich am Erlös fort (§ 1247 BGB). Steht der Bank in Wahrheit kein Pfandrecht zu oder ist die Durchführung des Pfandverkaufs nicht rechtmäßig, weil die dafür geltenden wesentlichen Vorschriften nicht beachtet worden sind, so läßt das Gesetz einen gutgläubigen Eigentumserwerb des Erstehers dennoch zu (§ 1244 BGB). Der gute Glaube des Erstehers muß sich auf das Pfandrecht der den Pfandverkauf betreibenden Bank und auf die Rechtmäßigkeit des Pfandverkaufs beziehen. Er wird durch grob fahrlässige Unkenntnis ausgeschlossen.

**185** Die wesentlichen Vorschriften, bei deren Verletzung der Pfandverkauf nicht rechtmäßig ist, sind gem. § 1243 BGB folgende:
– Eintritt der Pfandreife (§ 1228 II BGB),
– Verkauf durch öffentliche Versteigerung, bei Sachen mit einem Börsen- oder Marktpreis auch freihändig (§ 1235 BGB),
– Verkauf nur so vieler Pfänder, als zur Befriedigung erforderlich sind (§ 1230 S. 2 BGB),
– Öffentliche Bekanntmachung der Versteigerung (§ 1237 S. 1 BGB),
– Gold- und Silbersachen dürfen nicht unter dem Gold- oder Silberwert zugeschlagen werden (§ 1240 BGB).

Die Verletzung der sonstigen Vorschriften über den Pfandverkauf beeinträchtigt den Eigentumserwerb des Erstehers nicht. Der Pfandgläubiger kann sich jedoch schadenersatzpflichtig machen (§ 1243 II BGB).

**186** Wenn der Verkaufserlös die gesicherte Forderung nicht übersteigt und keine vorrangigen Rechte bestehen, wird die Bank Alleineigentümerin des Erlöses (§ 1247 S. 1 BGB). Deckt der Erlös nur die vorrangigen

Rechte, erwirbt der ehemalige Pfandeigentümer als Surrogat das mit diesen belastete Alleineigentum am Erlös (§ 1247 S. 2 BGB; sog. **Surrogationsprinzip**), während das Pfandrecht der den Pfandverkauf betreibenden Bank erlischt. Deckt der Erlös die vorrangigen Rechte und ganz oder teilweise die Forderung der betreibenden Bank, so gilt ebenfalls das Prinzip der Surrogation des § 1247 S. 2 BGB, d. h. es entsteht an dem Gesamterlös Miteigentum von Bank und bisherigem Eigentümer. Die Bank darf den zu ihrer Befriedigung erforderlichen Betrag, soweit er die Forderung der vorrangigen Gläubiger übersteigt, entnehmen; am Rest steht sodann dem bisherigen Eigentümer Alleineigentum zu.

Sind im Falle eines Pfandverkaufs Kreditnehmer und Sicherungsgeber identisch, dann erlischt die gesicherte Forderung. Ist der Verpfänder jedoch nicht zugleich persönlicher Schuldner, dann geht nach herrschender Meinung in entsprechender Anwendung des § 1225 BGB die gesicherte Forderung auf ihn über. Damit erwirbt der Verpfänder kraft Gesetzes (§§ 774, 401, 412 BGB) die für die Forderung bestellten akzessorischen Sicherheiten. 187

*dd) Erlöschen*

Entsprechend dem Grundsatz der Akzessorietät erlischt das Pfandrecht mit der Forderung, für die es besteht (§ 1252 BGB). 188
Andere Erlöschensgründe sind:
– die Übertragung der Forderung ohne das Pfandrecht (§ 1250 II BGB),
– die Rückgabe des Pfands an den Verpfänder oder den Eigentümer (§ 1253 I 1 BGB),
– die Aufgabe des Pfandes durch eine entsprechende Erklärung der Bank,
– das Zusammentreffen von Eigentum und Pfandrecht (§ 1256 I 1 BGB).

In der Praxis wichtige Sonderarten des Pfandrechts an beweglichen Sachen sind die Schiffshypothek und das Registerpfandrecht an Luftfahrzeugen.

*b) Pfandrecht an Rechten*

*aa) Allgemeines*

Gegenstand des Pfandrechts kann auch ein Recht sein (§ 1273 I BGB). 189
Alle Rechte, die übertragbar sind, können auch verpfändet werden (§ 1247 II BGB). Eine Unübertragbarkeit bzw. Unpfändbarkeit kann sich aus Gesetz (z. B. § 400 BGB) oder auch dadurch ergeben, daß die Abtretung einer Forderung aufgrund einer Vereinbarung mit dem Schuldner ausgeschlossen ist (§ 399 a. E. BGB).

*bb) Entstehung*

Die Bestellung des Pfandrechts an einem Recht erfolgt grds. nach den 190 für die Übertragung des Rechts geltenden Vorschriften (§ 1274 I 1 BGB), d. h. im allgemeinen, für die Verpfändung von Wertpapieren (verbriefte Rechte) ist Wertpapierrecht, für die Verpfändung von Gesellschaftsanteilen (nicht verbriefte Rechte) das jeweilige Gesellschafts- und Satzungsrecht maßgeblich.

**191** (1) Verbriefte Rechte

Gem. § 1274 I 1 BGB werden verbriefte Rechte (Inhaber- und Orderpapiere) mithin wie folgt verpfändet:
- **Inhaberpapiere** (z. B. Inhaberaktien, Inhaberschuldverschreibungen, Inhaberschecks) werden durch Einigung über die Bestellung des Pfandrechts sowie Übergabe des Papiers (§ 1293 BGB) verpfändet. Die Übergabe des Papiers kann dadurch ersetzt werden, daß der Kunde seinen mittelbaren Besitz auf die Bank überträgt, indem er seinen Herausgabeanspruch an diese abtritt und dem mittelbaren Besitzer die Verpfändung des Papiers anzeigt (§ 1205 II BGB) oder der Bank qualifizierten Mitbesitz (sog. **Mitverschluß**) einräumt. Ein gutgläubiger Erwerb ist auch an abhanden gekommenen Inhaberpapieren möglich (§§ 1293, 1207, 935 BGB), falls der Verlust der Papiere nicht im Bundesanzeiger bekannt gemacht und seit dem Jahr der Veröffentlichung nicht mehr als ein Jahr verstrichen ist (§ 367 HGB). Befinden sich die Inhaberpapiere bereits im Kundendepot (Streifbandverwahrung, Sammelverwahrung), genügt für die Verpfändung die bloße Einigung über die Bestellung des Pfandrechts, die in der Regel im Rahmen des Bankvertrages durch Anerkennung der Allgemeinen Geschäftsbedingungen der Bank insoweit vorweggenommen wird, als es sich nicht um im Ausland ruhende in- und ausländische Wertpapiere handelt (Nr. 14 I AGB-Banken). Diese sind, soweit zulässig (vgl. § 71 II AktG), durch gesonderte Individualvereinbarung zu verpfänden.
- **Orderpapiere** (z. B. Wechsel, Orderscheck, Namensaktie, kaufmännische Orderpapiere i. S. d. § 363 HGB) werden durch Einigung über die Bestellung des Pfandrechts und Übergabe des indossierten Papiers verpfändet (§ 1292 BGB). Das Indossament kann sowohl ein **offenes Pfandindossament** („Wert zur Sicherheit" oder „Wert zum Pfande") als auch ein Vollindossament (**verdecktes Pfandindossament**) sein. Soweit es sich bei verpfändeten Orderpapieren um sog. Traditionspapiere (Konnossement, Ladeschein, Lagerschein) handelt, durch die nicht nur ein Herausgabeanspruch, sondern das Gut selbst repräsentiert werden, bedarf es nicht zusätzlich einer Anzeige gem. § 1205 II BGB.
- **Namenspapiere** (z. B. Hypothekenbrief, Grundschuldbrief, Sparkassenbrief) werden durch Abtretung des in der Urkunde verbrieften Rechts verpfändet. Gem. § 952 BGB folgt hier das Recht am Papier dem Recht aus dem Papier (str.).

### 3. Kapitel. Kreditgeschäft

**(2) Nicht verbriefte Rechte** 192

Gem. § 1274 I BGB kommt es auch für die Verpfändung nicht verbriefter Rechte (z. B. Mitgliedschafts- und Gesellschaftsrechte) auf die jeweils geltenden Bestimmungen an, seien sie gesetzlicher oder satzungsrechtlicher Provenienz. Daher ist z. B.

– die Verpfändung eines GmbH-Anteils zu beurkunden (§ 15 III GmbHG) und die Zustimmung der Mitgesellschafter einzuholen, falls die Satzung einen Zustimmungsvorbehalt enthält (§ 15 V GmbHG),
– für die Verpfändung von Anteilen an einer Personengesellschaft (KG, OHG, BGB-Gesellschaft) auf Grund ihrer gesamthänderischen Bindung (§ 719 BGB) die Zustimmung der anderen Mitgesellschafter einzuholen, es sei denn, der Gesellschaftsvertrag erklärt die Übertragung für zustimmungsfrei,
– die Verpfändung eines Miterbenanteils notariell zu beurkunden (§ 2033 I BGB).

**(3) Forderungen** 193

Das Pfandrecht an einer Forderung entsteht gem. §§ 1274, 398 BGB durch die Einigung, daß an einer abgetretenen Forderung ein Pfandrecht bestellt werden soll, und die Anzeige der Verpfändung durch den Gläubiger (i. e. Kunde) an den Schuldner (§ 1280 BGB). Letztere ist zwingende Wirksamkeitsvoraussetzung und als solche ursächlich dafür, daß die „offene" Forderungsverpfändung von der „stillen" Sicherungsabtretung mehr und mehr verdrängt wurde; denn häufig ist es für das „standing" des Kunden schädlich, wenn sein Schuldner von der Verpfändung Kenntnis erlangt.

Hinsichtlich der Rechtsstellung der Bank ist zu unterscheiden zwischen der Zeit vor und nach Eintritt der **Pfandreife,** i. e. Fälligkeit der Forderung. *Vor* Eintritt der Pfandreife kann der Schuldner an Kunden und Bank nur gemeinschaftlich leisten; jeder von beiden kann vom Schuldner verlangen, daß an beide gemeinschaftlich geleistet werde (§ 1281 BGB). Beide sind einander zur Mitwirkung bei der Einziehung der Forderung verpflichtet, sobald diese fällig ist (§ 1285 BGB). *Nach* Eintritt der Pfandreife ist die Bank allein zur Einziehung der Forderung berechtigt, und der Schuldner kann nur noch an ihn leisten (§ 1282 BGB). 194

Wird eine Geldforderung *vor* Eintritt der Pfandreife eingezogen, so ist 195
der eingezogene Geldbetrag, der Eigentum des Kunden wird, mündelsicher anzulegen und der Bank ein Pfandrecht daran zu bestellen (§ 1288 I BGB). Bei Einziehung *nach* Eintritt der Pfandreife wird das ihm zu seiner Befriedigung gebührende Geld ohne weiteres Eigentum des Pfandgläubigers, der insoweit als vom Kunden befriedigt gilt (§ 1288 II BGB). Bei anderen Forderungen erwirbt der Kunde das Eigentum und die Bank ein Pfandrecht an dem vom Schuldner geleisteten Gegenstand, bei Grund-

stücken eine Sicherungshypothek, bei einem eingetragenen Schiff oder Schiffsbauwerk eine Schiffshypothek (§ 1287 BGB; sog. **dingl.** Surrogation).

**196** Forderungsverpfändungen sind in der Praxis fast ausschließlich als Verpfändungen von Spar- und Festgeldeinlagen von Bedeutung. Befinden sich die Einlagen der Kunden bereits bei der pfandnehmenden Bank, bedarf es wegen Nr. 14 I AGB-Banken keiner weiteren Verpfändungserklärung und erst recht keiner Anzeige der Bank an sich selbst.

**197** Die Verpfändung von Einlagen, die sich bei einer Drittbank befinden, sind dieser gem. § 1280 BGB anzuzeigen, und zwar mit der Bitte um Bestätigung, daß der verpfändeten Forderung keine Rechte Dritter entgegenstehen. Unterbleibt diese Anzeige, kann unter Umständen die unwirksame Verpfändung einer Spareinlage gem. § 140 BGB in eine wirksame „stille" Sicherheitsabtretung umgedeutet werden, und zwar ggfls. dann, wenn der Kunde Nichtkaufmann ist und er mit der Verpfändung das **Sparbuch** ausgehändigt hat;[29] denn in der Verkehrsanschauung wird häufig entgegen der Rechtslage die Übergabe des Sparbuches mit der Übertragung des Sparguthabens gleichgesetzt. Rechtlich ist für die Verpfändung des Sparguthabens die Übergabe des Sparbuches nicht erforderlich, da das Eigentum daran dem Recht aus dem Papier folgt (sog. **qualifiziertes Legitimationspapier**).

## 2. Sicherungsübereignung

### a) Begriff und Gegenstand

**198** Der Sicherungsübereignung fehlt die mit einem Faustpfandrecht grds. verbundene Publizität, d. h. der Sicherungsnehmer (Bank) erlangt keinen unmittelbaren Besitz an dem Sicherungsgut. Dies ist für den Sicherungsgeber (Kunde) vorteilhaft, weil er das Sicherungsgut (Kraftfahrzeuge, Maschinen, Waren, Rohstoffe etc.) unter bestimmten Voraussetzungen weiter verwenden darf, für die Bank, weil sie hinsichtlich der vorbezeichneten Güter nicht vor unlösbare logistische Probleme der Raumbeschaffung gestellt wird. Die Sicherungsübereignung ist, anders als das Pfandrecht, auch nicht akzessorisch.

**199** Gegenstand der Sicherungsübereignung können grds. Sachen jeder Art sein, mit Ausnahme von Immobilien (Hypothek, Grundschuld), in Seeschiffs- oder Binnenschiffsregistern eingetragenen Schiffen (Schiffshypothek, Registerpfandrecht) und Sachen, die zugleich wesentlicher Bestandteil einer anderen Sache sind (§§ 93–95 BGB). Bei letzeren fehlt es an der sog. **Sonderrechtsfähigkeit**.

**200** Wesentliche Bestandteile sind Sachen dann, wenn sie nach der Trennung nicht mehr in der bisherigen Art wirtschaftlich genutzt werden

---

[29] BGH WM 1962, 487.

### 3. Kapitel. Kreditgeschäft

können,[30] z. B. besonders eingepaßte(r) Aufzug[31] bzw. Einbauküche,[32] Fenster und Rahmen,[33] Heizungsanlage,[34] nicht dagegen KFZ-Motoren, die serienmäßig hergestellt wurden,[35] und Maschinen in einem Fabrikgebäude, es sei denn, sie würden auf das Gebäude genau abgestimmt sein und mit ihm eine untrennbare Einheit bilden.[36] Keine wesentlichen Bestandteile eines Grundstücks sind sog. **Scheinbestandteile,** die nur zu einem vorübergehenden Zweck mit Grund und Boden verbunden werden (§ 95 I 1 BGB), z. b. die für die Dauer einer zeitlich begrenzten Pachtzeit auf einem Pachtgelände errichtete Lagerhalle. In der Praxis können erhebliche Abgrenzungsschwierigkeiten auftreten, so daß in jedem Einzelfall eine sorgfältige Prüfung seitens der Bank erforderlich ist.

Sicherungsübereignungen, die Scheinbestandteile zum Gegenstand haben, sollten, um keine Grunderwerbssteuer auszulösen, unter der auflösenden Bedingung vereinbart werden, daß das Eigentum an den Kunden zurückfällt, sobald die gesicherte Kreditforderung getilgt worden ist. 201

Bloßes **Zubehör** (§ 97 BGB) kann Gegenstand der Sicherungsübereignung sein, falls es nicht schon der Zubehörhaftung im Rahmen bereits bestehender Grundpfandrechte (§§ 1120 ff. BGB) unterliegt. Zubehör sind bewegliche Sachen, die, ohne Bestandteil der Hauptsache zu sein, dem wirtschaftlichen Zweck der Hauptsache (Grundstück) zu dienen bestimmt sind und zu ihr in einer gewissen räumlichen Beziehung stehen. 202

Gegenstand der Sicherungsübereignung kann schließlich neben dem Vollrecht als „wesensgleiches Minus" des Eigentums auch das sog. **Anwartschaftsrecht** sein. Ein solches Recht liegt vor, wenn der Kunde an in seinem Besitz befindlichen Gegenständen nur deshalb noch kein Volleigentum erworben hat, weil „die Übertragung des Eigentums unter der aufschiebenden Bedingung vollständiger Zahlung des Kaufpreises und abhängig davon erfolgt, daß der Verkäufer zum Rücktritt vom Vertrag berechtigt ist, wenn der Käufer mit der Zahlung in Verzug kommt" (§ 455 BGB; sog. **einfacher Eigentumsvorbehalt**). Tritt diese Bedingung aber ein, verwandelt sich dieses Recht automatisch in Volleigentum.[37] 203

Der wirtschaftliche Wert des Anwartschaftsrechts richtet sich nach der Art des Eigentumsvorbehalts (EV) und der noch offenstehenden Kaufpreisforderung, m. a. W., hat der Kunde auf die ihm unter EV übertrage- 204

---

[30] BGHZ 18, 229; 61, 81.
[31] RGZ 90, 200.
[32] BFH DB 1971, 656.
[33] LG Lübeck NJW 1986, 2514.
[34] BGHZ 53, 326; OLG Koblenz WM 1989, 535.
[35] BGHZ 18, 229; 61, 81.
[36] RG JW 1911, 573; 1934, 1849.
[37] BGH WM 1961, 668, 669; 1969, 186, 187.

nen Gegenstände bisher noch keine Anzahlung geleistet, hat sein Anwartschaftsrecht keinen wirtschaftlichen Wert und eignet sich daher für die Bank nicht als Sicherungsgut.

Hinsichtlich der Art des Eigentumsvorbehalts ist zu unterscheiden, ob der Kunde aufgrund der aufschiebenden Bedingung bereits Volleigentum mit vollständiger Zahlung des Kaufpreises aus einem Individualvertrag erhält (§ 455 BGB) oder ob der automatische Erwerb des Vollrechts von weiteren, praeter legem entwickelten Bedingungen abhängig sein soll, mit der Maßgabe, daß der wirtschaftliche Wert des Anwartschaftsrechts im Vergleich zum einfachen EV sinkt bzw. häufig in praxi kaum einschätzbar ist.

205 Solche zusätzlichen Bedingungen des Vollrechtserwerbs können z. B. sein, daß der Kunde (= Kreditnehmer) das Eigentum erst erwerben soll, wenn
- er aus der bestehenden Geschäftsverbindung alle gegenwärtigen und künftigen Forderungen des Vorbehaltsverkäufers beglichen hat (sog. **Kontokorrentvorbehalt**),
- er aus der bestehenden Geschäftsverbindung alle gegenwärtigen und künftigen Forderungen der Mutter- und Tochtergesellschaften des Vorbehaltsverkäufers beglichen hat (sog. **Konzernvorbehalt**),
- im Falle der Weiterveräußerung, Verbindung oder Verarbeitung der unter EV veräußerten Sache an deren Stelle die daraus künftig entstehende Forderung durch deren antizipierte Abtretung oder das neue Produkt tritt (sog. **verlängerter Eigentumsvorbehalt**).

206 Für die wirksame Sicherungsübereignung ist schließlich wesentlich, daß die Beschreibung des Sicherungsguts so konkret erfolgt, daß es sich von allen anderen, insbesondere gleichartigen Sachen des Kunden deutlich unterscheiden läßt (sog. **Bestimmtheitsgrundsatz**). Die Feststellung der Identität des Sicherungsgutes muß dabei aufgrund der Beschreibung im Sicherungsvertrag möglich sein,[38] wobei in diesem Zusammenhang auch auf individualisierende Unterlagen (z. B. Inventurlisten, Karteien etc.) Bezug genommen werden kann, wenn sie eindeutig zum Bestandteil des Sicherungsvertrages gemacht wurden.[39] Eine bloße Bestimmbarkeit reicht für die Sicherungsübereignung, anders als bei der Sicherungszession (s. Rn. 228), nicht aus.

207 Im Falle der Kreditbesicherung durch eine Sicherungsübereignung hat die Bank hinsichtlich des Sicherungsgutes u. a. folgende Prüfungen in der Praxis vorzunehmen:
- Erwerb des Volleigentums oder eines Anwartschaftsrechts,
- Belastung durch Rechte Dritter (z. B. gesetzliches Pfandrecht des Vermieters, Verpächters oder Lagerhalters),

---

[38] BGH WM 1979, 557.
[39] BGH WM 1960, 1223 ff.; 1979, 301 f.

- wesentlicher Bestandteil einer anderen Sache oder Zubehör eines Grundstücks, das bereits mit Grundpfandrechten belastet ist, die sich ihrerseits schon auf das Zubehör erstrecken (§ 1120 BGB),
- Verbringung in das Ausland mit der Folge eines möglichen Unterganges, weil dort besitzlose Mobiliar-Sicherheiten unzulässig sind (z. B. Frankreich) und das jeweilige ausländische Recht (lex rei sitae) gilt,
- Bestimmtheit bzw. Vornahme erforderlicher Markierungen (s. u.), falls zum Zeitpunkt des Vertragsabschlusses noch keine hinreichende Individualisierung möglich ist.

*b) Entstehung*

In rechtlicher Hinsicht ist für die Sicherungsübereignung wie für das Pfandrecht zunächst eine kausale **Sicherungszweckvereinbarung** zwischen Bank und Kunde erforderlich, etwa des Inhalts, daß das Sicherungsgut als Sicherheit für alle gegenwärtigen und künftigen Forderungen der Bank aus der Geschäftsbeziehung mit dem Kunden dienen soll (sog. **Kontokorrentklausel**).

Davon abstrakt erfolgt die dingliche Einigung über den Übergang des Eigentums (§ 929 S. 1 BGB) und, da das Sicherungsgut nicht in den unmittelbaren Besitz der Bank gelangen soll, als Übergabesurrogat entweder die Vereinbarung eines Besitzmittlungsverhältnisses i. S. d. § 868 BGB (in der Regel Verwahrungs- oder Leihvertrag) oder, falls der Kunde die ihm gehörenden Sachen bei einem Dritten eingelagert oder verwahrt hat, die Abtretung seines Herausgabeanspruchs an die Bank (§ 931 BGB). Beides, die Vereinbarung des Besitzmittlungsverhältnisses und die Abtretung des Herausgabeanspruchs, lassen sich auch antizipieren, falls der Kunde bzw. der Dritte das Sicherungsgut noch nicht in seinem unmittelbaren Besitz hat.

Sollen Sachen, die durch **Traditionspapiere** (Orderlagersein i. S. d. § 424 HGB, Ladeschein i. S. d. § 450 HGB, Konnossement i. S. d. § 650 HGB) repräsentiert sind, zur Sicherung übereignet werden, ersetzt die Übergabe des Papiers die Übergabe des Gutes. In diesen Fällen ist hinsichtlich des Sicherungsgutes eine Übereignung durch Abtretung des Herausgabeanspruchs gem. §§ 929, 931 BGB unwirksam, weil eine Trennung des Papiers vom Gut nicht möglich ist.[40]

Die Übertragung des Anwartschaftsrechts erfolgt wie die Übereignung des Vollrechts. Als Folge erwirbt die Bank das Volleigentum bei Eintritt der vom Vorbehaltsverkäufer gesetzten Bedingungen unmittelbar von diesem, ohne daß es zu einem Durchgangserwerb des Kunden kommt.[41]

Verschweigt der Kunde der Bank, daß er an einer verpfändeten Sache kein Eigentum, sondern nur ein Anwartschaftsrecht hat, wird meistens

---

[40] BGH NJW 1977, 499, 501.
[41] BGH WM 1956, 454, 455; 1968, 604.

nur dieses als „wesensgleiches Minus" erworben, da ein gutgläubiger Erwerb des Volleigentums in der Regel daran scheitert, daß die Bank aufgrund der Verletzung ihr obliegender Erkundigungs- und Nachprüfungspflichten die Nichtberechtigung des Kunden grob fahrlässig nicht kannte (§ 932 II BGB), und zwar insbesondere deshalb, weil bei einer Übereignung durch Besitzkonstitut für die Gut- bzw. Bösgläubigkeit nicht der Abschluß des Sicherungsübereignungsvertrages, sondern die Verschaffung des unmittelbaren Besitzes maßgeblich ist. In der Praxis wird sich die Bank diesen aber erst verschaffen, nachdem sich die wirtschaftlichen Verhältnisse des Kunden sichtbar verschlechtert haben und damit ihre Nachprüfungspflicht um so dringlicher geworden ist.

211 In der Praxis enthalten Sicherungsübereignungsverträge, an denen Banken beteiligt sind, eine Vielzahl von weiteren Standardvereinbarungen, die mit der Kreditbesicherung im Zusammenhang stehen. Diese Standardvereinbarungen werden häufig auch in sog. Allgemeinen Sicherungsübereignungsbedingungen zusammengefaßt und zum Bestandteil des Individualvertrages gemacht. Je nach Ausgestaltung des Sicherungsvertrages sind folgende **Standardvereinbarungen** erforderlich:
– Eine Regelung über die Deckungsgrenze, d.h. der Wert des Sicherungsgutes hat stets den jeweils vereinbarten Betrag zu erreichen. Unterschreitet der Wert des Sicherungsgutes die Deckungsgrenze, so ist der Sicherungsgeber zu einer entsprechenden Ergänzung des Sicherungsgutes verpflichtet;
– Entnahmeklausel, d.h. die Bank gestattet dem Kunden, vorbehaltlich des aus wichtigem Grund zulässigen Widerrufs, über das Sicherungsgut im Rahmen eines ordnungsgemäßen Geschäftsbetriebes zu verfügen, sofern die vereinbarte Deckung erhalten bleibt;
– Verpflichtung des Kunden, Eigentumsvorbehalte zum Erlöschen zu bringen;
– Verpflichtung des Kunden, sich in voller Höhe gegen die üblichen Gefahren zu versichern, sowie Abtretung der Versicherungsansprüche an die Bank;
– Anzeigepflicht des Kunden, wenn Kredite der Bank durch Dritte (z.B. Pfändung) beeinträchtigt oder gefährdet werden;
– Verarbeitungsklausel, d.h. vorbehaltlich des aus wichtigem Grund zulässigen Widerrufs, gestattet die Bank dem Kunden, das Sicherungsgut in eigenen oder fremden Betrieben zu verarbeiten. Die Verarbeitung erfolgt unentgeltlich im Auftrage der Bank als Herstellerin derart, daß die Bank zu jedem Zeitpunkt der Verarbeitung das Eigentum, Miteigentum oder Anwartschaftsrecht an den Erzeugnissen behält oder erwirbt (§ 950 BGB);
– Meldepflichten, d.h. der Kunde ist verpflichtet, der Bank bis zu einem im Einzelfall festzulegenden Stichtag eines jeden Monats den Bestand des Sicherungsgutes per Ultimo des Vormonats zu melden;

## 3. Kapitel. Kreditgeschäft

- Überprüfungsrechte der Bank, d. h. die Bank ist berechtigt, das Sicherungsgut am jeweiligen Standort zu überprüfen oder durch ihre Beauftragten überprüfen zu lassen, wobei der Kunde jede zu diesem Zweck erforderliche Auskunft zu erteilen und die betreffenden Unterlagen zur Einsicht vorzulegen hat;
- Rückübertragung, d. h. die Verpflichtung der Bank, das Eigentum am Sicherungsgut zurückzuübertragen, sobald der Kunde die Ansprüche der Bank befriedigt hat;
- Verwertungsbefugnis der Bank, d. h. die Bank darf das Sicherungsgut im Verwertungsfall im eigenen Namen oder im Namen des Kunden verwerten.

Die Art und Weise der sicherungsübereigneten Gegenstände hat, wie ausgeführt, dem Bestimmtheitsgrundsatz Rechnung zu tragen.

Im Rahmen der **Einzelübereignung** werden eine einzelne Sache oder mehrere einzelne Sachen übereignet, die sich bei Abschluß des Sicherungsübereignungsvertrages bereits im Besitz des Kunden befinden. Das Sicherungsgut ist nach individuellen Merkmalen zu bezeichnen, d. h. bei einer Maschine z. B. nach Herstellerfirma, Modellbezeichnung und Fabrikationsnummer. Am wichtigsten ist die Bezugnahme auf unverwechselbare Kennzeichen, wie z. B. die eingestanzte Fabrikationsnummer, um für den Fall einer späteren Verwertung ein eindeutiges, unverwechselbares Identifizierungsmerkmal zu haben. Sind derartige individuelle Identifizierungsmerkmale an dem Sicherungsgut nicht vorhanden, ist zur erforderlichen Konkretisierung im Sicherungsübereignungsvertrag klar und eindeutig festzulegen, auf welche Art und Weise das Sicherungsgut als Eigentum der Bank zu kennzeichnen ist (z. B. Namensschilder, Anfangsbuchstaben). In Fällen der Markierung empfiehlt sich eine verstärkte Überwachung durch die Bank; denn anderenfalls besteht die Gefahr, das Sicherungseigentum zu verlieren oder gar nicht erst zu erwerben.

Ferner sollte bei der Einzelübereignung auch der Standort bzw. Lagerort des Sicherungsgutes angegeben und der Kunde verpflichtet werden, jede Änderung des Stand- oder Lagerortes unverzüglich anzuzeigen.

**Raumsicherungsverträge** werden abgeschlossen, wenn gattungsmäßig bestimmte Sachen (z. B. Rohstoffe, Warenbestände) in einem bestimmten Sicherungsgebiet (beispielsweise Betriebsgrundstück, Lagerhalle, einzelner Lagerraum) als Sicherheit übereignet werden sollen. Die Beschreibung des Sicherungsgutes ist dabei durch einen gattungsmäßigen Oberbegriff oder unter Umständen durch mehrere derartige Begriffe vorzunehmen. Die genaue Beschreibung des Sicherungsgebietes kann im Vertrag selbst oder auch mittels einer zum Vertragsbestandteil erklärten und vom Kunden zu unterzeichnenden Lagerskizze erfolgen. Die Lagerskizze muß aus sich heraus, d. h. ohne weitere Hilfsmittel, verständlich sein. Mit Vertragsabschluß erwirbt die Bank das Eigentum an allen gattungsmäßig bezeichneten Gegenständen, die sich im Sicherungsgebiet befinden. Da z. B. ein Warenlager einen ständigen Zugang und Abgang von Waren zu verzeichnen hat, ist es zweckmäßig, nicht nur den gegenwärtigen, sondern den jeweiligen Warenbestand, der sich im Sicherungsgebiet befindet und in Zukunft dorthin verbracht wird, zu übereignen. Eine nachträgliche Entfernung des Sicherungsgutes aus dem Sicherungsgebiet, insbesondere eine Umlagerung der übereigneten Ware, führt zwar nicht zum Verlust des einmal begründeten Sicherungseigentums, kann in der Praxis aber zu erheblichen Beweisschwierigkeiten führen, da bei einmal entfernten Gegenständen die Gefahr besteht, daß sie nicht mehr identifiziert werden können und somit auch nicht mehr auffindbar sind.

*c) Erlöschen*

214 Das Sicherungseigentum erlischt auf folgende Weise:
– Der vereinbarte Sicherungszweck ist gegenstandslos geworden (z. B. Kreditrückzahlung oder Umwandlung eines besicherten Kredits in einen Blankokredit); Erlöschen durch bloße Einigung, daß das Eigentum an den Kunden zurückfallen soll (§ 929 S. 2 BGB), nicht jedoch eo ipso durch Erlöschen der Forderung, weil zwischen dieser und dem Sicherungseigentum, anders als beim Pfandrecht, keine Akzessorietät besteht. Haben Bank und Kunde eine solche Akzessorietät nicht preater legem vertraglich vereinbart und weigert sich die Bank, die Erklärung gem. § 929 S. 2 BGB abzugeben, muß der Kunde das Eigentum von der Bank kondizieren (§§ 812 ff. BGB).
– Die Sicherungsübereignung ist ausnahmsweise unter einer auflösenden Bedingung erfolgt (z. B. bei Gebäuden i. S. d. § 95 BGB zur Vermeidung der Grundsteuer); Erlöschen durch automatischen Rückfall des Eigentums.
– Die Kreditforderungen sind fällig geworden; Erlöschen durch Verwertung im freihändigen Verkauf, also ohne Beachtung der Vorschriften über den Pfandverkauf (§§ 1220 ff. BGB). Vor Verwertung hat die Bank den Kunden diesbezüglich zu mahnen und ihm eine angemessene Nachfrist zu setzen (vgl. Nr. 21 V AGBSp). Die AGB-Banken (Nr. 17) lassen eine entsprechende Regelung vermissen.

*d) Zwangsvollstreckung und Konkurs*

215 Betreibt ein anderer Gläubiger des Kunden die Zwangsvollstreckung in das Sicherungsgut, hat die Bank die Möglichkeit der Drittwiderspruchsklage (§ 771 ZPO) und im Konkurs des Kunden ein Recht auf abgesonderte Befriedigung (§ 48 KO).

## 3. Sicherungsabtretung

*a) Begriff, Vorteile, Risiken und Rechtsnatur*

Gemäß § 398 BGB kann eine Forderung des Kunden (Zedent) durch Vertrag mit der Bank (Zessionar) auf diese übertragen werden (Abtretung). Mit dem Abschluß des Vertrages tritt die Bank an die Stelle des Kunden. Die Sicherungsabtretung ist
- abwicklungstechnisch einfach zu handhaben,
- grds. nicht publik, d. h. es bedarf keiner Anzeige an den Drittschuldner (sog. „**stille**" **Zession**),
- nicht akzessorisch, d. h. bei Erlöschen der zugrundeliegenden Kreditforderung erlischt nicht zugleich die abgetretene Forderung.

216

Die Sicherungsabtretung hat, vor allem im Falle der in der Praxis meistens angewandten stillen Zession, für die Bank erhebliche **Risiken**, weil
- der gegen Sicherungsabtretung von Forderungen herausgelegte Kredit wirtschaftlich gesehen ein Blankokredit ist, nur mit der Maßgabe, daß seitens der Bank neben der Bonität ihres Kunden auch die des Drittschuldners zu prüfen ist, die „Sicherheit" mithin wie bei der Bürgschaft und Garantie (s. u.) lediglich in der Verdoppelung der Schuldnerstellung besteht,
- der Drittschuldner auch noch nach vollzogener Abtretung jederzeit mit schuldbefreiender Wirkung an den Kunden leisten kann (§ 407 I BGB),
- die Bank jedes Rechtsgeschäft, das zwischen dem Kunden und dem Drittschuldner in Ansehung der Forderung nach deren Abtretung vorgenommen wurde (z. B. Stundung, Verzicht, Erlaß), gegen sich gelten lassen muß (§ 407 I BGB),
- der Drittschuldner weiterhin mit eigenen Forderungen gegen die zedierten Forderung des Kunden aufrechnen kann, es sei denn, daß seine Gegenforderung erst nach Erlangung der Kenntnis und später als die abgetretene Forderung fällig geworden ist (§ 406 BGB),
- der Drittschuldner der Bank nach Kenntnis der Abtretung diejenigen Einwendungen entgegenhalten kann, die ihm auch gegen den Kunden zustanden (§ 404 BGB), z. B. Erfüllung, Stundung, Verjährung.

217

Die Sicherungsabtretung ist wie die Sicherungsübereigung ein abstrakter dinglicher Vertrag, dem die **Sicherungszweckvereinbarung** als causa zugrunde liegt. Beide fließen in der Praxis in dem Sicherungsvertrag zusammen. Er ist zwar grds. formfrei, in der Praxis werden aber meistens Standardformulare oder Musterverträge benutzt, die ihrerseits wieder die „Allgemeinen Bedingungen für die Sicherungsabtretung von Forderungen" zum Vertragsbestandteil machen.

218

Die Abtretung kann sich auf Einzelforderungen (**Einzelzession**) oder auf eine Mehrzahl, nach bestimmten Merkmalen umschriebenen

219

Forderungen (**Globalzession**) beziehen. Bei der Einzelabtretung erlischt die Kreditsicherheit, sobald der Drittschuldner die betreffende Forderung bezahlt hat. Die Abtretung von Forderungsmehrheiten hat demgegenüber den Vorteil, daß der Bestand an Sicherheiten breiter gestreut ist und laufend ergänzt werden kann; hierdurch kann auf Dauer eine gewisse Deckungsgrenze gehalten werden, die von einzelnen Forderungen losgelöst ist. Die sog. **Mantelzession** ist dagegen noch keine Abtretung, sondern lediglich die Verpflichtung, künftig in einem bestimmten Rahmen (Mantel) weitere Abtretungen vorzunehmen.

220 Es können sowohl gegenwärtige als auch künftige Forderungen abgetreten werden. Die Abtretung einer künftigen Forderung wird zwar erst mit Entstehen der Forderung wirksam, führt jedoch dazu, daß die Forderung mit ihrem Entstehen ohne weiteres auf die Bank übergeht. Die Bank erwirbt die im voraus abgetretene Forderung auch dann unbelastet, wenn zwischenzeitlich ein anderer Gläubiger sie pfänden läßt.

*b) Abtretungsverbote*

221 Forderungen sind nicht abtretbar, wenn die Abtretung durch Gesetz oder durch vertragliches Abtretungsverbot ausgeschlossen ist. Ein gesetzliches Abtretungsverbot besteht, wenn die Leistung an einen anderen als den ursprünglichen Gläubiger nicht ohne Veränderung des Inhalts der Leistung erfolgen kann (§ 399 1. Hs. BGB). Der Kunde kann daher an die Bank weder höchstpersönliche Forderungen (z. B. Unterhaltsansprüche, Ansprüche auf Urlaubsabgeltung etc.) noch zweckgebundene Forderungen (z. B. Aufbaudarlehen)[42] abtreten. Weitere gesetzliche Abtretungsverbote bestehen gemäß
– § 400 BGB (nicht pfändbare Forderungen i. S. d. §§ 850ff. ZPO),
– § 401 BGB (unselbständige, akzessorische Nebenrechte einer Forderung [Bürgschaften, Pfandrechte, Hypotheken]),
– § 4 PostScheckG (Postgiroguthaben),
– § 53 SGB (bestimmte Sozialleistungen),
– §§ 392 II, 407 II HGB (Kommissions- und Speditionsforderungen),
– § 717 BGB (gesellschaftsvertragliche Ansprüche der Gesellschafter einer Personengesellschaft mit Ausnahme der Ansprüche auf Gewinn und des Auseinandersetzungsguthabens),
– § 847 BGB (Schmerzensgeldansprüche vor Anerkenntnis oder Rechtshängigkeit).

222 Ein vertragliches Abtretungsverbot (§ 399 2. Hs. BGB) kann verschiedenartig gestaltet sein, z. B. in der Weise, daß Abtretungen
– ausgeschlossen sind,
– nur mit Zustimmung des Drittschuldners gestattet sind,

---

[42] BGHZ 25, 11.

– nur unter bestimmten Voraussetzungen oder in einer bestimmten Form zulässig sind (z. B. Verbot der stillen Zession).

Häufig verbergen sich vertragliche Abtretungsverbote in den Allgemeinen Geschäftsbedingungen (z. B. Einkaufsbedingungen) des Drittschuldners. Der Bundesverband deutscher Banken gibt unter dem Titel „Abtretbarkeit von Forderungen" eine Liste solcher Verwender heraus.

Hinsichtlich **Gehaltsabtretungen** ist auf Abtretungsverbote in Tarifverträgen und Betriebsvereinbarungen zu achten; nicht selten sind auch Abtretungsbeschränkungen in allgemeinen Arbeitsvertragsbedingungen, wie sie vornehmlich bei größeren Arbeitgebern verwendet werden. 223

Bei sonstigen Forderungen, die vertraglichen Abtretungsbeschränkungen unterliegen, sind vor allem Versicherungsansprüche zu nennen. Die praktisch bedeutsame Abtretung von Lebensversicherungsansprüchen bedarf nach den üblichen Versicherungsbedingungen der schriftlichen Anzeige durch den Versicherungsnehmer an das Versicherungsunternehmen. Abtretungsbeschränkungen sind nach den einschlägigen Vergabebedingungen außerdem üblich bei Aufträgen der öffentlichen Hand. Ein weiterer Fall eines vertraglichen Abtretungsverbots ist das Kontokorrentverhältnis: In ein Kontokorrent eingestellte Forderungen sind einzeln nicht abtretbar (s. Rn. 92).

Die Sperrwirkung vertraglicher Abtretungsverbote läßt sich durch die vorab erteilte Zustimmung des Drittschuldners zu der konkreten Abtretung beseitigen; dies gilt auch dann, wenn die Abtretung zuvor vertraglich nicht nur von der Zustimmung des Drittschuldners abhängig gemacht worden, sondern gänzlich ausgeschlossen war. Eine nach Abtretung eingeholte Genehmigung steht dem nicht gleich, da zwischenzeitliche Pfändungen und sonstige Verfügungen dann vorgehen. 224

*c) Abtretung*

Für verbriefte Forderungen ist wie folgt zu unterscheiden: 225
– **Inhaberpapiere** (z. B. Inhaberaktie, Inhaberschuldverschreibung, Inhaberscheck werden ausschließlich nach sachenrechtlichen Grundsätzen (§§ 929 ff. BGB) übertragen. In der Praxis tritt an die Stelle der Sicherungsübereignung die Verpfändung der Wertpapiere (s. o.),
– **Orderpapiere** (z. B. Wechsel, Scheck, Namensaktie, kaufmännische Orderpapiere i. S. d. § 363 HGB) können außer durch Indossament auch durch Sicherungsabtretung übertragen werden. Zur Einigung über den Übergang der Forderung ist jedoch wie bei der Mobiliar-Verpfändung die Übergabe des Papiers erforderlich;[43] zwischen Sicherungsabtretung und Verpfändung besteht daher, abgesehen vom Geschäftswillen der Parteien, de facto kein Unterschied,

---

[43] BGHZ 104, 149; a. A. Muscheler NJW 1981, 658.

– **Namenspapiere** (z. B. Hypothekenbrief, Grundschuldbrief, Sparkassenbrief) werden abgetreten. Bei Briefhypothek und Briefgrundschuld ist neben Schriftform eine Übergabe des Briefes erforderlich (§§ 1154 I, 1192 I BGB).

**226** Gem. § 413 BGB finden die Vorschriften über die Übertragung von Forderungen auch für andere Rechte entsprechende Anwendung. Zu diesen Rechten gehören unter Beachtung weiterer spezialgesetzlicher Bestimmungen insbesondere die nicht akzessorischen Grundschulden und Gesellschaftsrechte. Zur Abtretung von Briefgrundschulden ist neben dem Abtretungsvertrag die Übergabe des Grundschuldbriefes erforderlich (§§ 1154, 1192 I BGB), bei Buchgrundschulden die Grundbucheintragung (§ 873 BGB). Zur Abtretung von GmbH-Anteilen bedarf es der notariellen Beurkundung (§ 15 III GmbHG) sowie in den meisten Fällen der Zustimmung der Gesellschaft (Geschäftsführung) oder der Gesellschafter (§ 15 V GmbHG). Anteile an Personengesellschaften (KG, OHG, BGB-Gesellschaft) sind nur abtretbar, falls der Gesellschaftsvertrag dies zuläßt oder die übrigen Gesellschafter ausdrücklich zustimmen.

**227** In der Praxis eignen sich Gesellschaftsrechte kaum für Sicherungsabtretungen, weil insbesondere
– ihre Be- und Verwertbarkeit schwierig ist,
– mit der Abtretung von GmbH-Anteilen die abgeänderte GmbH-Gesellschafterliste zum Handelsregister eingereicht werden muß und damit eine Abtretung publik wird (§ 40 GmbHG),
– mit der Abtretung von KG- und OHG-Anteilen eine Handelsregisteränderung zu erfolgen hat und damit die Abtretung publik wird (§§ 107, 161, 162 HGB),
– aus abgetretenen KG-Komplementär- und OHG-Anteilen die Bank unbeschränkt haften würde.

**228** Anders als das Sicherungsgut im Falle einer Sicherungsübereignung braucht die abgetretene Forderung nicht bestimmt, sondern nur bestimmbar zu sein.[44] Für die **Bestimmbarkeit** der abgetretenen Forderung ist ausreichend, daß ihr Gegenstand und Umfang sowie die Person des Drittschuldners zum Zeitpunkt der Forderungsentstehung eindeutig feststellbar ist, und zwar unter Heranziehung des Sicherungsvertrages wie auch sonstiger außervertraglicher Umstände (z. B. Inventarlisten des Kunden). Auch künftige Forderungen sind unter diesen Voraussetzungen grds. abtretbar.[45]

**229** Besonders wichtig ist in diesem Zusammenhang eine **AGB-Sicherungsabtretung** künftiger Lohn-, Gehalts-, Provisions- oder Sozialleistungsansprüche des Kunden, deren Zulässigkeit der BGH allerdings unter dem Aspekt der Übersicherung und Transparenz gem. § 9 I

---

[44] BGH WM 1961, 350, 601; WM 1965, 1175; NJW 1974, 1130.
[45] BGH NJW 1988, 3204.

AGBG eingeschränkt hat.[46] Nach dieser Rechtsprechung hat die Bank ihre AGB-Klauseln so zu gestalten, daß sie hinsichtlich einer möglichen **Übersicherung** einen „gebotenen Ausgleich zwischen ihrem Sicherungsinteresse und dem Interesse der Kreditnehmer an der Erhaltung ihrer wirtschaftlichen Bewegungsfreiheit durch eine angemessene Begrenzung der Zession in Verbindung mit einer Freigabeklausel" herstellt. Einen angemessenen Interessenausgleich bietet nach dieser Rechtsprechung „eine betragsmäßige Begrenzung der Zession, die sich am Gesamtumfang des Darlehens orientiert, also sowohl den Nettokredit wie die Kreditkosten einschließt... Dies kann in der Weise geschehen, daß dem Gesamtumfang des Darlehens ein Pauschalbetrag – zweckmäßigerweise in Gestalt eines Prozentsatzes – zugeschlagen wird... Darüber hinaus ist in solchen Fällen der Tatsache, daß das Sicherungsinteresse der Bank mit fortschreitender Tilgung abnimmt, zusätzlich durch eine geeignete Freigabeklausel Rechnung zu tragen". Letzteres ist möglich, indem der Umfang der Sicherungsabtretung an den Kredittilgungsplan gekoppelt wird und damit dem Grundsatz der Bestimmbarkeit genügt wird. Hinsichtlich der **Transparenz** muß nach BGH die AGB-Sicherungsabtretungsklausel zweifelsfrei erkennen lassen, welche Ansprüche der Bank mit der Abtretung künftiger Lohn-, Gehalts-, Provisions- und Sozialleistungsansprüche des Kunden besichert werden.

Auch **Teilforderungen** sind abtretbar.[47] Der Umfang des abgetretenen Teilbetrages muß dabei für jede einzelne Forderung ziffernmäßig bestimmbar sein. Nicht ausreichend ist es, von mehreren selbständigen Forderungen einen betragsmäßig nur insgesamt bestimmten Teil abzutreten, ohne daß erkennbar wird, aus welchen Forderungsteilbeträgen welcher Einzelforderungen sich dieser Gesamtbetrag konkret zusammensetzt.

Bei Mehrfachabtretungen gilt grds. der **Prioritätsgrundsatz**, d. h. die jeweils frühere Abtretung hat Vorrang (§ 408 I BGB). Dieser Prioritätsgrundsatz wird allerdings durchbrochen, wenn eine Globalzession zugunsten der Bank mit einem branchenüblichen verlängerten Eigentumsvorbehalt eines Lieferanten des Kunden in Konkurrenz steht. In diesem Fall ist nach der Rechtsprechung des BGH die frühere Globalzession zugunsten der Bank gem. § 138 BGB wegen Sittenwidrigkeit unwirksam, weil der Kunde nach Auffassung des BGH durch die Globalzession gezwungen wurde, fortgesetzt den Vertrag mit seinem Lieferanten zu verletzen, da wegen des Prioritätsgrundsatzes die im Rahmen des verlängerten Eigentumsvorbehalts vereinbarten Forderungsabtretungen unwirksam sind (sog. **Vertragsbruchtheorie**).[48]

---

[46] Vgl. BGH WM 1989, 1086.
[47] BGHZ 46, 243.
[48] BGH WM 1959, 964.

232  In Konsequenz dieser Rechtsprechung enthält heute in der Praxis eine Globalzession zugunsten der Bank gleichzeitig eine sog. **dingliche Teilverzichtserklärung** der Bank, mit der Maßgabe, daß von der Globalzession ausdrücklich solche Forderungen ausgenommen werden, die branchenüblich auch einem verlängerten Eigentumsvorbehalt unterliegen. Dann ist die Globalzession hinsichtlich des mit dem verlängerten Eigentumsvorbehalt nicht konkurrierenden Teils wirksam.[49] Der andere Teil wird wirksam, sobald eine Konkurrenz nicht mehr besteht, d. h. der verlängerte Eigentumsvorbehalt entfallen ist.

*d) Verwertung*

233  Im Falle des stillen Zession erfordert die Einziehung die **Abtretungsanzeige** an den Drittschuldner, die vor dem Verwertungsfall ohne Einwilligung des Kunden noch nicht zulässig war.[50] Mit der Anzeige kann der Drittschuldner nicht mehr befreiend an den Kunden zahlen (§ 407 I BGB). Neben der Einziehung kommen als Verwertungsmaßnahmen der Forderungsverlauf oder die Weiterübertragung in Betracht. Die Bank kann bei Pfändung der Forderung durch Gläubiger des Kunden gem. § 771 ZPO Drittwiderspruchsklage erheben. Dagegen hat sie bei Konkurs des Kunden nur ein Absonderungsrecht (§ 48 KO).

## 4. Grundpfandrecht

234  Das Grundpfandrecht ist ein dingliches Recht an einem Grundstück. Es ist die klassische Kreditsicherheit. Arten des Grundpfandrechts sind die Hypothek (§§ 1113ff. BGB), die Grundschuld (§§ 1191ff. BGB) und die Rentenschuld (§§ 1199ff. BGB).

*a) Hypothek*

*aa) Rechtsnatur, Entstehung und Übertragung*

235  Gemäß § 1113 I BGB ist die Hypothek die Belastung eines Grundstücks in der Weise, daß an denjenigen, zu dessen Gunsten die Belastung erfolgt, eine bestimmte Geldsumme zur Befriedigung wegen einer ihm zustehenden Forderung aus dem Grundstück zu zahlen ist. Gem. § 873 I BGB erfolgt die Belastung durch Einigung zwischen dem Eigentümer des Grundstücks und dem Gläubiger der durch die Hypothek zu sichernden Forderung und die Eintragung der Hypothek in das Grundbuch. Die Entstehung einer Hypothek erfordert also im einzelnen:
– **Belastung** eines bestimmten Grundstücks durch Einigung und Eintragung der Hypothek in das Grundbuch,

---

[49] BGH WM 1974, 368.
[50] Vgl. BGH WM 1963, 507.

## 3. Kapitel. Kreditgeschäft

– **Akzessorietät** zwischen Belastung des Grundstücks und zugrundeliegender Forderung (Hauptrecht) im Zeitpunkt der Belastung, d. h. anfängliche Abhängigkeit der Hypothek vom Bestand der Forderung,
– anfängliche **Identität** zwischen Inhaber der Hypothek und Gläubiger der Forderung.

Über die Hypothek wird ein Hypothekenbrief erteilt (sog. **Briefhypothek**, § 1116 I BGB), es sei denn, die Erteilung wurde durch Eintragung in das Grundbuch ausgeschlossen (sog. **Buchhypothek**, § 1116 II BGB). Wurde die Erteilung des Briefes nicht ausgeschlossen, erwirbt der Gläubiger die Hypothek erst mit der Aushändigung des Briefes. Bis zur Übergabe des Briefes steht die Hypothek dem Eigentümer zu und verwandelt sich kraft Gesetzes in eine Eigentümergrundschuld (§§ 1163 II, 1177 I 1 BGB). Gleiches gilt, wenn die Forderung (noch) nicht entstanden ist oder erlischt (§§ 1163 I, 1177 I 1 BGB), z. B. bei Bestellung der Hypothek für eine künftige oder eine bedingte Forderung (§ 1113 II BGB). 236

Die gesetzliche Regelform einer Hypothek ist zum Umlauf geeignet, also „verkehrsfähig". Sie wird daher auch als „**Verkehrshypothek**" bezeichnet. Entsprechend dem Akzessorietätsgrundsatz wird sie durch Abtretung der zugrundeliegenden Forderung (Hauptrecht) automatisch mit übertragen (§ 1153 I BGB). Die Übertragung einer Verkehrshypothek ohne Forderung ist nichtig (§ 1153 II BGB), es sei denn, sie wird gutgläubig erworben (§§ 1138, 892 BGB). In diesem Fall kann sich der Erwerber auf den öffentlichen Glauben des Grundbuchs verlassen, und zwar auch in Ansehung der nicht bestehenden Forderung, deren Existenz *allein für den Erwerbsvorgang* kraft Gesetzes fingiert wird (§ 1138 BGB), um nicht die Rechtsfolge nach § 1153 II BGB (Nichtigkeit) auszulösen. Der gutgläubige Erwerber erwirbt die „**forderungsentkleidete**" Hypothek; der Grundsatz der Akzessorietät wird ausnahmsweise durchbrochen. Sie verwandelt sich allerdings grds. nicht in eine Eigentümergrundschuld, es sei denn, sie wurde vom gutgläubigen Grundstückseigentümer selbst erworben (§ 1177 I BGB). Die Übertragung der Verkehrshypothek erfolgt im Falle der 237

– Briefhypothek durch schriftliche Abtretung der zugrundeliegenden Forderung (§§ 1153 I, 398 ff. BGB), üblicherweise in öffentlich beglaubigter Form (§§ 1155, 129 BGB), und Übergabe des Hypothekenbriefes (§§ 1154 I, 1117 BGB),
– Buchhypothek durch Abtretung der zugrundeliegenden Forderung (§§ 1153 I, 398 ff. BGB) und Eintragung in das Grundbuch (§§ 1154 III, 873 I BGB).

*bb) Einreden und Einwendungen*

Gem. §§ 1157 S. 1 BGB kann der Eigentümer dem neuen Gläubiger gegenüber alle Einreden (und Einwendungen) entgegenhalten, die ihm 238 auch gegenüber dem bisherigen Gläubiger zustanden, es sei denn, der Erwerber war in Ansehung dieser Einreden und Einwendungen gutgläubig (§ 1157 S. 2, 892 I BGB). Gem. §§ 1137 I 1, 770 BGB gehören dazu nicht nur Einreden und Einwendungen gegen den Bestand der Hypothek (z. B. Nichtentstehung, Eintragung mit falschem Inhalt etc.), sondern auch gegen den Bestand der gesicherten Forderung entsprechend § 404 BGB, insbesondere Stundung, Zurückbehaltungsrecht etc. (Einreden), Nichtigkeit gem. §§ 104, 125, 134, 138 BGB (**rechtshindernde Einwendungen**) oder Anfechtung, Aufrechnung etc. (**rechtsvernichtende Einwendungen**).

239 Soweit es gem. § 1157 I 2 BGB nur kraft guten Glaubens zum einredefreien Erwerb der Hypothek kommt, bleibt die zugrundeliegende Forderung dennoch weiterhin einredebehaftet, da dem Forderungsrecht eine § 1157 I 2 BGB entsprechende Vorschrift fremd ist, d. h. z. B., der gutgläubige Erwerber einer einredefreien Hypothek kann, falls sie vom Eigentümer erworben wurde, nur in das durch die Hypothek gesicherte Grundstück, nicht aber in das sonstige Vermögen des Grundstückseigentümers vollstrecken.

*cc) Besondere Hypothekenarten*

240 Von der Verkehrshypothek ist die **Sicherungshypothek** (§ 1184 BGB) zu unterscheiden, für die kein Hypothekenbrief erteilt wird (§ 1185 I BGB). Sie ist streng akzessorisch, weil sie entsprechend dem Forderungsrecht nicht qua Forderungsfiktion gutgläubig erworben werden kann (§§ 1185 II, 1138 BGB), sondern im Falle der Übertragung davon abhängt, daß die zugrundeliegende Forderung tatsächlich besteht. Die Aufhebung des öffentlichen Glaubens des Grundbuchs (§§ 891 ff. BGB) bewirkt in praxi, daß der Gläubiger der gesicherten Forderung deren Bestehen beweisen muß, falls sie von dem Eigentümer bestritten wird. Auch kann, da § 1138 BGB nicht gilt, die Sicherungshypothek nicht einredefrei erworben werden. Damit ist sie insgesamt nur beschränkt zum Umlauf geeignet. Soweit daher Hypotheken neben Grundschulden (vgl. S. 79 ff.) als grundpfandliche Sicherungsinstrumente genutzt werden, handelt es sich fast ausschließlich um Verkehrshypotheken. Sicherungshypotheken haben in der Praxis nur noch insoweit Bedeutung, als sie entweder kraft Gesetzes entstehen (z. B. Sicherungshypothek des Bauunternehmers, § 648 BGB) oder weil deren zugrundeliegende Forderung der Höhe nach zunächst noch unbestimmt und ein gutgläubiger Erwerb deshalb nicht möglich ist (sog. **Höchstbetragshypothek, § 1190 BGB**). Die Höchstbetragshypothek dient z. B. zur Besicherung von Krediten aus laufender Rechnung (Kontokorrent), Wechselkrediten und Lieferantenkrediten.

241 Auch die **Zwangshypothek** (§§ 897, 932 ZPO) und die **Wertpapierhypothek** (§ 1187 BGB) sind kraft Gesetzes Sicherungshypotheken. Die

Wertpapierhypothek fand insbesondere als Sicherheit von Anleihen Anwendung, wurde inzwischen aber in der Praxis von der Sicherungsgrundschuld verdrängt. Als sonstige Hypothekenarten seien hier noch folgende erwähnt:

- Die **Gesamthypothek** (§ 1132 BGB), bei der mehrere Grundstücke zur Sicherung einer Forderung *nebeneinander* haften, und zwar jedes Grundstück für die gesamte Forderung. Der Gläubiger kann hier die Befriedigung nach seinem Belieben aus jedem der Grundstücke ganz oder zu einem Teil suchen. Die Gesamthypothek verschafft ihm daher eine erhöhte Sicherheit.
 Der Gläubiger kann auch den Betrag der Forderung auf die einzelnen Grundstücke in der Weise verteilen, daß jedes Grundstück nur für den zugeteilten Betrag haftet. Hierdurch zerfällt die Gesamthypothek in Einzelhypotheken für selbständige Teilforderungen. Die Verteilung erfolgt durch öffentlich beglaubigte Erklärung gegenüber dem Grundbuchamt oder gegenüber dem Eigentümer und durch Eintragung im Grundbuch.
 Die Gesamthypothek erleichtert insbesondere dem Eigentümer mehrerer kleiner Grundstücke die Kreditbeschaffung.
- Die **Ausfallhypothek,** bei der zur Sicherung einer Forderung mehrere Grundstücke *nacheinander* haften, d. h. das im Rang nachfolgende Grundstück haftet unter der Bedingung des Ausfalls des im Rang vorhergehenden Grundstücks.
- Die **Schiffshypothek** (§§ 8, 24 des Gesetzes über Rechte an eingetragenen Schiffen und Schiffsbauwerken); sie ist als Buchrecht streng akzessorisch und gleicht hierin der Sicherungshypothek.

*dd) Haftungsumfang*

Gemäß § 1120 BGB erstreckt sich die Hypothek auch auf die vom **242** Grundstück getrennten Erzeugnisse und sonstigen Bestandteile, soweit sie nicht mit der Trennung in das Eigentum eines anderen als des Eigentümers oder des Eigenbesitzers des Grundstücks gelangt sind, sowie auf das Zubehör des Grundstücks mit Ausnahme fremden Zubehörs. Der Hypothekengläubiger kann das Grundstück also als wirtschaftliche Einheit verwerten. Werden Erzeugnisse, Bestandteile und Zubehörgegenstände veräußert und vom Grundstück entfernt, dann werden sie von der hypothekarischen Haftung frei (§ 1121 I BGB), es findet eine sog. **Enthaftung** statt. Der Erwerber erwirbt sie auch bei Kenntnis der Hypothekenhaftung unbelastet. Anders dagegen bei einer **Beschlagnahme** im Rahmen der Zwangsversteigerung oder Zwangsverwaltung. Erfolgt die Beschlagnahme vor Veräußerung und Entfernung der Bestandteile, Erzeugnisse und Zubehörstücke, dann ist ein Erwerb der Gegenstände nur möglich, wenn dem Erwerber die Beschlagnahme nicht bekannt, er also gutgläubig war (§ 1121 II 2 BGB).

243 Hat der Grundstückseigentümer an einem Zubehörgegenstand aufgrund eines Eigentumsvorbehalts des Verkäufers bisher lediglich ein Anwartschaftsrecht erlangt, wird dieses ebenfalls in analoger Anwendung des § 1120 BGB miterfaßt,[51] weil es als „wesensgleiches Minus" dem Eigentum weitgehend gleichzustellen ist.[52] Entsprechend dem Surrogationsgedanken des § 1287 BGB (s. Rn. 195) setzt sich das **Anwartschaftsrecht** später als Vollrecht fort, es sei denn, es hat zwischenzeitlich eine Enthaftung gem. §§ 1121, 1122 BGB stattgefunden.

244 Ist ein Grundstück vermietet oder verpachtet, erstreckt sich die Haftung für die Hypothek auf die Miet- oder Pachtzinsforderung (§ 1123 I BGB). Soweit der Miet- oder Pachtzins bereits vor der Beschlagnahme entrichtet wurde, ist dies dem Hypothekengläubiger gegenüber wirksam (§ 1124 I BGB). Sind Gegenstände, die der Hypothek unterliegen, für den Eigentümer oder den Eigenbesitzer des Grundstücks unter Versicherung gebracht, so erstreckt sich die Hypothek auf die Forderung gegen den Versicherer (§ 1127 I BGB). Durch diese Vorschrift verstärkt sich die Sicherheit des Hypothekengläubigers. Er gewinnt einen Ersatz für den untergegangen Gegenstand (**dingliche Surrogation**). Dem Eigentümer obliegt allerdings gegenüber dem Gläubiger keine gesetzliche Verpflichtung zur Versicherung. Dem Gläubiger ist daher anzuraten, eine solche Verpflichtung vertraglich zu begründen.

*ee) Befriedigung des Gläubigers*

245 Zahlt der persönliche Schuldner, der nicht zugleich Eigentümer ist, auf die Forderung, dann erlischt sie, nicht jedoch die Hypothek, die in der Regel vom Eigentümer erworben wird (§ 1163 I 2 BGB) und sich in eine Eigentümergrundschuld verwandelt (§ 1177 I 1 BGB). Hat der Schuldner allerdings Ersatzansprüche gegen den Eigentümer oder dessen Rechtsvorgänger, dann geht die Hypothek in Höhe dieser Ansprüche auf ihn über (§ 1164 I 1 BGB).

246 Zahlt der Eigentümer, der nicht zugleich der persönliche Schuldner ist, auf die Forderung, weil sie fällig oder der persönliche Schuldner dazu berechtigt war (§ 1142 I BGB), geht sie, soweit der Eigentümer den Gläubiger befriedigt, auf ihn über (§ 1143 I 1 BGB). Gleiches gilt für die Hypothek (§ 1153 I BGB), die zur Eigentümerhypothek (nicht Eigentümergrundschuld) wird (§ 1177 II BGB). Der Eigentümer kann dann die Herausgabe des Hypothekenbriefes und der zur Berichtigung des Grundbuchs oder zur Löschung der Hypothek erforderlichen Urkunden verlangen (§ 1144 BGB). Bei nur teilweiser Befriedigung des Gläubigers kann er zwar die Aushändigung des Briefes nicht verlangen, der Gläubiger ist aber verpflichtet, die teilweise Befriedigung auf

---

[51] BGHZ 35, 85, 88.
[52] BGH NJW 1982, 1639, 1640 m. w. N.

dem Brief zu vermerken und ihn zur Berichtigung des Grundbuchs dem Grundbuchamt vorzulegen (§ 1145 I BGB).

Zahlt der Eigentümer, der zugleich der persönliche Schuldner ist, auf die Forderung, dann erlischt die Forderung. Die Hypothek geht auf ihn über und verwandelt sich in eine Eigentümergrundschuld (§§ 1163 I, 1177 I BGB), die allerdings gem. § 1179a II 1 BGB auf Verlangen eines gleich- oder nachrangigen Hypothekengläubigers zu löschen ist; falls die Hypothek 247

– nach dem 1. 1. 78 eingetragen oder beantragt worden ist (Art. 8 § 1 des Gesetzes vom 22. 6. 77 (BGBl 998),
– sich ergibt, daß die zu sichernde Forderung nicht mehr entstehen wird, d. h. das Kreditgeschäft definitiv gescheitert ist; die Beweislast dafür trägt der nachrangige Hypothekengläubiger.

Bis zur Löschung kann der Eigentümer die vorrangige Eigentümergrundschuld als Refinanzierungsinstrument benutzen und auf einen neuen Kreditgeber entweder als Hypothek oder Grundschuld übertragen.[53] Gleiches gilt, wenn der Löschungsanspruch des gleich- oder nachrangigen Hypothekengläubigers durch Vereinbarung mit dem Hypothekenschuldner ausgeschlossen und dieser Ausschluß in das Grundbuch eingetragen wurde (§ 1179a V BGB). Ist letzteres nicht geschehen, kann ein gutgläubiger Erwerber der nachrangigen Hypothek den gesetzlichen Löschungsanspruch uneingeschränkt geltend machen. Gem. § 1196 II BGB gilt der Löschungsanspruch gem. § 1179a BGB nur für Eigentümergrundschulden, die zuvor Fremdhypotheken bzw. -grundschulden waren und sich kraft Gesetzes in Eigentümergrundschulden verwandelt haben, nicht jedoch für (ursprüngliche) Eigentümergrundschulden, die bereits als solche vom Eigentümer bestellt wurden (vgl. § 1196 I BGB). Diese können daher von einem Erwerber unbelastet, d. h. ohne einen gesetzlichen Löschungsanspruch nachrangiger Hypothekengläubiger, erworben werden. 248

Zahlt schließlich ein Dritter, dann erlischt die Forderung (§§ 267, 362 BGB),[54] es sei denn, sie geht aufgrund spezialgesetzlicher Normen auf den Dritten über (z. B. §§ 268, 1150; 426 II 1, 774 I 2 BGB), oder der Dritte hat nur Zug um Zug gegen Abtretung der Forderung geleistet. Erlischt die Forderung, wird die Hypothek zur Eigentümergrundschuld (§§ 1163 I 2, 1177 I BGB), während sie beim Übergang der Forderung mit dieser übergeht (§§ 1153, 412, 401 BGB). 249

*b) Grundschuld*

*aa) Rechtsnatur und Entstehung*

Gemäß § 1191 I BGB ist die Grundschuld die Belastung eines Grund- 250

---

[53] BGH NJW 1968, 1674.
[54] KG NJW 1973, 56.

stücks in der Weise, daß an denjenigen, zu dessen Gunsten die Belastung erfolgt, eine bestimmte Geldsumme aus dem Grundstück zu zahlen ist. Im Gegensatz zur Hypothek ist die Grundschuld also nicht vom Bestehen einer zugrundeliegenden Forderung abhängig, sondern eine **abstrakte Grundstücksbelastung**. Daher sind alle ansonsten entsprechend anwendbaren Vorschriften des Hypothekenrechts, die auf der Abhängigkeit der Hypothek von der zugrundeliegenden Forderung beruhen, nicht anwendbar (§ 1192 I BGB). Dennoch dient auch die Grundschuld in der Praxis regelmäßig der Besicherung von Krediten und wird als solche, in terminologischer Anlehnung an die Sicherungsübereignung bzw. Sicherungsabtretung, auch als **Sicherungsgrundschuld** bezeichnet. Nur erfolgt die Verknüpfung zwischen Grundschuld und Forderung gerade nicht kraft Gesetzes, sondern, wie im Kreditsicherungsrecht üblich, allein durch die kausale, formfreie Sicherungszweckvereinbarung, der hier besondere Bedeutung zukommt.

251 Die **Sicherungszweckvereinbarung** umfaßt typischerweise mehrere Einzelmerkmale wie Sicherungszweck, treuhänderische Verwendung, persönliche Haftung, Verrechnung von Zahlungen, Grundstücksmodalitäten (Unterhaltung, Versicherung, Besichtigung), Abtretung von Rückübertragungsansprüchen, Freigabe und Verwertung, sowie die ergänzende Geltung von Allgemeinen Geschäftsbedingungen.

Hinsichtlich des Sicherungszweckes ist die Sicherung aller gegenwärtigen und künftigen Ansprüche aus der Geschäftsverbindung zulässig, wenn Kreditnehmer und Eigentümer (Sicherungsgeber) identisch sind.[55] Sind Kreditnehmer und Sicherungsgeber dagegen nicht identisch, kann ein umfassender Sicherungszweck im Einzelfall gegen Treu und Glauben (§ 242 BGB) verstoßen oder, falls deren Vereinbarung formularmäßig erfolgt, überraschend i. S. d. § 3 AGBG sein, insbesondere dann, wenn der Kredit selbst zweckgebunden ist.[56]

252 Eine treuhänderische Verwendung kommt in Betracht, wenn z. B. die Grundschuld vorrangig für eine andere Bank als Sicherheit gehalten wird und nur nachrangig der Bank selbst als Sicherheit dient (z. B. inländische Bank hält Grundschulden für die luxemburgische Eurotochter).

Das persönliche, abstrakte Haftungsversprechen (§ 780 BGB) erfolgt üblicherweise in vollstreckbarer Form als Teil der Grundschuldurkunde und erlaubt es der Bank, nicht nur in das Grundstück, sondern in das gesamte Vermögen des Sicherungsgebers zu vollstrecken.[57]

*bb) Befriedigung des Gläubigers*

253 Die Verrechnung von Zahlungen erfolgt in der Regel ausschließlich auf die gesicherten Kreditforderungen, es sei denn, eine Verrechnung auf

---

[55] BGH WM 1981, 162; 1987, 802; 1989, 88.
[56] Vgl. BGHZ 82, 290; 86, 97; 88, 12, 446; 89, 88.
[57] OLG Hamm WM 1987, 1064.

Zinsen und Kapital der Grundschuld wurde ausdrücklich gesondert vereinbart oder Zwangsvollstreckung wurde bereits angedroht oder eingeleitet.[58]

Der Sicherungsgeber (Eigentümer) hat Anspruch auf Rückübertragung der Grundschuld, sei es aufschiebend bedingt auf Grund der Sicherungszweckvereinbarung oder, falls diese (teilweise) unwirksam ist, aus § 812 I BGB. Gleich- und nachrangige Grundpfandgläubiger lassen sich regelmäßig diesen Anspruch zusätzlich zum gesetzlichen Löschungsanspruch gem. §§ 1179a, 1179b BGB formularmäßig abtreten, um zu verhindern, daß der Grundstückseigentümer diesen Anspruch anderweitig frei verwertet. Rückübertragungsansprüche werden in der Regel hinsichtlich aller Grundpfandrechte, die der Grundschuld der Bank gegenwärtig und künftig im Range vorgehen oder gleichstehen, abgetreten. Im einzelnen gilt folgendes: 254

– Zahlt der persönliche Schuldner, der nicht zugleich Eigentümer ist, auf die Forderung, dann erlischt sie (§ 362 BGB). Die Grundschuld bleibt bestehen. Der Gläubiger ist aufgrund der Sicherungszweckvereinbarung verpflichtet, sie an den Eigentümer zurück zu übertragen. Hat der Schuldner allerdings aus dem Innenverhältnis mit dem Eigentümer Ersatzansprüche gegen diesen, ist § 1164 BGB nicht anwendbar. Der Schuldner kann aber von diesem die Abtretung des Rückübertragungsanspruches oder der zurück übertragenden Grundschuld verlangen.[59]

– Zahlt der Eigentümer, der nicht zugleich der persönliche Schuldner ist, auf die Forderung, weil sie fällig oder der persönliche Schuldner dazu berechtigt war (§ 1142 I BGB), erlischt diese, wenn der Gläubiger sie nicht Zug um Zug gegen Zahlung an den Eigentümer abgetreten hat.[60] Die Grundschuld bleibt Fremdgrundschuld; der Eigentümer kann von dem Gläubiger Rückübertragung aus der Sicherungszweckvereinbarung verlangen.

– Zahlt der Eigentümer, der nicht zugleich der persönliche Schuldner ist, auf die Grundschuld, erwirbt er sie als Eigentümergrundschuld.[61] Weder erlischt die Forderung,[62] noch geht sie, mangels Akzessorietät zwischen Grundschuld und Forderung, analog § 1143 I 1 BGB auf den Eigentümer über, sondern der Schuldner erlangt mit Zahlung gegenüber dem Gläubiger lediglich ein Leistungsverweigerungsrecht,[63] um eine Doppelbefriedigung des Gläubigers vermeiden zu können.

– Zahlt der Eigentümer, der zugleich der persönliche Schuldner ist, auf

---

[58] BGH WM 1986, 763; 1987, 1213.
[59] Palandt-Bassenge § 1191 Rn. 34.
[60] BGH NJW 1982, 2308.
[61] BGH NJW 1986, 2108.
[62] BGH NJW 1981, 1554; 1987, 838.
[63] BGHZ 105, 154.

die Forderung, erlischt diese. Die Grundschuld bleibt Fremdgrundschuld; der Eigentümer hat einen Anspruch auf Rückübertragung aus der Sicherungszweckvereinbarung.

– Zahlt der Eigentümer-Schuldner jedoch nicht auf die Forderung, sondern, sobald diese fällig geworden ist (§ 1193 BGB), auf die Grundschuld, erwirbt er sie als Eigentümergrundschuld,[64] die nach Maßgabe von §§ 1192 I, 1168 BGB erlischt.[65] Mit der Ablösung der Grundschuld erlischt auch die Forderung,[66] weil zugleich auch auf sie geleistet wurde.

– Zahlt ein ablösungsberechtigter Dritter auf die Forderung, erwirbt er sie (§ 268 III 1 BGB) ohne Grundschuld, da § 401 BGB nicht anwendbar ist. Die Grundschuld bleibt Fremdgrundschuld; der Eigentümer hat aber aus der Sicherungszweckvereinbarung Anspruch auf Rückübertragung an sich bzw. ist zur Abtretung der Rückübertragungsansprüche an den Schuldner verpflichtet, sollte dieser gegen ihn Rückgriffsansprüche haben. Zahlt ein bzgl. der Grundschuld ablösungsberechtigter Dritter allein auf diese, erwirbt er sie gem. §§ 268 III 1, 1150, 1192 I BGB;[67] die Forderung erlischt nicht.[68]

255 Ist der Dritte nicht ablösungsberechtigt und zahlt er auf die Forderung, erlischt diese. Die Grundschuld bleibt Fremdgrundschuld; der Eigentümer hat aus der Sicherungszweckvereinbarung Anspruch auf Rückübertragung.[69] Zahlt er dagegen auf die Grundschuld, wird diese Eigentümergrundschuld;[70] die gesicherte Forderung erlischt nicht.[71] Hinsichtlich des Zahlungswillens ist, soweit er nicht ausdrücklich erklärt wurde, die Interessenlage der Zahlenden maßgeblich.[72] Im Zweifel zahlt der persönliche Schuldner, der nicht zugleich Eigentümer ist, nur auf die Forderung und der Eigentümer, der nicht zugleich persönlicher Schuldner ist, nur auf die Grundschuld.[73] Ist der Eigentümer aber zugleich persönlicher Schuldner, zahlt er z. B.

– auf die Forderung, wenn er einschließlich der letzten Rate laufende Amortisationsraten erbracht hat,[74]
– auf die Grundschuld bei angedrohter bzw. eingeleiteter Zwangsvollstreckung.[75]

---

[64] BGH NJW 1986, 2108.
[65] BGH BB 1965, 931.
[66] BGH NJW 1980, 2198; 1987, 503, 838.
[67] BGHZ 104, 26.
[68] BGH NJW 1981, 1554; 1987, 838.
[69] OLG Saarbrücken OLGZ 67, 102.
[70] OLG Saarbrücken, a. a. O.
[71] BGH NJW 1981, 1554; 1987, 838.
[72] BGH NJW-RR 1987, 1350.
[73] BGH NJW 1983, 2502; 1987, 838.
[74] BGH LM § 812 Nr. 107; OLG Hamm OLGZ 90, 3.
[75] BGH WM 1987, 1213.

*cc) Übertragung*

Die Übertragung der Grundschuld erfolgt im Falle der Buchgrund- 256
schuld durch Einigung und Eintragung (§§ 1192 I; 1154 II, III; 873 I
BGB), im Falle der Briefgrundschuld durch schriftliche Einigung, üblicherweise in öffentlich beglaubigter Form (§§ 1155, 129 BGB), und
Übergabe des Grundschuldbriefes (§§ 1192 I, 1154 I, 1117 BGB).

*dd) Einreden und Einwendungen*

Gem. §§ 1192 I, 1157 S. 1 BGB kann der Eigentümer dem neuen 257
Gläubiger gegenüber alle Einreden (und Einwendungen) entgegenhalten,
die ihm auch gegenüber dem bisherigen Gläubiger zustanden, es sei denn,
der Erwerber war in Ansehung dieser Einreden und Einwendungen gutgläubig (§ 1192 I, 1157 S. 2, 892 I BGB).

Anders als bei der Hypothek gilt dies aber wegen der fehlenden Akzes- 258
sorietät nicht für Einreden und Einwendungen gegen den Bestand der
gesicherten Forderung (§ 1137 BGB), es sei denn, der Eigentümer ist
zugleich selbst der persönliche Schuldner (§ 404 BGB). In diesem Fall,
wenn also der Eigentümer-Schuldner sowohl Einreden und/oder Einwendungen aus der Grundschuld wie aus der gesicherten Forderung hat,
kann der gutgläubige Erwerber von Grundschuld und Forderung zwar
die Grundschuld einredefrei erwerben, nicht aber die Forderung, da das
Forderungsrecht keinen Gutglaubensschutz kennt. Auch dieses Ergebnis
ist ein Reflex der Nichtakzessorietät von Sicherungsgrundschuld und
gesicherter Forderung.

Vorbehaltlich der Gutgläubigkeit des Erwerbers einer Grundschuld 254
kann der Grundstückseigentümer diesem gegenüber alle Einwendungen
und Einreden geltend machen, die sich aus dem Sicherungsvertrag ergeben, insbesondere als wichtigste Einrede die Nichtvalutierung, deren
Endgültigkeit zugleich der Bedingungseintritt für den durch die Sicherungszweckvereinbarung aufschiebend bedingt vereinbarten Rückübertragungsanspruch ist. Daneben hat er Einwendungen gegen die Grundschuldbestellung (z. B. Nichtentstehung, Eintragung mit falschem Inhalt
etc). Der Erwerber ist allerdings hinsichtlich Einreden und Einwendungen des Eigentümers aus dem Sicherungsvertrag nur dann nicht gutgläubig, wenn er den Sicherungscharakter der Grundschuld und deren Nichtvalutierung positiv kannte (§ 892 I BGB). Eine grob fahrlässige Unkenntnis reicht für eine Bösgläubigkeit des Erwerbers daher nicht aus.[76]

*c) Rentenschuld*

Die Rentenschuld ist eine besondere Form der Grundschuld, die in der 260
Weise bestellt wird, daß in regelmäßig wiederkehrenden Terminen eine
bestimmte Geldsumme aus dem Grundstücke gezahlt wird (§ 1199 BGB).
Ihr kommt keine praktische Bedeutung zu.

---

[76] BGH WM 1972, 853.

### d) Freigabe von Grundpfandrechten

**261** Gemäß Nr. 16 II AGB-Banken, zugleich ergänzender Bestandteil des Sicherungsvertrags, ist die Bank auf Verlangen des Kunden zur Freigabe von Sicherheiten verpflichtet, soweit diese nicht nur vorübergehend die Deckungsgrenze (s. Rn. 166) überschreiten. Diese Vorschrift ist auf Grundpfandrechte nur bedingt anwendbar.

Gemäß § 1144 BGB, der neben der Hypothek gem. § 1192 I BGB auch für die Grundschuld anwendbar ist,[77] kann der Eigentümer nur gegen vollständige Befriedigung des Gläubigers die Aushändigung des Hypotheken-/Grundschuldbriefes und der sonstigen Urkunden verlangen, die zur Berichtigung des Grundbuches (§ 894 BGB) durch Löschung der Hypothek/Grundschuld (§§ 1183, 875, 876; 1192 I BGB) erforderlich sind. „Sonstige Urkunden" sind die Löschungsbewilligung (§ 19 GBO), die Berichtigungsbewilligung (§ 19 GBO) und die löschungsfähige Quittung (§ 22 GBO).

**262** Für die bloße Löschung des eingetragenen Rechts genügt die **Löschungsbewilligung** des Gläubigers in Verbindung mit der Zustimmung des Grundstückseigentümers. Sollte dieser mit dem persönlichen Schuldner nicht identisch sein und die Zahlung durch den Schuldner erfolgen, bedarf es auch seiner Zustimmung.

Soll eine Hypothek nicht nur gelöscht, sondern auf den Eigentümer umgeschrieben werden, dann müssen dem Grundbuchamt diejenigen Tatsachen nachgewiesen werden, die kraft Gesetzes zur Umwandlung der Hypothek in eine Eigentümergrundschuld oder Eigentümerhypothek oder in eine Hypothek des persönlichen Schuldners führen. Die Löschungsbewilligung des eingetragenen Gläubigers reicht hierfür nicht aus. Erforderlich ist vielmehr die **löschungsfähige Quittung.** Ihr ist zu entnehmen, ob und wann der Eigentümer oder ein Dritter für seine Rechnung gezahlt hat. Fehlt diese Angabe, so kann die Löschung bzw. Grundbuchberichtigung nicht erfolgen, weil die Hypothek auf einen Dritten übergegangen sein kann. Im Falle der Grundschuld ist der Nachweis der Rückübertragung erforderlich.

### e) Zwangsvollstreckung aus Grundpfandrechten

**263** Die Bank ist zur Verwertung der Grundpfandrechte erst nach Fälligkeit der gesicherten Forderung berechtigt.[78] Sie erfolgt durch Zwangsvollstreckung in das Grundstück (§§ 1147, 1192 I BGB), und zwar durch Zwangsversteigerung und/oder Zwangsverwaltung. Durch die Zwangsversteigerung befriedigt sich der Gläubiger aus der Substanz des Grundstücks, durch die Zwangsverwaltung aus dessen Nutzungen. Voraussetzung für die Zwangsvollstreckung sind Vollstreckungstitel,

---

[77] BGH NJW 1988, 3260.
[78] BGH WM 1986, 605.

## 3. Kapitel. Kreditgeschäft

Vollstreckungsklausel und Zustellung des mit Klausel versehenen Titels (§§ 704 ff. ZPO).

In der Praxis erhält die Bank einen **Vollstreckungstitel** regelmäßig 264 dadurch, daß sich der Eigentümer des belasteten Grundstücks bereits in der Urkunde auf Bestellung des Grundpfandrechts formularmäßig der sofortigen Zwangsvollstreckung unterwirft und diese Urkunde, die auch schon den Antrag auf Erteilung einer vollstreckbaren Ausfertigung enthält (§§ 724 ff. ZPO), notariell beurkundet wird (§ 794 I Nr. 5 ZPO). Die Unterwerfungsklausel wirkt nach Eintragung in das Grundbuch gegen alle späteren Eigentümer des Grundstücks (§ 800 I 2 ZPO); nur die Klausel muß dann noch umgeschrieben werden (§ 727 ZPO). Neben diesem dinglichen Titel gegen den Eigentümer des Grundstücks erhält die Bank in der Regel einen sofort vollstreckbaren persönlichen Titel hinsichtlich des persönlichen Haftungsversprechens des Schuldners, mit dem die Bank in dessen gesamtes persönliches Vermögen vollstrecken kann.

Liegt ausnahmsweise keine notariell beurkundete, sondern nur eine 265 notariell beglaubigte Urkunde vor, dann hat der Gläubiger hinsichtlich der Vollstreckung aus dem Grundpfandrecht ein Urteil auf Duldung der Zwangsvollstreckung zu erwirken (§ 1147 BGB). Bezüglich der persönlichen Forderung bietet sich die Erwirkung eines Vollstreckungsbescheides (§ 794 I Nr. 4 ZPO) aufgrund eines vorher ergangenen Mahnbescheides an. Dieser Titel kann u. a. auch zur Eintragung einer Zwangshypothek (Sicherungshypotek) dienen (§ 867 ZPO).

Die **Zustellung** des mit der **Vollstreckungsklausel** versehenen Titels erfolgt mittels Zustellungsurkunde durch den Gerichtsvollzieher (§§ 750 ff. ZPO). Die Zwangsvollstreckung darf frühestens eine Woche nach Zustellung beginnen (§ 798 ZPO).

*aa) Zwangsversteigerung*

Die Anordnung der Zwangsversteigerung durch das Amtsgericht (als 266 Vollstreckungsgericht) gilt zugunsten des Gläubigers als Beschlagnahme des Grundstücks und umfaßt auch das Zubehör (§ 20 ZVG); sie hat die Wirkung eines relativen Veräußerungsverbots (§ 23 ZVG). Nach Beschlagnahme erfolgt die Eintragung des Zwangsversteigerungsvermerks im Grundbuch (§ 19 ZVG). Die Aufhebung oder einstweilige Einstellung des Verfahrens (§§ 28 ff. ZVG) ist in jeder Phase der Zwangsversteigerung möglich, auf Antrag des Schuldners aber nur, wenn er nicht der Verfahrensverzögerung dient.

Mit der Bestimmung des Versteigerungstermins ergeht die Aufforderung, aus dem Grundbuch nicht ersichtliche Rechte spätestens zum Versteigerungstermin anzumelden und glaubhaft zu machen (§ 37 ZVG). Geschieht dies, ist das Verfahren aufzuheben oder einstweilig einzustellen, weil sonst der Versteigerungserlös im Wege der dinglichen Surrogation (§ 37 Nr. 5 ZVG) an die Stelle der fremden Sache (z. B. fremdes Zubehör i. S. d. § 1120 a. E. BGB) tritt.

**268** In der Zwangsversteigerung haben laufende und seit zwei Jahren rückständige Zinsen denselben Rang wie das Grundpfandrecht (§ 10 I 4, 8 ZVG), wobei unter „laufende Beträge" der letzte vor der Beschlagnahme (i. e. gerichtliche Anordnung der Zwangsversteigerung, §§ 20 ff. ZVG) fällige Betrag nebst danach fällig werdenden Beträgen zu verstehen ist (§ 13 ZVG).

Der vom Gericht unter Anhörung eines Sachverständigen festgesetzte Verkehrswert (§ 74a V ZVG) ist u. a. auch für die Ermittlung der 5/10- und 7/10-Grenze (§§ 74a, 85a, 114a) bedeutsam.

In dem Versteigerungstermin sind folgende Gebote von Bedeutung:
– Das **geringste Gebot** (§ 44 ff. ZVG); es umfaßt die dem bestrangig betreibenden Gläubiger vorgehenden, bestehen bleibenden Rechte an Kapital und Nebenleistungen (insb. Zinsen) sowie das **Mindestbargebot.**
– Das **Bargebot**; es umfaßt die bar zu zahlenden Verfahrenskosten, die öffentlichen Kosten (insb. Grundsteuern), sowie Zinsen und Kosten der bestehen bleibenden Rechte und den das geringste Gebot jeweils übersteigenden Betrag des Meistgebots. Nur das Bargebot wird in der Zwangsversteigerung geboten, während bestehen bleibende Rechte dem abgegebenen **Meistgebot** nur kalkulatorisch hinzuzurechnen sind.

**269** Wurde im ersten Versteigerungstermin die 5/10- bzw. 7/10-Grenze nicht erreicht, kann der Zuschlag auf Antrag eines Berechtigten versagt werden. Im Falle der Versagung wird neuer Termin von Amts wegen bestimmt, in dem der Zuschlag dann nur noch aus anderen Gründen, insbesondere wegen Unterschreitung des geringsten Gebots, untersagt werden kann. Mit dem Zuschlag wird der Ersteher originärer Eigentümer des Grundstücks (§ 90 ZVG) und erwirbt zugleich die Gegenstände, auf die sich die Versteigerung erstreckt hat. Gemäß § 91 I ZVG erlöschen im Wege der dinglichen Surrogation die nicht bestehen bleibenden Rechte; sie setzen sich am Versteigerungserlös fort.[79]

*bb) Zwangsverwaltung*

**270** Mit der Anordnung der Zwangsverwaltung, die zusammen mit der Anordnung der Zwangsversteigerung ergehen kann, wird dem Eigentümer die Verwaltung und Benutzung des Grundstücks entzogen (§ 148 II ZVG). An dessen Stelle tritt der Zwangsverwalter (§ 150 ZVG), der dafür Sorge zu tragen hat, das Grundstück in seinem wirtschaftlichen Bestand zu erhalten und ordnungsgemäß zu nutzen (§ 152 ZVG).

**271** In diesem Zusammenhang ist von Bedeutung, daß die Beschlagnahme

---
[79] BGH WM 1986, 293.

### 3. Kapitel. Kreditgeschäft

sowohl Erzeugnisse und sonstige Bestandteile des Grundstücks wie auch Zubehör erfaßt, es sei denn, sie sind *vor* der Beschlagnahme veräußert und von dem Grundstück entfernt worden (§ 1121 I BGB) oder die *nach* der Beschlagnahme durchgeführte Entfernung erfolgte in Ansehung der Beschlagnahme gutgläubig (§ 1121 II 2 BGB). Desgleichen werden auch Miet- und Pachtzinsforderungen erfaßt, und zwar sowohl die laufenden wie auch die bis zu einem Jahr rückständigen Forderungen (§ 1123 II BGB). Ferner werden hinsichtlich der Miet- und Pachtzinsen Verfügungen zugunsten Dritter sowohl für die Zukunft unwirksam (§ 1124 II BGB) wie auch für den Fall, daß sie zwar vor Beschlagnahme erfolgten, aber erst mehr als drei Monate nach dieser fällig werden (§ 1126 S. 3 BGB).

Der Zwangsverwalter hat insbesondere sämtliche Erträge des Grundstücks einzuziehen, daraus die Ausgaben der Verwaltung sowie die Kosten des Verfahrens zu bestreiten und die Überschüsse nach der Rangordnung der Gläubiger zur Befriedigung der laufenden Zinsen und grundbuchlich gesicherten Tilgungsraten zu verteilen (§ 155 ZVG). 272

### III. Personalsicherheiten

#### 1. Bürgschaft

*a) Rechtsnatur und Entstehung*

Die Bürgschaft ist ein einseitig verpflichtender, unentgeltlicher Vertrag, durch den sich der Bürge gegenüber dem Gläubiger eines Dritten (Hauptschuldner) verpflichtet, für dessen Verbindlichkeit (Hauptverbindlichkeit) einzustehen (§ 765 I BGB).[80] Sie kann aber auch zwischen Bürge und Hauptschuldner zugunsten des Gläubigers begründet werden, und zwar auch mit der Maßgabe, daß dieser unmittelbar das Recht erwirbt, die Leistung aus der Bürgschaft zu fordern (§ 328 I BGB). 273

Die Vereinbarung einer Bürgschaft kann wegen Sittenwidrigkeit gem. § 138 BGB nichtig sein, wenn sie „das Ergebnis strukturell ungleicher Verhandlungsstärke" ist, insbesondere dann, wenn die Bank unter Ausnutzung ihrer herausragenden wirtschaftlichen Stellung („bargaining power") eine unerfahrene Person zu der Übernahme der Bürgschaftsverpflichtung drängt bzw. verleitet, obwohl ihr einerseits bekannt ist, daß diese aufgrund ihrer zum Zeitpunkt der Übernahme bestehenden Einkommens- und Vermögensverhältnisse nicht ohne Aufgabe jeglicher finanzieller Bewegungsfreiheit in der Lage sein wird, die übernommene Bürgschaftsverpflichtung zu erfüllen, und andererseits eine zukünftige Änderung ihrer gegenwärtigen finanziellen Verhältnisse nicht absehbar 274

---
[80] BGH NJW 1991, 975; ZIP 1991, 786.

ist.[81] Banken sollten daher vor allem die Übernahme von Bürgschaften mittelloser oder minder bemittelter Personen nur unter der grds. zulässigen Bedingung[82] akzeptieren, daß der Bürge zum Zeitpunkt des Eintritts der Bürgschaftsfalles in Ansehung seiner dann obwaltenden Einkommens- und Vermögensverhältnisse zur Erfüllung seiner Bürgschaftsverpflichtung in für ihn zumutbarer Weise imstande sein wird.

275 Für die Verpflichtung des Bürgen ist grds. der jeweilige Bestand der Hauptverbindlichkeit maßgebend; sie ist daher grds. akzessorisch (§ 767 I 1 BGB) und bloße **Hilfsschuld**. Demzufolge kann der Bürge grds. auch sämtliche Einreden und Einwendungen geltend machen, die dem Hauptschuldner zustehen (§ 768 I 1 BGB), es sei denn, *der Bürge* verzichtet darauf oder er hat sie im Einzelfall kraft Gesetzes überhaupt nicht (vgl. §§ 343, 349, 351 HGB: Dem Vollkaufmann, der sich im Rahmen seines Handelsgeschäfts verbürgt, steht die Einrede der Vorausklage nicht zu).

276 Die Bürgschaft kann auch für künftige und bedingte Verbindlichkeiten übernommen werden (§ 765 II BGB), wenn diese hinreichend bestimmbar sind. Mangelnde **Bestimmbarkeit** führt, wird die Bürgschaftsverpflichtung formularmäßig übernommen, zur Unwirksamkeit der Bürgschaft, weil sie für den Bürgen überraschend i. S. d. § 3 AGBG ist. Eine Bürgschaftsverpflichtung, die keine sachliche Begrenzung enthält, ist daher unwirksam.[83] Ausreichend dürfte eine formularmäßig übernommene Bürgschaftsverpflichtung sein, mit der sich der Bürge verpflichtet, für alle bestehenden und künftigen – auch bedingten und/oder befristeten – Ansprüche, insbesondere aus laufender Rechnung (Kontokorrent) und aus der Gewährung von Krediten jeder Art, aus abgetretenen oder kraft Gesetzes untergegangenen Forderungen sowie aus Wechseln gegen den Hauptschuldner zu bürgen.

277 Die Bürgschaftsverpflichtung bedarf der Schriftform (§ 766 S. 1 BGB), d. h. sie muß von dem Bürgen eigenhändig unterschrieben werden (§ 126 I BGB). Zwar gilt das Schriftformerfordernis nicht für die Bürgschaft eines Vollkaufmannes, die er im Rahmen seines Handelsgewerbes erteilt (§§ 350, 343 HGB), in der Praxis wird jedoch zwischen Nichtkaufleuten und Vollkaufleuten kein Unterschied gemacht.

278 Gem. § 771 BGB ist die Verpflichtung des Bürgen gegenüber der Hauptschuld subsidiär, d. h. der Bürge kann die Zahlung verweigern, solange der Gläubiger nicht eine Zwangsvollstreckung gegen den Hauptschuldner ohne Erfolg versucht hat (sog. **Einrede der Vorausklage**). Steht dem Gläubiger neben der Bürgschaft ein Pfandrecht oder ein Zurückbehaltungsrecht an einer beweglichen Sache des Hauptschuldners zu, so muß er sich zunächst auch aus dieser Sache erfolglos befriedigt

---

[81] Vgl. BVerfG NJW 1994, 36 ff., 39; 2749, 2750.
[82] BGH WM 1977, 238.
[83] BGH NJW 1990, 1909; OLG Stuttgart WM 1991, 1255.

## 3. Kapitel. Kreditgeschäft

haben (§ 772 II 1 BGB). Hat der Gläubiger ein solches Recht auch für eine andere Forderung, so gilt dies nur, wenn beide Forderungen durch den Wert der Sache gedeckt werden (§ 772 II 2 BGB). Gem. § 773 I BGB ist die Einrede der Vorausklage allerdings ausgeschlossen, wenn
- der Bürge auf die Einrede verzichtet, insbesondere wenn er sich als Selbstschuldner verbürgt hat (§ 773 I Nr. 1 BGB),
- die Rechtsverfolgung gegen den Hauptschuldner infolge einer nach der Bürgschaftsübernahme eingetretenen Änderung des Wohnsitzes, der gewerblichen Niederlassung oder seines Aufenthaltes wesentlich erschwert ist (§ 773 I Nr. 2 BGB),
- über das Vermögen des Hauptschuldners der Konkurs eröffnet ist (§ 773 I Nr. 3 BGB),
- anzunehmen ist, daß die Zwangsvollstreckung in das bewegliche Vermögen des Hauptschuldners nicht zur Befriedigung des Gläubigers führen wird (§ 773 I Nr. 4 BGB).

Der davon in der Praxis wichtigste Fall ist der Verzicht auf die Einrede der Vorausklage (§ 773 I Nr. 1 BGB). Verzichtet der selbstschuldnerische Bürge darüber hinaus auch noch auf die Geltendmachung von Einreden und Einwendungen aus der Hauptverbindlichkeit (§ 768 I 1 BGB), dann besteht eine garantieähnliche „Bürgschaft auf erstes Anfordern", die rechtlich als abstraktes Schuldversprechen i. S. d. § 780 BGB zu qualifizieren ist und nach BGH wegen des hohen Risikos den Banken vorbehalten sein sollte.[84] Der Einwand, der Bürgschaftsfall sei nicht eingetreten, kann in diesem Fall erst im Rückforderungsverfahren geprüft werden,[85] es sei denn, der Bürge verweigert die Zahlung mit der Begründung, die Bank habe den Bürgschaftsfall (Entstehung und Fälligkeit der gesicherten Hauptschuld) nicht schlüssig und substantiiert dargetan.[86]

279

Das im Innenverhältnis der Bürgschaft zugrundeliegende Rechtsverhältnis (causa) zwischen dem Bürgen und dem Hauptschuldner kann, abhängig davon, ob die Bank oder ein Dritter sich für den Kunden verbürgt, ein unentgeltlicher Auftrag, ein entgeltlicher Geschäftsbesorgungsvertrag (Avalkredit/Bankbürgschaft), eine Geschäftsführung ohne Auftrag oder eine Schenkung sein.

280

*b) Bürgschaftsfall*

Der Bürge, der den Gläubiger befriedigt, hat gegen den Hauptschuldner zunächst im Innenverhältnis einen Rückgriffsanspruch aus der jeweiligen causa (z. B. gem. §§ 675, 683, 684, 670 BGB), im Falle einer Schenkung nur, falls der Bürge sich auf Notbedarf (§ 528 I BGB) oder auf den Widerrufsgrund i. S. d. § 530 I (grober Undank) berufen

281

---
[84] BGH WM 1990, 1410.
[85] BGH WM 1979, 691.
[86] BGH WM 1989, 433, NJW 1989, 1606.

kann. Dann besteht ein Rückforderungsanspruch nach den Vorschriften über die ungerechtfertigte Bereicherung (§§ 812ff; 528 I 1; 530 I BGB).

**282** Daneben geht gem. § 774 I 1 BGB die Hauptforderung kraft Gesetzes auf ihn über. Beide Forderungen stehen in Anspruchskonkurrenz.[87] Gem. § 774 I 3 BGB kann der Hauptschuldner hinsichtlich des gesetzlichen Forderungsüberganges gegenüber dem Bürgen alle Einwendungen aus dem jeweiligen Kausalgeschäft mit ihm geltend machen (z. B. Schenkungseinwand). Darüber hinaus behält er auf Grund der cessio legis gem. § 774 I BGB alle Einwendungen, die er auch gegenüber dem Gläubiger hätte geltend machen können (§§ 412, 404 BGB). Dies gilt freilich nicht hinsichtlich der davon unabhängigen Rückgriffsforderung aus dem Innenverhältnis.

**283** Mit dem gesetzlichen Forderungsübergang erwirbt der Bürge gem. §§ 412, 401 BGB zugleich auch etwaig bestehende akzessorische Sicherheitsrechte (Hypotheken, Schiffshypotheken, Pfandrechte). Soweit die Hauptforderung bzw. -verbindlichkeit nichtakzessorisch besichert wurde (Sicherungsübereignung, Sicherungsabtretung, Sicherungsgrundschuld) hat der Bürge gegen den Gläubiger in entsprechender Anwendung von § 401 BGB einen schuldrechtlichen Anspruch auf Übertragung dieser Sicherheiten.[88] Mit dem gesetzlichen Forderungsübergang erwirbt der Bürge zugleich auch die vertraglich zwischen Gläubiger und Hauptschuldner vereinbarten Zinsforderungen.[89]

Gem. § 774 I 2 BGB kann der gesetzliche Übergang der Forderung nicht zum Nachteil des Gläubigers geltend gemacht werden. Befriedigt daher der Bürge den Gläubiger nur teilweise, so hat der Gläubiger hinsichtlich seiner verbliebenen Teilforderung im Falle der Verwertung von sonstigen, für die Hauptverbindlichkeiten haftenden Sicherheiten den Vorrang. Ist die gesicherte Forderung dagegen überhaupt nicht entstanden oder inzwischen erloschen, kann der Bürge das ohne Rechtsgrund Geleistete nur von dem Gläubiger kondizieren (§§ 812ff. BGB), da mangels Hauptforderung eine solche nicht kraft Gesetzes auf ihn übergehen konnte.

**284** Besteht für die Hauptverbindlichkeit neben der Bürgschaft eine dingliche Sicherheit, dann haften die Sicherungsgeber als Gemeinschuldner in entsprechender Anwendung des § 426 BGB, und zwar unabhängig davon, ob es sich bei den dinglichen Sicherheiten um akzessorische oder nichtakzessorische Sicherheiten handelt.[90] Sämtliche Sicherungsgeber stehen dabei grds. auf gleicher Stufe,[91] mit der Maß-

---

[87] A. A. wohl BGH WM 1964, 849: Wahlrecht des Bürgen.
[88] BGHZ 80, 232; 92, 378; 110, 43.
[89] BGHZ 35, 172.
[90] BGHZ 108, 179.
[91] BGHZ WM 90, 1956.

## 3. Kapitel. Kreditgeschäft

gabe, daß jeder Sicherungsgeber, der den Gläubiger befriedigt, einen anteiligen Ausgleichsanspruch gegen die übrigen Sicherungsgeber hat.

### c) Besondere Bürgschaften

Neben dem gesetzlichen Normalfall einer Bürgschaft (kein Verzicht auf die Einrede der Vorausklage etc.), der in der Praxis kaum Anwendung findet, lassen sich im einzelnen insbesondere folgende Bürgschaftsarten, die überwiegend auch miteinander kombinierbar sind, unterscheiden: 285

– **Selbstschuldnerische Bürgschaft:** Dies ist die in der Praxis häufigste Bürgschaftsart. Mit dem formularmäßigen Verzicht auf die Einrede der Vorausklage verzichtet der Bürge in der Regel zugleich auf die
  • Einrede der Anfechtbarkeit (§ 770 I BGB), wonach der Bürge Zahlung verweigern kann, solange der Kunde gegenüber der Bank zur Anfechtung des Kreditgeschäfts berechtigt ist,
  • Einrede der Aufrechenbarkeit (§ 770 II BGB), wonach er Zahlung verweigern kann, solange die Bank gegen fällige Forderungen des Kunden aufrechnen kann, und
  • Einrede der Sicherheitsaufgabe (§ 776 BGB), wonach er insoweit von seiner Einstandspflicht befreit wird wie die Bank eine andere für die verbürgte Kreditforderung bestehende Sicherheit aufgegeben hat.
– **Bürgschaft auf erstes Anfordern:** Selbstschuldnerische Bürgschaft unter gleichzeitigem Verzicht auf *alle* Einreden und Einwendungen. In der Praxis gibt es diese Bürgschaft fast nur als Bankbürgschaft.
– **Ausfallbürgschaft (Schadlosbürgschaft):** Bürge steht nur für den Ausfall ein, den die Bank nach erfolgloser Inspruchnahme des Kunden definitiv erleidet, wobei das Merkmal des definitiven Ausfalls variabel vereinbart werden kann.
– **Zeitbürgschaft:** Diese Bürgschaft ist befristet. Der Bürge wird frei, falls nicht die Bank die Einziehung der Forderung unverzüglich nach Fristablauf betreibt und dies dem Bürgen anzeigt (§ 777 I 1 BGB). Von der Befristung der Bürgschaft ist die Befristung der Hauptverbindlichkeit/-forderung zu unterscheiden, falls der Bürge nur für Verbindlichkeiten, die der Hauptschuldner innerhalb eines bestimmten Zeitraums eingegangen ist, haftet. Nach BGH soll eine Bürgschaft, die für künftige Verbindlichkeiten eingegangen wird, im Zweifel eine *gegenständlich* beschränkte, also keine Zeitbürgschaft sein.[92]
– **Nachbürgschaft:** Der Nachbürge verbürgt sich gegenüber dem Gläubiger für den Vorbürgen. Wird der Gläubiger durch den Vorbürgen befriedigt, gehen wegen der doppelten Akzessorietät Bürgschafts- und Hauptforderung kraft Gesetzes auf den Nachbürgen über (§ 774 I 1, 2 BGB). Die Nachbürgschaft ist relativ selten.[93]

---

[92] BGH WM 1988, 210.
[93] BGH WM 1989, 433.

102  Dritter Teil. Privates Bankrecht

- **Rückbürgschaft:** Der Rückbürge verbürgt sich gegenüber dem Bürgen für den Hauptschuldner. Befriedigt der Rückbürge den Bürgen, so geht damit noch nicht die Forderung des Gläubigers gegen den Hauptschuldner, die kraft Gesetzes auf den Bürgen durch dessen Leistung übergegangen war (§ 774 I BGB), auf ihn über, da die Rückbürgschaft in keiner unmittelbaren Beziehung zur Bürgschaft steht, vielmehr muß die übergegangene Hauptforderung von dem Bürgen an den Rückbürgen abgetreten werden.[94]
- **Mitbürgschaft:** Mehrere Bürgen haften gemeinsam als Gesamtschuldner, auch wenn sie die Bürgschaft nicht gemeinschaftlich übernommen haben (§ 769 BGB). Der Gläubiger kann nach seinem Belieben jeden der Mitbürgen ganz oder zum Teil in Anspruch nehmen. Die Forderung geht dann entsprechend der Inanspruchnahme auf den jeweiligen Mitbürgen über (§ 774 I 1 BGB). Mit der Hauptforderung erwirbt der Bürge aufgrund der Akzessorietät zwischen Hauptforderung und Bürgschaft gleichzeitig auch die Ansprüche des Gläubigers gegen die anderen Mitbürgen. Diese haften aber nur insoweit, wie die Mitbürgen untereinander zum Ausgleich verpflichtet sind (§§ 774 II, 426 BGB).

### d) Umfang

286 Die verschiedenen Bürgschaften sind ihrem Umfang nach wie folgt zu unterscheiden:
- **Bürgschaft mit begrenztem Sicherungszweck und -umfang,** z. B. Bürgschaft für die Verbindlichkeit der Fa. X (Name des Hauptschuldners) gegenüber der Fa. Y (Name des Gläubigers) aus dem Kaufvertrag vom (Datum) in Höhe von (Betrag),
- **Höchstbetragsbürgschaft:** Betragsmäßige Begrenzung mit unbegrenztem Sicherungszweck, z. B. für alle gegenwärtigen und künftigen Verbindlichkeiten bis zu einem Betrag von DM 100000,00. Wird die Höchstbetragsbürgschaft für einen Bankkredit gewährt, werden insbesondere die über den Höchstbetrag hinausgehenden Kreditzinsen nicht miterfaßt,[95] es sei denn, dieser risikoerhöhende Umstand wird in den Bürgschaftsformularen der Bank ausdrücklich als Vertragsbestandteil aufgenommen.[96]
- **Bürgschaft mit unbegrenztem Sicherungszweck und -umfang.**

### e) Erlöschen

287 Die Bürgschaftsverbindlichkeit erlischt auf folgende Weise:
- Erlöschen der Hauptschuld (Grds. der Akzessorietät).
- Vorsätzliche Aufgabe einer anderen Sicherheit (Zwangsvollstrek-

---
[94] RGZ 146, 70; a. A. OLG Oldenburg NJW 1965, 253.
[95] BGH DB 1978, 629.
[96] OLG Nürnberg WM 1991, 985.

kungs- und Konkursvorzugsrecht, Hypothek, Schiffshypothek, Pfandrecht) durch den Gläubiger, soweit der Bürge aufgrund des gesetzlichen Forderungsüberganges gem. § 774 BGB daraus hätte Ersatz erlangen können (§ 776 BGB); gleiches gilt in analoger Anwendung des § 776 BGB für die Aufgabe von Sicherungseigentum,[97] Grundschuld,[98] Sicherungsabtretung[99] und Rentenschuld.[100] Dieser gesetzliche Erlöschensgrund wird in der Praxis für den Fall einer Bankbürgschaft in der Regel formularmäßig abbedungen, weil gem. Nr. 14 I AGB-Banken auch die bei der Bank unterhaltenen Wertpapiere und Kontoguthaben des Kreditnehmers gleichzeitig haften.
– Ablauf einer Zeitbürgschaft (s. o.), wenn der Gläubiger den Bürgen nicht spätestens unverzüglich nach Ablauf der Zeit in Anspruch nimmt (§ 777 I BGB), wobei seitens der Bank darauf zu achten ist, daß die Hauptverbindlichkeit möglichst vorher fällig ist.
– Kündigung des Bürgen, soweit dies vertraglich vereinbart worden ist; bei Vorliegen besonders wichtiger Umstände auch ohne eine solche Vereinbarung, falls eine angemessene Kündigungsfrist eingehalten wird.[101] Das Merkmal der Angemessenheit richtet sich nach den Umständen des Einzelfalles, insbesondere der Ersetzbarkeit der Bürgschaft durch andere Sicherheiten.

## 2. Kreditauftrag

Gemäß § 778 BGB besteht ein Kreditauftrag, wenn z. B. der Kunde die 288
Bank beauftragt, im eigenen Namen und für eigene Rechnung einem Dritten einen Kredit zu gewähren. Der Kunde haftet in diesem Fall der Bank für die entstehende Verbindlichkeit als Bürge. Von der Bürgschaft unterscheidet sich der Kreditauftrag im wesentlichen dadurch, daß der Kreditauftrag die Bank aufgrund des Auftragsverhältnisses (§§ 662 ff. BGB) zur Kreditgewährung verpflichtet, die Bürgschaft dagegen nicht.
In der Praxis kann es häufig problematisch sein, was seitens des Kunden 289
gewollt wird. Maßgebliches Auslegungskriterium ist das eigene Interesse des Kunden an der Kreditgewährung.[102] Besteht ein solches, liegt ein Kreditauftrag und keine Bürgschaft für eine künftige Schuld vor. Bis zur Kreditgewährung bzw. verbindlichen Kreditzusage gilt Auftragsrecht mit der Folge der jederzeitigen Widerrufbarkeit des Kreditauftrags seitens des Kunden, danach haftet der Kunde der Bank für den herausgelegten Kredit vollinhaltlich und -umfänglich als Bürge.

---
[97] BGH NJW 1966, 2009.
[98] BGH WM 1967, 213.
[99] OLG München MDR 1957, 356.
[100] OLG Köln NJW 1990, 3214.
[101] BGHZ 85, 969, 1059.
[102] BGH DB 1956, 890.

In der Bankpraxis werden Kreditaufträge häufig von Muttergesellschaften zugunsten ihrer Töchter erteilt, aber auch umgekehrt, z. B. die deutsche Muttergesellschaft beauftragt ihre luxemburgische Tochtergesellschaft, für einen deutschen Kunden einen Eurokredit herauszulegen.

## 3. Garantie

290 Die Garantie ist ein im Rahmen der Vertragsfreiheit (§ 305 BGB) praeter legem entwickelter, einseitig verpflichtender Schuldvertrag, durch den der Garantiegeber (Garant) gegenüber dem Garantienehmer die selbständige Verpflichtung übernimmt, für einen bestimmten wirtschaftlichen Erfolg oder ein zukünftiges Risiko, das dem Garantienehmer aus einem Rechtsverhältnis mit einem Dritten (Garantieauftraggeber) erwachsen kann, einzustehen.[103]

291 Im Gegensatz zur Bürgschaft sind Wesensmerkmale der Garantie, daß
- eine von der Hauptschuld abstrakte Verpflichtung begründet wird, die Garantie also nicht akzessorisch ist;
- aus ihr nicht auf Erfüllung, sondern nur auf Ersatz gehaftet wird,[104]
- sie sich grds. auf ein künftiges Ereignis und nicht auf ein bereits eingetretenes Risiko bezieht (Ausnahme: gegenwärtiges Risiko ist noch unbekannt),[105]
- sie keiner Schriftform bedarf,[106]
- sie im Regelfall nicht subsidiär ist, d. h. im Garantiefall kann sich der Garantienehmer sofort an den Garanten halten.

Mangels Akzessorietät finden die Vorschriften des Bürgschaftsrechts auch keine analoge Anwendung, insbesondere
- kann der Garant grds. nicht die Einreden und Einwendungen des Garantieauftraggebers aus seinem Rechtsverhältnis mit dem Garantienehmer geltend machen, es sei denn, es handelt sich um offenkundige Fälle des Rechtsmißbrauchs i. S. d. § 242 BGB,[107]
- geht bei einer Forderungsgarantie die Forderung des Garantienehmers gegen den Garantieauftraggeber nicht analog § 774 I BGB automatisch auf den Garanten über, sobald dieser gezahlt hat, sondern muß im Rahmen des Garantievertrags an ihn im voraus gesondert abgetreten werden.[108]

Ist der Garantiefall eingetreten, dann hat insbesondere
- der Garantienehmer gegen den Garanten Anspruch auf Schadloshaltung aus dem Garantievertrag,

---

[103] BGH WM 1968, 680; 1982, 632.
[104] BGH WM 1968, 680, 682.
[105] BGH BB 1973, 1602.
[106] BGH WM 1964, 62.
[107] BGH WM 1986, 1429; 1988, 934.
[108] BGH BB 1964, 193, str.

## 3. Kapitel. Kreditgeschäft

– der Garant gegen den Garantieauftraggeber Anspruch auf Erstattung des Garantiebetrages gem. §§ 675, 670 BGB und ggfs. daneben einen Anspruch aus im voraus abgetretenem Recht (§§ 398 ff. BGB).

Ist der Garantiefall nicht eingetreten und hat der Garant dennoch gezahlt, findet ein Bereicherungsausgleich gem. § 812 I BGB grds. nur in dem Verhältnis statt, in dem kein Rechtsgrund besteht. Ist im Valutaverhältnis (Garantieauftraggeber – Garantienehmer) kein Rechtsgrund vorhanden, findet daher der Bereicherungsausgleich nur in diesem Verhältnis statt; eine Durchgriffskondiktion des Garanten gegen den Garantienehmer ist nicht möglich. Will der Garant in diesem Fall nicht nur auf seinen Erstattungsanspruch gegen den Garantieauftraggeber aus §§ 675, 670 BGB beschränkt sein, muß er sich von diesem zusätzlich dessen etwaigen Bereicherungsanspruch gegen den Garantienehmer im voraus abtreten lassen. Besteht dagegen im Grundverhältnis kein Rechtsgrund, also bei Mängeln des Garantieverhältnisses, findet der Bereicherungsausgleich in diesem Verhältnis statt.

Ist der Garantiefall definitiv nicht eingetreten und hat der Garant auch nicht gezahlt, hat der Garantieauftraggeber gegenüber dem Garantienehmer einen Verzichtsanspruch des Inhalts, daß er gegenüber dem Garanten auf die Garantieforderung verzichten und ihre Geltendmachung unterlassen muß.[109]

In der Praxis werden die Begriffe Garantie und Bürgschaft häufig synonym benutzt. Der Gewährleistende sollte daher stets am materiellen Inhalt einer Verpflichtung, nicht aufgrund der oft fehlerhaften Bezeichnung, überprüfen, ob die von ihm gewollte Gewährleistung in einem ihm seitens der Bank vorgelegten Formular hinreichend deutlich wird.

Der Umfang der Verpflichtung des Garanten zur Schadloshaltung bestimmt sich nach den Grundsätzen des Schadensrechts,[110] d. h. im Einzelfall können etwaiges Mitverschulden bzw. Mitverursachung des Garantienehmers (§ 254 BGB) und Vorteilsausgleichung seitens des Garanten geltend gemacht werden.

Bestehen Zweifel, ob nach dem Parteiwillen Garantie oder Bürgschaft vereinbart werden sollte, entscheidet primär das Eigeninteresse des Garanten an der Erfüllung der Hauptverbindlichkeit. Hat er ein solches Interesse, ist im Zweifel von einer Garantie auszugehen,[111] will er sich dagegen nur für den Hauptschuldner verwenden, liegt eher eine Bürgschaft vor.[112] Verbleiben danach immer noch Zweifel, weil der Wille des Garanten nicht eindeutig ermittelt werden kann, ist eine Bürgschaft als die in der Regel weniger riskante Gewährleistung anzunehmen.[113]

---

[109] BGH WM 1984, 1245, 1247; 1987, 367, 369.
[110] BGH NJW 1985, 2941.
[111] BGH WM 1982, 632.
[112] BGH WM 1968, 680.
[113] BGH WM 1985, 1417.

## 4. Patronatserklärung

**295** Patronatserklärungen haben nur dann den Charakter einer Gewährleistung, wenn es sich um „**harte**", d. h. verbindliche, Erklärungen handelt. Mit diesen übernimmt die Muttergesellschaft („Patron") hinsichtlich der durch Tochtergesellschaften bei Banken in Anspruch genommenen Kredite die uneingeschränkte Verpflichtung, dafür Sorge zu tragen, daß letztere kapitalmäßig stets so ausgestattet sind, daß sie ihren Kreditverbindlichkeiten gegenüber den Kreditgebern fristgemäß und in vollem Umfange nachkommen können. Nur Patronatserklärungen dieses oder ähnlichen Inhalts, die von den Muttergesellschaften häufig auch im Rahmen der Geschäftsberichte gegenüber allen Gläubigern bestimmter Tochtergesellschaften abgegeben werden, bieten den Kreditgebern eine garantieähnliche Sicherheit, aus der sie ggfls. auch direkt die Muttergesellschaft aus Erfolgshaftung oder auf Schadenersatz wegen Nichterfüllung in Anspruch nehmen können.[114] „**Weiche**" Patronatserklärungen dagegen, durch die die Muttergesellschaft lediglich versichert, das Gesellschaftverhältnis mit ihrer Tochter beizubehalten bzw. diese anzuhalten, ihren Verbindlichkeiten nachzukommen, sind rechtlich unverbindlich.

## 5. Gewährleistungen ausländischer Sicherungsgeber

**296** Werden von einer deutschen Bank Bürgschaften, Garantien oder Patronatserklärungen ausländischer Sicherungsgeber hereingenommen, sollte der jeweilige Gewährleistungsvertrag ausdrücklich eine **Rechtswahl- und Gerichtsstandsklausel** mit der Maßgabe enthalten, daß deutsches Recht an einem deutschen Gerichtsstand anzuwenden ist; denn die entsprechende AGB-Klausel (Nr. 6 I AGB-Banken) gilt nur im Verhältnis zwischen Bank und Kunden.

Fehlt eine ausdrückliche Rechtswahlklausel, kann sich das anzuwendende Recht auch konkludent ergeben, falls sich ein entsprechend realer Parteiwille mit hinreichender Sicherheit aus den sonstigen Bestimmungen des Vertrages oder den Umständen des Falles ergibt (§ 27 I EGBGB).

**297** Kann die Rechtswahl auch nicht konkludent ermittelt werden, dann wird gem. § 28 II 1 EGBGB widerlegbar vermutet, daß das Recht am gewöhnlichen Aufenthaltsort des Sicherungsgebers anzuwenden ist, da dieser die für den Gewährleistungsvertrag charakteristische Leistung erbringt. Handelt es sich um die Gewährleistung einer Bank, dann gilt widerlegbar das Recht ihrer Niederlassung.

**298** Die gesetzliche Vermutung kann durch die Gesamtheit der Umstände widerlegt werden (§ 28 V EGBGB). Im übrigen sind im Zusammenhang

---

[114] OLG Stuttgart WM 1985, 455.

## 3. Kapitel. Kreditgeschäft

mit Gewährleistungen ausländischer Sicherungsgeber u. U. auch Risiken einer **Devisensperre** zu beachten, da sich in der Regel der Einwand der Unklagbarkeit von Verträgen, die gegen Devisenbestimmungen eines Unterzeichnerstaates des Abkommens über den internationalen Währungsfonds (Abkommen von Bretton Woods) verstoßen [Art. VIII 2 (b)], auch auf Gewährleistungen erstreckt.[115] Dies hindert die Bank allerdings nicht, aufgrund ihres AGB-Pfandrechts die bei ihr bestehenden Kontoguthaben und Wertpapiere des ausländischen Garantiegebers zu verwerten, falls dieser sich auf die Unklagbarkeit seiner Gewährleistung beruft, weil der Gewährleistungsvertrag zwar unklagbar, aber nicht gem. § 134 BGB nichtig ist.

### 6. Schuldmitübernahme

Bürgschaft und Garantie sind gegenüber der Schuldmitübernahme (auch: **Schuldbeitritt** oder **kumulative Schuldübernahme**) abzugrenzen. Die ebenfalls im Rahmen des § 305 BGB praeter legem entwickelte Schuldmitübernahme liegt dann vor, wenn neben den bisherigen Schuldner ein weiterer Gesamtschuldner tritt (§§ 421 ff. BGB). Im Gegensatz zur Bürgschaft ist die Schuldmitübernahme 299
– keine anders geartete Verbindlichkeit, sondern haftet für dieselbe Schuld,
– nicht subsidiär,
– nicht akzessorisch, sondern begründet eine eigene Schuld,
– grds. formfrei; die für die Begründung einer Verpflichtung bestehenden Formvorschriften (§§ 313, 518, 780 BGB, 4 VerbrKrG) gelten freilich auch für den Schuldbeitritt.

Im Einzelfall kann zweifelhaft sein, ob Schuldmitübernahme oder Bürgschaft gewollt ist. In diesem Fall kann als Auslegungskriterium für die Schuldmitübernahme das eigene sachliche bzw. wirtschaftliche Interesse der Übernehmers ein wichtiges Indiz sein.[116] Verbleiben danach immer noch Zweifel, ist eine Bürgschaft anzunehmen.[117] Im Gegensatz zur Garantie 300
– tritt die Verpflichtung aus der Schuldmitübernahme neben eine andere, schon bestehende Schuld,
– wird aus der Schuldmitübernahme nicht nur auf Ersatz, sondern auf Erfüllung gehaftet.

---
[115] BGH WM 1964, 768, 769 für die Garantie.
[116] BGH NJW 1981, 47.
[117] BGH NJW 1968, 2332; BB 1976, 1431.

## 4. Kapitel. Diskontgeschäft

**301** Das Diskontgeschäft ist der Ankauf von Wechseln und Schecks (§ 1 I 2 Nr. 3 KWG); es wird üblicherweise auch als Diskontkredit bezeichnet. Bei dieser „Kredit"art erwirbt die Bank von ihrem Kunden vor allem noch nicht fällige Wechsel; sie „diskontiert" sie. Die Bank kauft von dem Kunden die Wechselurkunde (§ 433 I 1 BGB) und die in der Urkunde verbriefte Forderung (§ 433 I 2 BGB). Die Bank zahlt dem Kunden als Kaufpreis die Wechselsumme abzüglich eines Zwischenzinses („**Diskont**") für die Zeit zwischen Ankaufstag des Wechsels und Verfalltag, Provisionen und Gebühren (§ 433 II BGB). Der Diskontsatz wird durch die Bundesbank festgesetzt (§ 15 BBankG). Die Übertragung der im Wechsel verbrieften Rechte erfolgt entweder
– durch Indossierung des Wechsels (Art. 11ff. WG) und Abschluß eines auf Übereignung des indossierten Wechsels gerichteten Begebungsvertrages (§§ 929ff. BGB) oder
– gem. §§ 398ff., 413 BGB durch Abtretung der Rechte und Übergabe der Wechselurkunde analog § 792 I 3 BGB.[1]

**302** Obwohl der Diskontkredit rechtlich gesehen grds. als Forderungskauf (vgl. **Factoringgeschäft**, Rn. 482ff.) zu bewerten ist,[2] hat er wirtschaftlich wegen des Rückbelastungsrechts der Bank (s. u. Rn. 303) eher Kreditcharakter. Entsprechend seiner rechtlichen Natur wird er aber nicht nur im Kreditwesen-, sondern auch im Bundesbank- und Hypothekenbankgesetz vom Kreditgeschäft getrennt aufgeführt (vgl. auch §§ 19 I Nr. 1 und 3 BBankG, 5 III Nr. 3a HypBankG).

Für die Bank ist entscheidend, daß die diskontierten Wechsel gute **Handelswechsel** sind, d. h. Wechsel, denen ein Warengeschäft zugrunde liegt und die die Unterschrift von in der Regel drei, mindestens aber zwei als zahlungsfähig bekannten Verpflichteten tragen; denn nur diese Wechsel werden, falls die Bank sich vor Fälligkeit der Wechsel refinanzieren will, von der Bundesbank rediskontiert.

**303** Die AGB-Banken neuer Fassung regeln im Gegensatz zu den neuen AGBSp (Nr. 23 II) das **Rückbelastungsrecht** der Bank hinsichtlich (eingezogener oder) diskontierter Wechsel nicht mehr. Gem. Nr. 42 AGB alter Fassung bestand ein solches Recht u. a., falls
– die Bundesbank zum Rediskont eingereichte Wechsel als nicht geeignet zurückgibt oder
– von der Bank eingeholte Einkünfte über einen Wechselverpflichteten nicht zufriedenstellend ausfallen, Akzepte eines Wechselverpflichteten

---

[1] BGH NJW 1958, 302; WM 1970, 245.
[2] BGH WM 1963, 507; 1968, 797; 1972, 72.

## 4. Kapitel. Diskontgeschäft

protestiert werden oder in den Verhältnissen eines Wechselverpflichteten eine wesentliche Verschlechterung eintritt oder
- von der Bank diskontierte Wechsel bei Verlegung nicht bezahlt werden, die freie Verfügung über den Gegenwert durch Gesetz bzw. behördliche Maßnahmen beschränkt oder im Land der Einlösung ein Moratorium ergangen ist.

Entsprechend wird das Rückbelastungsrecht der Bank auch de lege lata zu begründen sein, nur abgeleitet aus dem „besonderen Vertrauensverhältnis" zwischen Bank und Kunden, so wie es bisher in der Präambel der AGB-Banken alter Fassung in zutreffender Beschreibung der Gesetzeslage gekennzeichnet war (vgl. auch Nr. 1 I 1 AGBSp n. F.).

Daneben hat die Bank den gesetzlichen Rückgriffsanspruch gem. Art. 9, 15, 47ff. WG. Gem. Nr. 15 I 2 AGB-Banken erwirbt die Bank an den diskontierten Wechseln uneingeschränktes Volleigentum, welches sich mit der Rückbelastung der Wechsel in Sicherungseigentum verwandelt. Mit dem Erwerb der Wechsel (und Schecks) gehen zugleich auch die zugrundeliegenden Forderungen auf die Bank über (Nr. 15 II AGB-Banken). **304**

Vom Handelswechsel, dem ein Warengeschäft zugrunde liegt, ist der **Finanzwechsel,** der ausschließlich der Geldbeschaffung dient, zu unterscheiden. Bei diesen Wechseln scheidet deshalb ein Erwerb von zugrundeliegenden Forderungen gem. Nr. 15 II AGB-Banken aus. Auch sind sie nicht rediskontfähig, weil, wie ausgeführt, die Bundesbank nur gute Handelswechsel rediskontiert. Soweit Banken daher überhaupt Finanzwechsel diskontieren, belasten sie den Kunden aufgrund des erheblich größeren Risikos mit einem höheren Diskont. Aus diesem Grunde hat der Kunde, falls es sich nicht aus den Umständen ergibt, der Bank zu offenbaren, daß es sich bei dem vorgelegten Wechsel nicht um einen Handels-, sondern um einen Finanzwechsel handelt.[3] Im Gegensatz zu den Finanzwechseln werden sog. **Privatdiskonte,** d. h. Akzepte von Geschäftsbanken, die zur Finanzierung grenzüberschreitender Warengeschäfte finanzstarker Unternehmen dienen, unter dem Diskontsatz der Deutschen Bundesbank gehandelt. **305**

---

[3] BGHZ 56, 266.

## 5. Kapitel. Wertpapiergeschäft

306  Der Handel in Wertpapieren kann theoretisch einer der vier folgenden Kategorien zugeordnet werden:
- Der Handel im fremden Namen für fremde Rechnung (offene Stellvertretung) ist Wertpapierdienstleistung i. S. d. § 2 III 2 Nr. 3 WpHG und als solche Abschlußvermittlung i. S. d. § 1 Ia 2 Nr. 4 KWG.
- Der Handel im eigenen Namen für fremde Rechnung (verdeckte Stellvertretung) ist Wertpapierdienstleistung i. S. d. § 2 III Nr. 1 WpHG und als solche Finanzkommissionsgeschäft i. S. d. § 1 I 2 Nr. 4 KWG.
- Der Handel im eigenen Namen für eigene Rechnung ist Wertpapierdienstleistung i. S. d. § 2 III Nr. 2 WpHG und als solche Eigenhandel i. S. d. § 1 Ia 2 Nr. 4 KWG, wenn diese Finanzdienstleistung für andere erfolgt.

307  In der Bankpraxis ist das Wertpapiergeschäft regelmäßig ein Anwendungsfall des Kommissionsgeschäfts. Hierzu schließt die Bank (Kommissionärin) für Rechnung des Kunden mit einem anderen Marktteilnehmer ein Kauf- oder Verkaufsgeschäft (Ausführungsgeschäft) ab oder sie beauftragt einen Dritten (Zwischenkommissionär), ein Ausführungsgeschäft abzuschließen (Nr. 1 I Sonderbedingungen für Wertpapiergeschäfte). Ausnahmsweise kommt zwischen Bank und Kunde auch ein Kaufvertrag zustande. In diesem Fall wird kaufvertraglich für ein einzelnes Geschäft ein fester Preis (Festpreisgeschäft) vereinbart, zu dem die Bank entweder an den Kunden liefert oder von diesem beliefert wird (Nr. 9 Sonderbedingungen für Wertpapiergeschäfte).

### A. Wertpapiere

308  Im Zusammenhang mit dem Wertpapierhandel sind **Wertpapiere**, auch wenn für sie keine Urkunden ausgestellt sind,
- Aktien, Zertifikate, die Aktien vertreten, Schuldverschreibungen, Genußscheine, Optionsscheine, und
- andere Wertpapiere, die mit Aktien oder Schuldverschreibungen vergleichbar sind,

wenn sie an einem Markt gehandelt werden können (§ 2 I 1 WpHG). Wertpapiere sind auch Anteilscheine, die von einer Kapitalanlagegesellschaft oder einer ausländischen Investmentgesellschaft ausgegeben werden (§ 2 I 2 WpHG, s. Rn. 388ff.). Keine Wertpapiere sind insbesondere danach Rektapapiere (Namenswertpapiere), wie z. B. die handelsrechtlichen Wertpapiere des § 363 II HGB (Konnossement, Ladeschein, Lagerschein) sowie Wechsel, Schecks, Hypotheken-, Grund- und Rentenschuldbriefe, weil sie keinen Markt haben und es darüberhinaus auch am Merkmal der Vergleichbarkeit fehlt. Der Wertpapierbegriff des Handels ist weiter als jener der Verwahrung und Verwaltung i. S. d. § 1 I DepotG (s. Rn. 345), der naturgemäß keine Buchwerte erfaßt.

## B. Kundenorders

Kundenorders müssen zwingend die genaue Wertpapierbezeichnung (Wertpapiergattung, Kennummer) sowie die Menge der Wertpapiere (Nominalbetrag, Stückzahl) enthalten. Daneben kommen Weisungen hinsichtlich eines Kurslimits (preisliche limitierte Aufträge), der Gültigkeitsdauer und des Ausführungsplatzes in Betracht. Aufträge ohne Kurslimit sind bei Einkaufskommissionen „billigst" und bei Verkaufskommissionen „bestens" durchzuführen (§ 242 BGB). Preislich limitierte Aufträge, die nicht erst am letzten Börsentag eines laufenden Monats eingehen, sind nur bis zum letzten Börsentag dieses Monats gültig (Monats-Ultimo), preislich unlimitierte Aufträge dagegen grds. nur für einen Börsentag. Ist eine preislich unlimitierte Order erst so spät am Tage eingegangen, daß eine tagesgleiche Ausführung im Rahmen eines ordnungsgemäßen Arbeitsablaufes nicht mehr möglich ist, so wird sie für den nächsten Tag vorgemerkt (Nr. 4 Sonderbedingungen für Wertpapiergeschäfte). Preislich limitierte Aufträge zum Kauf oder Verkauf von Bezugsrechten erlöschen mit Ablauf des vorletzten Tages des Bezugsrechtshandels, preislich unlimitierte Aufträge sind für die gesamte Dauer des Bezugsrechtshandels gültig (Nr. 5 S. 2, 1 Sonderbedingungen für Wertpapiergeschäfte). 309

Aufträge für den Kauf oder Verkauf von inländischen und ausländischen Wertpapieren, die zum Handel an einer inländischen Börse zugelassen oder in den Freiverkehr einbezogen sind, sind über den Handel an einer Börse auszuführen, sofern der Auftraggeber seinen gewöhnlichen Aufenthalt oder seine Geschäftsleitung im Inland hat und er nicht für den Einzelfall oder eine unbestimmte Zahl von Fällen ausdrücklich eine andere Weisung erteilt (§ 10 I 1 BörsG, Nr. 2 III 1 Sonderbedingungen für Wertpapiergeschäfte). Bei Wertpapieren, die nicht an einer inländischen Börse gehandelt werden, bestimmt die Bank den Ausführungsplatz nach pflichtgemäßem Ermessen (Nr. 2 II, III Sonderbedingungen für Wertpapiergeschäfte). Abweichend von § 10 I 1 BörsG bestimmt Nr. 2 III 2 der Sonderbedingungen für Wertpapiere darüberhinaus, daß in Ermangelung eines ausdrücklichen Auftrags des Kunden die Ausführung von Freiverkehrswerten auch über einen ausländischen Börsenhandel erfolgen kann, wenn das Interesse des Kunden dies gebietet (vgl. auch § 10 II 2. Hs. BörsG). 310

**311** Kundesorders in festverzinslichen Schuldverschreibungen aus einer Emission, deren jeweiliger Gesamtnennbetrag weniger als 2 Milliarden Deutsche Mark beträgt, können auch außerbörslich ausgeführt werden (§ 10 III BörsG, Nr. 2 III 3 Sonderbedingungen für Wertpapiergeschäfte).

**312** Preislich unlimitierte Kundenorders sind möglichst tagesgleich auszuführen. Bei nicht rechtzeitiger Ausführung hat die Wertpapierabrechnung zwingend und unabdingbar zu dem leicht fahrlässig versäumten Kurs des Eingangstages zu erfolgen (§§ 401 I, 402 HGB). Werden Kundenorders schuldhaft nicht eingehalten, haftet die Bank für etwaige Schäden; der Kunde braucht das Geschäft nicht für seine Rechnung gelten zu lassen (§ 385 I HGB).

**313** Sollte andererseits ein Auftrag fundamental gegen die eigenen Interessen des Kunden gerichtet sein, ist die Bank grds. gem. §§ 384 I HGB, 242 BGB verpflichtet, den Kunden vor den Gefahren zu warnen,[1] wobei sich Inhalt und Umfang der Warnpflicht insbesondere nach der Person des Kunden und dessen Geschäftserfahrung, aus dem Zweck und der Art des Geschäfts (konservative oder spekulative Anlage) und der Kompliziertheit und Komplexität des Anlageobjekts richten.[2] Der spekulative Anleger soll jedenfalls, jeweils im Rahmen seiner Sach- und Fachkenntnis, das typisch spekulative Risiko nicht auf die Bank abwälzen können. Kann die Bank im Falle einer fundamental falschen Weisung des Kunden diesen nicht warnen, weil dieser z. B. nicht erreichbar ist, dann ist sie nicht nur gem. § 665 BGB berechtigt, sondern gem. §§ 384 I HGB, 242 BGB verpflichtet, von der Weisung abzuweichen.[3] Die Bank kann sich hinsichtlich ihrer Haftung aus unterlassener Warnung des Kunden nicht für leichtes Verschulden freizeichnen, weil es sich bei der Warnpflicht um eine wesentliche Pflicht aus dem Kommissionsvertrag handelt.[4]

Für das Eigengeschäft gelten die obigen Ausführungen nach Treu und Glauben (§ 242 BGB) entsprechend.[5]

**314** Seitens des Kunden können Kauf- und Verkaufsorder bis zur tatsächlichen Ausführung des Deckungsgeschäfts noch widerrufen werden.[6]

Nach der Ausführung des Deckungsgeschäfts kann eine Order des Kunden zwar nicht mehr widerrufen, aber noch nach den allgemeinen Vorschriften angefochten werden (§§ 119ff. BGB). In diesem Zusammenhang ist der einseitige Irrtum über den Wertpapierkurs kein Eigenschaftsirrtum (§ 119 II BGB) und daher unbeachtlich, weil der Wert oder

---

[1] BGHZ 8, 222, 235; WM 1972, 19, 21; 1976, 630, 631.
[2] Vgl. RG WarnRspr. 1916 Nr. 277, 456; BankArch. 29, 454, 455; WarnRspr. 1919 Nr. 35, 53f.; BGH WM 1987, 1329, 1331.
[3] Baumbach/Hopt § 385 Anm. 1) B.
[4] BGH WM 1976, 474; BB 1978, 1187.
[5] BGH WM 1981, 374.
[6] OGHZ 4, 209, 219.

Preis einer Sache grds. nicht als Eigenschaft der Sache selbst angesehen werden kann;[7] andererseits sind Eigenschaften eines Papiers die Höhe der Dividende einer Aktie oder der Zinsfuß einer Anleihe. Für den beiderseitigen Irrtum über den Kurs soll zwar nach der Rechtssprechung des Reichsgerichts ein Inhaltsirrtum gem. § 119 I BGB in Betracht kommen,[8] dies ist jedoch unzutreffend, weil beide Parteien sich nicht über den Inhalt ihrer Erklärungen, sondern über deren Grundlage irren, sodaß zutreffenderweise die Regeln über das Fehlen der subjektiven Geschäftsgrundlage mit der Maßgabe Anwendung finden müssen, daß jede Partei von dem Geschäft zurücktreten kann.

Der in der Praxis wohl wichtigste Fall ist die Anfechtung einer Kundenorder wegen Täuschung des Kunden durch arglistiges Verschweigen von Tatsachen (§ 123 BGB), zu deren Offenlegung die Bank gem. §§ 384 I HGB, 242 BGB verpflichtet gewesen wäre (s. o.), ohne gleichzeitig kollidierende Pflichten auf Geheimhaltung von Insiderwissen zu verletzen (vgl. Nr. 1 I 2 Insiderhandels-Ri).  315

## C. Orderausführung

### I. Kommissionsgeschäft

Kommissionär ist gem. § 383 HGB, wer es gewerbsmäßig übernimmt, Waren oder Wertpapiere für Rechnung eines anderen (des Kommittenten) im eigenen Namen zu kaufen (**Einkaufskommission**) oder zu verkaufen (**Verkaufskommission**). Dem Kommittenten, also dem Kunden, ist die Bank verpflichtet, das aus der Geschäftsbesorgung Erlangte herauszugeben (§§ 384 II HGB, 667, 675 BGB), sei es der Kaufpreis im Falle der Verkaufskommission oder die Wertpapiere im Falle der Einkaufskommission. Der Geschäftsbesorgungsvertrag über die Ausführung eines Kommissionsgeschäfts kommt auch durch bloßes Schweigen der Bank zustande, falls diese nicht unverzüglich widerspricht (§ 362 HGB). Der Widerspruch muß unverzüglich, d. h. ohne schuldhaftes Zögern erfolgen (§ 121 I 1 BGB). Dies ist nicht gleichbedeutend mit „sofort".[9] Der Bank ist eine vom Einzelfall abhängige Überlegungsfrist zuzubilligen, während der sie beispielsweise die ausreichende Guthaben- oder Depotdeckung des Kunden prüft, ohne die sie nicht verpflichtet ist, Aufträge zum Einkauf oder Verkauf von Wertpapieren auszuführen (Nr. 7 Sonderbedingungen für Wertpapiergeschäfte).

Im Zusammenhang mit der Ausführung von Kundenorders im Rah-  316

---

[7] RGZ 64, 266, 269; 116, 15, 17; BGHZ 16, 54, 57.
[8] RGZ 64, 268; 85, 323; 94, 67; 97, 138; 101, 51; 105, 406; 116, 15.
[9] RGZ 124, 118.

men eines Kommissionsgeschäfts hat die Bank inbesondere folgende Rechte und Pflichten:

317 – Die Bank ist verpflichtet, die Interessen des Kunden wahrzunehmen und seinen Weisungen zu folgen (§ 384 I HGB) bzw. die Schäden zu ersetzen, die infolge einer Nichtbeachtung der Kundeninteressen oder -weisungen verursacht werden (§ 385 HGB).

318 – Die Bank ist verpflichtet, dem Kunden die erforderlichen Nachrichten zukommen zu lassen, insbesondere von der Ausführung der Kommission unverzüglich Anzeige zu machen (§ 384 II 1. Hs. HGB).

319 – Die Bank ist verpflichtet, dem Kunden über das Ausführungsgeschäft Rechnung abzulegen (§ 384 II 2. Hs. HGB); ein bloßer Nachweis, daß bei den berechneten Preisen der zur Zeit der Ausführung der Kommission bestehende Börsen- oder Marktpreis eingehalten wurde, reicht dafür nicht aus. Rechenschaftspflicht bedeutet nicht nur, eine genaue Abrechnung über Erlöse und Aufwendungen zu erteilen oder den Ausführungszeitpunkt zu benennen, sondern vor allem, den Kurs, zu dem die Kommission ausgeführt wurde, zu rechtfertigen. Dies erleichtert dem Kunden den von ihm zu führenden Beweis, daß das Deckungsgeschäft bei Anwendung pflichtmäßiger Sorgfalt zu einem für ihn günstigeren Kurs hätte ausgeführt werden können (§ 401 I HGB).

320 – Die Bank haftet für die Erfüllung des Deckungsgeschäftes, wenn sie dem Kunden nicht zusammen mit der Ausführungsanzeige den Dritten namhaft macht, mit dem sie das Ausführungsgeschäft abgeschlossen hat (§ 384 III HGB; sog. **Selbsthaftung**).

321 – Die Bank ist berechtigt, die Erfüllung des Vertrages auch dann zu verlangen, wenn sie bei der Ausführung der Kundenorder zwar von einem ihr vorgegebenen Preis abweicht, aber gleichzeitig mit der Ausführungsanzeige die Deckung des Preisunterschiedes anbietet (§ 386 HGB).

322 – Die Bank ist berechtigt, Provisionen und den Ersatz sonstiger Aufwendungen (Makler-Courtage, Gebühren etc.) zu berechnen (§§ 403, 396 HGB).

## II. Eigengeschäft

323 Vereinbaren Bank und Kunde für das einzelne Geschäft einen festen Preis (Festpreisgeschäft), so kommt ein Kaufvertrag zustande (Nr. 9 Sonderbedingungen für Wertpapiergeschäfte). Es findet BGB-Kaufrecht und ergänzend Handelskaufrecht, nicht aber Kommissionsrecht Anwendung (§§ 433 ff. BGB, 381 II i. V. m. 373 ff. HGB). Nach Kaufvertragsrecht handelt die Bank grds. im Eigen- und nicht im Fremdinteresse, während im Kommissionsrecht grds. das Eigeninteresse der Bank bei

Unvereinbarkeit mit dem speziellen Fremdinteresse des Kunden zurückzutreten hat. Bestehen daher Zweifel, welches Recht nach dem Willen der Parteien zur Anwendung gelangen sollte, findet Kommissionsrecht als das Recht Anwendung, das dem Interesse des Kunden dient.[10] Dies gilt z. B., wenn Zweifel bestehen, ob ein Wertpapier amtlich notiert ist oder eine amtliche Notierung nur wegen einer vorübergehenden Schließung der Börsen unterbleibt.[11] Dasselbe muß im Zweifel gelten, wenn es sich zwar um zum amtlichen Handel zugelassene, aber noch nicht an der Börse eingeführte Papiere handelt.

Anders als das Kommissionsgeschäft wird das Eigengeschäft erst durch tatsächliche Annahme des Kauf- oder Verkaufsangebots des Kunden, sei es ausdrücklich oder konkludent, wirksam. Das Unterlassen eines unverzüglichen Widerspruchs seitens der Bank bedeutet keine fiktive Annahme, da der Abschluß eines Kaufvertrages keine Geschäftsbesorgung der Bank für den Kunden ist (vgl. § 362 HGB). Das Eigengeschäft kommt daher entweder durch ausdrückliche Annahme der Bank oder, wie die vom Kaufvertragsrecht überlagerte Kommission, erst konkludent mit Ausführung des Deckungsgeschäfts zustande.

Hinsichtlich der Berechnung des Einstandspreises ist die Bank aufgrund der Anwendung von Kaufrecht völlig frei,[12] sofern sie sich mit dem Kunden über einen bestimmten Preis einigt. Erhält die Bank das Recht, den Preis einseitig zu bestimmen (§ 315 BGB), so hat sie die Bestimmung im Zweifel nach billigem Ermessen zu treffen. Da zur billigen Ausübung dieses Ermessens das Deckungsgeschäft maßgeblich ist, kommt es in diesem Fall zu einem ähnlichen Interessengefüge wie bei der Kommission.

### III. Insidergeschäft

Gem. §§ 14 I, 1, 13 I Nr. 3 I Nr. 3 WpHG ist es jemanden, der aufgrund seines Berufs oder seiner Tätigkeit oder seiner Aufgabe bestimmungsgemäß Kenntnis von einer Insidertatsache hat **(Insider)**, verboten,
– Insiderpapiere i. S. d. §§ 12, 2 WpHG unter Ausnutzung seiner Kenntnis von einer Insidertatsache für eigene oder fremde Rechnung oder für einen anderen zu erwerben oder zu veräußern,
– einem anderen eine Insidertatsache unbefugt mitzuteilen oder zugänglich zu machen,
– einem anderen auf der Grundlage seiner Kenntnis von einer Insidertatsache den Erwerb oder die Veräußerung von Insiderpapieren zu empfehlen.

---
[10] RGZ 94, 65; 114, 11; BGHZ 8, 226.
[11] BGHZ 8, 222, 227.
[12] BGH WM 1959, 999, 1001.

116   Dritter Teil. Privates Bankrecht

**327**  Unter Erwerbs- und Veräußerungsgeschäft sind alle wertmäßig relevanten Transaktionen, die zu Wertpapierumsätzen führen, zu verstehen. Wie die EU-Insiderrechtsrichtlinie erfaßt auch das WpGH nicht das aufgrund von Insiderwissen **unterlassene** Geschäft.

Die Ausnutzung von Insiderkenntnissen liegt immer dann vor, wenn ein Insider seinen Wissensvorsprung nutzt, um für sich oder andere einen wirtschaftlichen Vorteil zu erlangen, der als Verstoß gegen den Grundsatz der Chancengleichheit angesehen und mißbilligt wird (BT-Drucksache 12/6679, S. 47). Keine Ausnutzung von Insiderkenntnissen besteht dann, wenn sich eine konkrete Anlageentscheidung auch aufgrund öffentlich bekannter Tatsachen aufdrängt.

**328**  **Insidertatsache** ist die einem Insider bekannte, nicht öffentliche Tatsache, die sich auf einen oder mehrere Emittenten von Insiderpapieren oder auf Insiderpapiere bezieht und die geeignet ist, im Falle ihres öffentlichen Bekanntwerdens den Kurs der Insiderpapiere erheblich zu beeinflussen (§ 13 I Nr. 3 a. E. WpHG). Keine Insidertatsache ist dagegen eine Bewertung, die ausschließlich aufgrund bereits öffentlich bekannter Tatsachen erstellt wird (§ 13 II WpHG). Eine erhebliche Kursbeeinflussung ist ab 5% anzunehmen.

**329**  Gem. §§ 12 I, 2 I WpGH sind Wertpapiere, auch wenn für sie keine Urkunden ausgestellt wurden (i. e. Buchwerte), **Insiderpapiere,** wenn es sich um

– Aktien, Zertifikate, die Aktien vertreten, Schuldverschreibungen, Genußscheine, Optionsscheine,

– andere Wertpapiere, die mit Aktien oder Schuldverschreibungen vergleichbar sind,

handelt **und** diese Wertpapiere

– auf einem Markt gehandelt werden können, der von staatlich anerkannten Stellen geregelt und überwacht wird, regelmäßig stattfindet und für das Publikum unmittelbar oder mittelbar zugänglich ist (§ 2 I WpHG),

– an einer inländischen Börse zum Handel zugelassen oder in den Freiverkehr einbezogen sind oder in einem anderen Mitgliedsstaat der EU oder einem anderen Vertragsstaat des Abkommens über den Europäischen Wirtschaftsraum zum Handel an einem Markt i. S. d. § 2 I WpHG zugelassen sind (§ 12 I, 1 WpHG), wobei der Handelszulassung oder der Einbeziehung in den Freiverkehr der jeweilige Antrag oder die jeweilige Ankündigung gleichsteht (§ 12 I, 2 WpHG).

**330**  Mit Aktien sind sonstige Wertpapiere, die ein Mitgliedschaftsrecht, mit Schuldverschreibungen solche, die einen Anspruch auf ein schuldrechtliches Forderungsrecht verkörpern, vergleichbar (BT-Drucksache 12/6679, S. 39). Den Wertpapieren sind die Rechte auf Zeichnung, Erwerb oder Veräußerung von Wertpapieren gleichgestellt, wenn deren Börsen- und Marktpreis unmittelbar oder mittelbar von der Entwick-

lung des Börsen- und Marktpreises von Wertpapieren abhängt (§§ 12 II, 1 Nr. 1, 2 II WpHG).
Verbotswidrige Insidergeschäfte sind nichtig (§ 134 BGB). Ein Verstoß gegen das durch § 14 WpHG normierte Verbot von Insidergeschäften ist eine Straftat und wird mit Freiheitsstrafe bis zu fünf Jahren oder mit Geldstrafe geahndet, wobei ein entsprechendes ausländisches Verbot dem WpHG-Verbot gleichgestellt ist (§ 38 WpHG). 331

## D. Erfüllung

### I. Einkaufsgeschäft

Durch das Depotgesetz wurden aus Gründen des Anlegerschutzes zwei von §§ 929 ff. BGB abweichende zusätzliche Eigentumserwerbsmöglichkeiten für Wertpapiere geschaffen, und zwar die Absendung des Stückeverzeichnisses für den Fall der Sonderverwahrung (s. Rn. 350 ff.; § 18 III DepotG) und die Eintragung des Übertragungsvermerks im Verwahrungsbuch der Bank für den Fall der Sammelverwahrung (s. Rn. 353 ff.; § 24 II 1 DepotG). 332

Führt die Bank im Rahmen der Sonderverwahrung eine Einkaufskommission von Wertpapieren (Inhaberpapiere und blanko indossierte Orderpapiere) aus, dann hat sie dem Kunden unverzüglich, spätestens aber binnen einer Woche, ein Verzeichnis der gekauften Stücke (**Stückeverzeichnis**) zu übersenden. In dem Stückeverzeichnis sind die Wertpapiere nach Gattung, Nennbetrag, Nummern oder sonstigen Bezeichnungsmerkmalen zu bezeichnen (§ 18 I DepotG). Die Frist zur Übersendung des Stückeverzeichnisses beginnt bei Namhaftmachung des Verkäufers mit dem Erwerb der Stücke durch die Bank, ansonsten nach Ablauf eines fiktiven Zeitraums, innerhalb dessen die Bank nach Erstattung der Ausführungsanzeige die Stücke bei ordnungsgemäßem Geschäftsgang ohne schuldhaftes Zögern beziehen oder das Stückeverzeichnis von einem Drittverwahrer erhalten konnte (§ 18 II DepotG). 333

Die **Übertragung von Sondereigentum** an Wertpapieren erfolgt, soweit die Bank über sie zu verfügen berechtigt ist (§ 185 BGB), kraft Gesetzes mit der Absendung des Stückeverzeichnisses an den Kunden (§ 18 III DepotG), sofern nicht der Eigentumsübergang bereits früher gem. §§ 929 ff. BGB, z. B. durch antizipierte Einigung und antizipiertem Besitzkonstitut gem. § 930 BGB, geschehen ist; dies gilt auch für einen Ersterwerb aus einer Emission.[13] Die Absendung ist die äußerliche Manifestation der Entäußerung; mit ihr wird nach außen hin kundgetan, daß sich der bisherige Eigentümer seines Eigentums begibt. Entspre- 334

---

[13] RGZ 104, 120.

chend §§ 273 BGB, 369 HGB darf die Bank die Absendung zurückhalten, solange der Kunde nicht gezahlt hat, es sei denn, sie hat den Kaufpreis gestundet (§ 19 I DepotG). Das Zurückbehaltungsrecht ist für das einzelne Geschäft gesondert, ausdrücklich und schriftlich geltend zu machen; die entsprechende Erklärung ist binnen einer Woche nach Erstattung der Ausführungsanzeige abzusenden und darf nicht auf andere Urkunden verweisen (§ 19 II DepotG). Die Frist zur Übersendung des Stückeverzeichnisses beginnt dann erst, wenn die Bank aus der Ausführung des konkreten Auftrags befriedigt wurde; dies ist bei einem Kontokorrentverhältnis (s. Rn. 89 ff.) dann der Fall, wenn die Summe der Habenposten die der Sollposten erstmals erreicht oder übersteigt (§ 19 III, IV DepotG).

335 Werden im Rahmen eines bestimmten Kreditrahmens über das Kontokorrentkonto ständig spekulative Geschäfte abgewickelt, so kann die Bank sich vorbehalten, Stückeverzeichnisse erst auf Verlangen des Kunden zu übersenden (§ 20 I DepotG); die jeweils im Depot befindlichen Wertpapiere dienen ihr dann als Sicherheit für den herausgelegten Überziehungskredit (Nr. 14 AGB-Banken). Der Vorbehalt ist schriftlich zusammen mit der Erstattung der Ausführungsanzeige mitzuteilen (§ 20 II DepotG). Die Frist zur Übersendung des Stückeverzeichnisses beginnt in diesem Fall erst mit Zugang der Erklärung des Kunden, daß er die Übersendung des Stückeverzeichnisses verlange (§ 20 III DepotG).

336 Unterläßt die Bank die Übersendung des Stückeverzeichnisses, ohne nach den obigen Ausführungen dazu berechtigt zu sein, oder holt sie das Versäumte auf eine nach Ablauf der Frist zur Übersendung des Stückeverzeichnisses an sie ergangene Aufforderung des Kunden nicht binnen drei Tagen nach, dann ist der Kunde, falls er die Unterlassung nicht selbst zu vertreten hat, berechtigt, das Geschäft als nicht für seine Rechnung abgeschlossen zurückzuweisen und Schadensersatz wegen Nichterfüllung zu beanspruchen (§ 25 I DepotG).

Der Kunde verliert dieses Recht allerdings wieder, wenn er es nicht binnen drei Tagen nach Ablauf der Nachholungsfrist geltend macht (§ 25 II DepotG).

337 Im Falle der **Übertragung von Miteigentum** an einem Sammelbestand erfolgt der Eigentumsübergang, da es mangels Stückeverzeichnisses nicht zum Eigentumserwerb gem. § 18 III DepotG kommen kann, spätestens mit der Eintragung des Übertragungsvermerkes im Verwahrungsbuch der Bank, soweit diese verfügungsberechtigt ist (§§ 24 II 1 DepotG, 185 BGB). Die Bank hat dem Kunden die Verschaffung des Miteigentums unverzüglich mitzuteilen (§ 24 II 2 DepotG). Die obigen Ausführungen gelten in gleicher Weise für die Kommission und das Eigengeschäft (§ 31 DepotG).

Beide gesetzlichen Erwerbsarten finden nur Anwendung, soweit die Bank verfügungsbefugt ist (§§ 18 III, 24 II 1 DepotG, 185 I BGB); fehlt die Verfügungsberechtigung, kommt ein nachträglicher Eigentumserwerb gem. § 185 II BGB analog in Betracht.

Umstritten ist, von wem der Kunde die Wertpapiere kraft Gesetzes 338 erwirbt. Von allen rechtlichen Konstruktionen, die einen Durchgangserwerb der Bank, sei es auch nur für eine „logische Sekunde" (antizipierte Einigung nebst antizipiertem Besitzkonstitut), überhaupt verhindern können, bleibt nur eine Direktübertragung von dem Dritten an den Kunden nach den Grundsätzen der **Eigentumsübertragung „an denjenigen, den es angeht"**. Da die Bank aber sowohl als Kommissionärin wie auch als Eigenhändlerin gegenüber dem Dritten im eigenen Namen handelt, kommt es grds. zu einem Zwischenerwerb der Bank (arg. §§ 164 II BGB, 392 I HGB); denn sie ist dessen Vertragspartnerin. An sie will er befreiend leisten (§ 362 I BGB).[14] Mag also dahingestellt sein, ob der Gegenpartei bei „Bargeschäften des täglichen Lebens", dem originären Anwendungsfall des praeter et contra legem entwickelten Geschäfts „für den, wen es angeht",[15] die Person des Kontrahenten immer gleichgültig ist, bei Wertpapiergeschäften ist dies gewiß nicht der Fall, auch wenn der Effektenverkehr weitgehend anonym erfolgt. Im übrigen gibt es weiterhin die grundsätzlichen Bedenken gegen diese rechtliche Konstruktion an sich, da nach dem sachenrechtlichen Bestimmtheitsgrundsatz ein genereller Eigentumsübertragungswille spätestens zum Zeitpunkt der Übertragung auf eine bestimmte Person gebündelt sein muß; dieser individualisierte Wille ist im anonymen bankrechtlichen Verkehr bei der Vielzahl von Kundenaufträgen und Nostrogeschäften aber nur dann möglich, wenn die Bank selbst (gewollter) Adressat der Übereignungserklärung des Dritten und nicht irgendein Kunde ist.[16] Der Kunde erwirbt daher das Eigentum an den Wertpapieren kraft Gesetzes (§§ 18 III, 24 II DepotG) nicht von dem Dritten, sondern von der Bank; diese ist Zwischeneigentümerin. Dies ist freilich anders, wenn die Bank ausnahmsweise im fremden Namen für fremde Rechnung, also als direkte Stellvertreterin, handeln würde.

Hinsichtlich eines gutgläubigen Erwerbs von der nichtberechtigten 339 Bank (§§ 932 ff. BGB, 366 HGB) ist wie folgt zu unterscheiden:
– Ein gutgläubiger Eigentumserwerb durch die Absendung des Stückeverzeichnisses (§ 18 III DepotG) kommt nicht in Betracht, weil die Gutglaubensvorschriften nach dem **Traditionsprinzip** an die Rechtsscheinwirkung der Besitzerlangung anknüpfen. Daher erfolgt ein gutgläubiger Erwerb des Eigentums gem. §§ 932 ff. BGB analog erst, wenn die Wertpapiere dem Kunden übergeben werden oder die Voraussetzungen des § 934 BGB erfüllt sind.[17]

---

[14] OLG München WM 1956, 876, 877.
[15] BGH NJW 1955, 590.
[16] Zutreffend Schönle § 18 IV 2. d.
[17] Canaris Rn. 1972.

– Dagegen soll hinsichtlich des gutgläubigen Erwerbs des Miteigentums an einem Wertpapiersammelbestand die Eintragung in das Verwahrungsbuch (§ 24 II DepotG) der Rechtsscheinwirkung des Besitzes entsprechen.[18] Diese Ansicht ist nicht nachvollziehbar; denn die Eintragung in das Verwahrungsbuch schafft keinen Rechtsschein, sie schafft Recht. Es ist daher konsequenter, im Wege der Ergebnisjurisprudenz und einer doppelten Analogie zu den §§ 932ff. BGB, 366 HGB einen an sich nicht möglichen Gutglaubenserwerb dennoch mit der Eintragung in das Verwahrungsbuch zu ermöglichen, weil ein anderes Ergebnis nach Treu und Glauben (§ 242 BGB) untragbar wäre.

Die Absendung des Stückeverzeichnisses bzw. die Eintragung in das Verwahrungsbuch sind als rechtsgeschäftsähnliche Handlungen gem. §§ 119ff. BGB anfechtbar, etwa, wenn der Inhalt des Stückeverzeichnisses unrichtig ist (§ 119 I BGB).

**340** In der Praxis erfolgt die Erfüllung des Einkaufsgeschäfts in der Weise, daß die Bank

– bei einem Kauf im Inland dem Kunden durch Girosammel-Depotgutschrift **(GS-Gutschrift)** Miteigentum an den Wertpapieren verschafft, falls diese zur Girosammelverwahrung bei der Deutschen Wertpapiersammelbank (Deutscher Kassenverein AG) zugelassen sind, andernfalls Alleineigentum, indem sie die angeschafften Wertpapiere gesondert von ihren eigenen Beständen und von denen Dritter verwahrt **(Streifbandverwahrung;** Nr. 11 Sonderbedingungen für Wertpapiergeschäfte),

– bei einem Kauf im Ausland durch Verwahrung im Ausland unter Einschaltung von Zwischenverwahrern (z. B. Deutscher Auslandskassenverein AG), der Verschaffung von Eigentum, Miteigentum oder einer anderen im Lagerland üblichen, gleichwertigen Rechtsstellung und der Erteilung einer Gutschrift in Wertpapierrechnung (**WR-Gutschrift,** s. Rn. 357) unter Angabe des ausländischen Staates, in dem sich die Wertpapiere befinden (Lagerland; Nr. 12 I–III Sonderbedingungen für Wertpapiergeschäfte).

Für den Fall der Anschaffung von Wertpapieren im Ausland braucht die Bank die Auslieferungsansprüche des Kunden aus der ihm erteilten WR-Gutschrift nur aus dem von ihr im Ausland über Zwischenverwahrer unterhaltenen Deckungsbestand zu erfüllen. Der Deckungsbestand besteht aus den im Lagerland für die Kunden und für die Bank aufbewahrten Wertpapiere derselben Gattung (Nr. 12 IV 1, 2 Sonderbedingungen für Wertpapiere). Gem. Nr. 12 IV dieser AGB trägt der Kunde anteilig alle wirtschaftlichen und rechtlichen Nachteile und Schäden, die den Deckungsbestand als Folge höherer Gewalt, Aufruhr, Kriegs- und

---

[18] Canaris Rn. 2027 m. w. N.

5. Kapitel. Wertpapiergeschäft

Naturereignissen oder durch sonstige von der Bank nicht zu vertretende Zugriffe Dritter im Ausland oder im Zusammenhang mit Verfügungen von hoher Hand des In- oder Auslandes treffen sollten. Der Beweis dafür, daß einer dieser Umstände vorliegt, obliegt der Bank.

## II. Verkaufsgeschäft

Das Verkaufsgeschäft wird nicht durch das Depotgesetz geregelt, weil hinsichtlich der bloßen Kaufpreiszahlung an den Kunden kein besonderes Regelungsbedürfnis unter dem Aspekt des Anlegerschutzes besteht. Es bleibt insoweit bei den allgemeinen Vorschriften. 341

Die Eigentumsübertragung an den Dritten erfolgt bei der Kommission mit der Einwilligung des Kunden (§ 185 I BGB); ein Zwischenerwerb der Bank findet nicht statt, mit der Maßgabe, daß der Kunde in der Zwangsvollstreckung und im Konkurs der Bank die Drittwiderspruchsklage (§ 771 ZPO) bzw. das Aussonderungsrecht (§ 43 KO) hat, solange seine Wertpapiere nicht einem Dritten veräußert wurden. Anders verhält es sich dagegen beim Eigengeschäft. Hier tritt die Bank ausschließlich als Käuferin auf. Sie wird Zwischeneigentümerin, weil der Kunde das Eigentum an den Wertpapieren an sie und nicht an irgendeinen Dritten übertragen will.

Ist der Kunde weder Eigentümer noch Verfügungsberechtigter der an die Bank verkauften Wertpapiere, ist grds. ein Gutglaubenserwerb nach den allgemeinen Vorschriften (§§ 932 ff. BGB, 366 HGB) nur möglich, wenn 342

– der Bank weder bekannt ist noch infolge grober Fahrlässigkeit unbekannt ist (§ 932 II BGB), daß der Kunde kein Eigentümer der Papiere ist (§ 932 I BGB), oder aber, falls dieser Kaufmann ist, keine Verfügungsbefugnis darüber hat (§ 366 HGB),
– die Wertpapiere dem wahren Berechtigten nicht abhanden gekommen sind (§ 935 I BGB).

An abhanden gekommenen Papieren ist ausnahmsweise ein Gutglaubenserwerb an Inhaberpapieren (§ 935 II BGB), an den kaufmännischen Orderpapieren des § 363 HGB und an Orderschuldverschreibungen (§ 365 I HGB i. V. m. Art. 16 II WG) sowie an blanko indossierten Namensaktien (§ 68 I AktG) möglich, dies aber grds. nur, wenn zur Zeit der Veräußerung der Verlust der Papiere nicht im Bundesanzeiger bekannt gemacht und seit dem Ablauf des Jahres, in dem die Veröffentlichung erfolgt ist, nicht mehr als ein Jahr verstrichen war (§ 367 I HGB). 343

## 6. Kapitel. Depotgeschäft

### A. Allgemeines

344 Das Depotgeschäft ist die Verwahrung und Verwaltung von Wertpapieren für andere (§ 1 I Nr. 5 KWG). Es ist eine Wertpapiernebendienstleistung i. S. d. § 2 IIIa Nr. 1 WpHG. Maßgeblich für die Abwicklung des Depotgeschäfts ist das Gesetz über die Verwahrung und Anschaffung von Wertpapieren (Depotgesetz). Gem. § 2 II DepotG betrifft das Depotgeschäft nur die offene Verwahrung (§§ 688 ff. BGB) von Wertpapieren unter der Obhut der Bank; das Deponieren von Wertpapieren in nur für den Kunden zugänglichen Schrankfächern ist keine Verwahrung, sondern Miete oder Leihe.[1]

345 Der Wertpapierbegriff des Depotgesetzes ist enger als der des Wertpapierhandels (vgl. Rn. 308) und des Wertpapierrechts. Per Legaldefinition fallen darunter Aktien, Kuxe, Zwischenscheine, Reichsbankanteilscheine, Zins-, Gewinn- und Erneuerungsscheine, auf den Inhaber lautende oder durch Indossament übertragbare Schuldverschreibungen sowie andere Wertpapiere, wenn diese vertretbar sind, mit Ausnahme von Banknoten und Papiergeld (§ 1 I DepotG). Vertretbar sind Wertpapiere, wenn sie im Verkehr nach Art und Zahl der Stücke bestimmt zu werden pflegen (§ 91 BGB). Dies gilt insbesondere nicht für Rekta-(Namens-)Wertpapiere (z. B. § 363 II HGB: Konnossement, Ladeschein, Lagerschein), Namensschuldscheine, Wechsel, Schecks, Hypotheken-, Grundschuld- und Rentenschuldbriefe. Schuldscheindarlehen oder Sparbücher scheiden dagegen schon deshalb aus, weil sie auch nach dem weiten wertpapierrechtlichen Wertpapierbegriff keine Wertpapiere sind. Andererseits sind Anteilscheine von Kapitalanlagegesellschaften (s. Rn. 388 ff.) vertretbare Wertpapiere. Auch ausländische Wertpapiere sind nach dem Merkmal der Vertretbarkeit entsprechend zu beurteilen.

346 Wenngleich das Depotgeschäft gem. § 1 I 2 Nr. 5 KWG ein Bankgeschäft ist, braucht der Verwahrer keine Bank zu sein, sondern lediglich ein Kaufmann, dem im Betriebe seines Handelsgewerbes Wertpapiere i. S. d. § 1 I DepotG unverschlossen zur Verwahrung anvertraut werden (§ 2 II DepotG). Auch der Minderkaufmann kann also Verwahrer sein.

Als Depotbank kann auch eine Zweigniederlassung eines Kreditinstituts i. S. v. § 53b I 1 KWG beauftragt werden (§ 12 I 3 KAGG).

In der Regel erfolgt die Wertpapierverwahrung weder bei Geschäftsbanken noch bei sonstigen Kaufleuten, sondern bei speziellen Wertpa-

---

[1] BGHZ 3, 200.

# 6. Kapitel. Depotgeschäft

piersammelbanken, den sog. **Kassenvereinen.** Diese werden von der nach Landesrecht zuständigen Stelle des Landes, in dessen Gebiet der Kassenverein seinen Sitz hat, als solche anerkannt, wobei die Anerkennung im Interesse des Anlegerschutzes von Auflagen abhängig gemacht werden kann (§ 1 III DepotG). Neben der Deutscher Kassenverein AG ist hier als Buchungs- und Clearingstelle für den internationalen Wertpapierverkehr der Deutsche Auslandskassenverein in Frankfurt am Main zu nennen. Die Geschäftsbeziehungen zwischen den Banken und den Kassenvereinen werden durch die „Allgemeinen Geschäftsbedingungen der Wertpapiersammelbanken" geregelt.

Im Rahmen der Verwahrung von Wertpapieren im Inland haftet die Bank für jedes Verschulden ihrer Mitarbeiter und der Personen, die sie zur Erfüllung ihrer Verpflichtungen hinzuzieht. Soweit dem Kunden eine GS-Gutschrift erteilt wird, haftet die Bank auch für die Erfüllung der Pflichten der Deutscher Kassenverein AG. Im Falle der Verwahrung von Wertpapieren im Ausland beschränkt sich die Haftung der Bank auf die sorgfältige Auswahl und Unterweisung des von ihr beauftragten ausländischen Verwahrers oder Zwischenverwahrers. Bei der Zwischenverwahrung durch die Deutscher Auslandskassenverein AG oder einen anderen inländischen Zwischenhändler sowie einer Verwahrung durch eine eigene ausländische Geschäftsstelle haftet die Bank für deren Verschulden (Nr. 19 Sonderbedingungen für Wertpapiere).

Die **Wertpapierdepotkonten** entsprechen nach ihrer Ausgestaltung 347 grds. den Einlagenkonten (vgl. Rn. 76ff.). Keine Verwahrung i. S. d. Depotgesetzes ist die sog. **unregelmäßige Verwahrung,** d. h. die Vereinbarung zwischen Hinterleger und Verwahrer, daß das Eigentum an den Wertpapieren sofort mit der Übergabe auf den Verwahrer oder einen Dritten übergeht und der Verwahrer lediglich schuldrechtlich verpflichtet ist, Wertpapiere der selben Art zurückzugewähren (§ 15 I DepotG). Für eine solche Vereinbarung finden die Vorschriften des Darlehensrechts Anwendung (§§ 700 I i. V. m 607ff. BGB), wenn die Erklärung des Hinterlegers für das einzelne Geschäft ausdrücklich und schriftlich abgegeben wird und sie weder auf eine andere Urkunde verweist noch mit anderen Erklärungen des Hinterlegers verbunden ist (§ 15 II DepotG).

## B. Verwahrung und Verwaltung

Der Depotvertrag ist nach seinen zwei Elementen, Verwahrung und 348 Verwaltung, ein gemischttypischer Vertrag, wobei das Verwaltungselement als Dienstvertrag, der eine Geschäftsbesorgung zum Gegenstand hat, zu qualifizieren ist (§§ 688ff.; 675, 611ff. BGB). Zur **Verwaltung** gehören z. B. folgende Aufgaben (vgl. im einzelnen Nr. 13ff. Sonderbedingungen für Wertpapiergeschäfte):

124  *Dritter Teil. Privates Bankrecht*

- Einziehung des Gegenwertes von Zins- und Gewinnanteilen.
- Überwachung von in den „Wertpapiermitteilungen" bekanntgegebenen Auslosungen und Kündigungen.
- Überprüfung anhand der „Wertpapiermitteilungen", ob die eingelieferten Wertpapiere von Oppositionen, Aufgeboten, Zahlungssperren etc. betroffen sind.
- Benachrichtigung des Kunden hinsichtlich in den „Wertpapiermitteilungen" bekanntgemachter Konvertierungen, Ausübung oder Verwertung von Bezugsrechten, Aufforderungen zu Einzahlungen, Fusionen, Sanierungen, Zusammenlegungen und Umstellungen sowie bei Umtausch-, Abfindungs- und Übernahmeangeboten.
- Weiterleitung von Aktionärsmitteilungen einschließlich Teilnahme- und Stimmrechtsunterlagen (§ 128 I AktG); Mitteilung eigener Vorschläge zur Ausübung des Stimmrechts, falls die Bank aufgrund einer Vollmacht des Kunden beabsichtigt, in der Hauptversammlung das Stimmrecht für die Aktionäre auszuüben oder ausüben zu lassen (§ 128 II AktG), sowie Ausübung des Stimmrechts, falls sie sich gegenüber anderen Aktionären zur Stimmrechtsausübung erboten hat (§ 135 X AktG) und der Kunde sein Stimmrecht nicht selbst ausüben will. Die Vollmacht zur Ausübung des Stimmrechts ist jederzeit widerruflich. Sie kann für eine bestimmte Hauptversammlung als Einzelvollmacht oder allgemein bis zu 15 Monaten als „**Dauervollmacht**" erteilt werden (§ 135 AktG). In der Regel wird sie nicht als **offene Vollmacht**, sondern ohne Benennung des Aktionärs (**verdeckte Vollmacht**) ausgestellt.
- Führung eines Verwahrungsbuches, in das grds. jeder Hinterleger sowie Art, Nennbetrag oder Stückzahl, Nummern oder sonstige Bezeichnungsmerkmale der für ihn verwahrten Wertpapiere einzutragen sind (§ 14 I 1 DepotG), im Falle der Drittverwahrung auch Ort der Niederlassung und Name des Kassenvereins, es sei denn, letzterer ergibt sich aus sonstigen Unterlagen (§ 14 IV 1, 2 DepotG). Da bei der Sammelverwahrung (s. u.) keine Numerierung der verwahrten Stücke erfolgt, ist diese Verwahrungsart im Verwahrungsbuch ausdrücklich kenntlich zu machen (§ 14 IV 3 DepotG). In der Praxis üblich ist neben dem nach Hinterlegern aufgeschlüsselten Verwahrungsbuch noch ein sachliches, nach Wertpapierarten geführtes Buch.

## C. Verwahrarten

349   Das Gesetz unterscheidet zwischen Sonder- und Sammelverwahrung. Während erstere der gesetzliche Regelfall ist, ist letztere in der Form der sog. **Girosammelverwahrung** in der Praxis die Regel, d. h. die Geschäftsbank entlastet sich durch Einschaltung eines Drittverwahrers, i. e.

die auf die Wertpapierverwahrung spezialisierte Wertpapiersammelbank.

## I. Sonderverwahrung

Sonderverwahrung ist die Aufbewahrung von Wertpapieren unter äußerlich erkennbarer Bezeichnung jedes Hinterlegers, gesondert von den eigenen Beständen des Verwahrers (**Nostrobestand**) und von denen Dritter (§ 2 S. 1 DepotG). Die nach Hinterlegern singularisierten Wertpapiere werden in der Praxis häufig in sog. **Streifbänder** gelegt, die mit Namen des Hinterlegers und/oder Kontonummern gekennzeichnet sind; die Sonderverwahrung wird daher auch als **Streifbandverwahrung** bezeichnet. 350

Zweck und Ergebnis der Sonder- oder Streifbandverwahrung ist, daß sich die Eigentumsverhältnisse an den eingelieferten Stücken mit der Verwahrung nicht verändern, d. h. der bisherige Eigentümer bleibt Eigentümer, solange eine Singularisierung der Wertpapiere in der durch § 2 S. 1 DepotG normierten Weise fortbesteht. In der Praxis der Streifbandverwahrung wird überwiegend die Stammurkunde eines Wertpapiers (**Mantel**) von dem Zins-, Dividenden- oder Erneuerungsschein (**Bogen**) getrennt aufbewahrt. 351

Die Übertragung des Wertpapierdepots erfolgt entweder gem. §§ 931, 870 BGB durch Abtretung des Herausgabeanspruchs gegen den Verwahrer[2] oder gem. § 929 S. 1 BGB dadurch, daß die Übergabe durch Weisung an den Verwahrer, in Zukunft das Depot für den Erwerber zu besitzen (§ 868 BGB), ersetzt wird.[3] 352

Der Hinterleger, der zugleich Eigentümer ist, hat gegen den Verwahrer einen jederzeit fälligen Herausgabeanspruch, und zwar dinglich aus § 985 BGB und obligatorisch aus § 695 BGB, der ausschließlich zur Anwendung gelangt, wenn der Hinterleger nicht Eigentümer ist.

## II. Sammelverwahrung

Eine Sammelverwahrung besteht dann, wenn der Verwalter mit ausdrücklicher und schriftlicher Ermächtigung des Hinterlegers vertretbare Wertpapiere einer und derselben Art ungetrennt von seinen eigenen Beständen derselben Art oder von solchen Dritter aufbewahrt oder einem Dritten zu einer solchen Verwahrung anvertraut. Die Ermächtigung darf weder in den Geschäftsbedingungen des Verwahrers enthalten sein noch auf andere Urkunden verweisen und muß für jedes Verwahrungsge- 353

---

[2] BGH WM 1975, 450.
[3] BGH WM 1975, 1259, 1261.

schäft gesondert erteilt werden, es sei denn, daß die Wertpapiere, wie üblich, zur Sammelverwahrung Wertpapiersammelbanken übergeben werden sollen (§ 5 I DepotG).

354 Im Gegensatz zur Sonderverwahrung verliert der bisherige Eigentümer bei der Sammelverwahrung das Eigentum an dem eingelieferten Wertpapier, und zwar nicht erst durch Vermischung mit Wertpapieren derselben Art (§ 948 BGB), sondern bereits ex lege mit dem Eingang (§ 6 I 1 DepotG). Zu diesem Zeitpunkt erwirbt er grds. stattdessen Miteigentum nach Bruchteilen (§§ 741 ff. BGB) an den zum Sammelbestand des Verwahrers gehörenden Wertpapieren derselben Art, wobei für die Bestimmung des Bruchteils der Wertpapiernennbetrag oder, falls ein solcher nicht besteht, die Stückzahl maßgeblich ist (§ 6 I 2 DepotG). Rechte Dritter an dem eingelieferten Papier erlöschen analog § 949 S. 1 BGB und entstehen dafür analog § 949 S. 2 BGB an dem Miteigentumsanteil.

355 Das Recht über die Gemeinschaft nach Bruchteilen (§§ 741 ff. BGB) wird durch §§ 5ff. DepotG weitgehend abgeändert; dies trifft für die Verwaltung (§§ 744–746 BGB), für die Lasten- und Kostentragung (§ 748 BGB) und teilweise auch für die Aufhebung der Gemeinschaft (§§ 749–757 BGB) zu. Abweichend von § 747 BGB kann der Hinterleger auch nur über seinen Anteil an dem gesamten Sammelbestand verfügen, nicht aber über seine Miteigentumsrechte an einzelnen Wertpapieren.[4] Die Verfügung über diesen Anteil erfolgt im Rahmen des Effektengiroverkehrs nicht durch effektive Bewegung der davon betroffenen Wertpapiere, sondern durch bloße buchmäßige Übertragung von Anteilsrechten, und zwar entweder durch Eintragung eines entsprechenden Vermerks im Verwahrungsbuch (§ 24 II DepotG analog) oder gem. § 929 S. 1 BGB dadurch, daß die Übergabe durch Weisung an den Kassenverein, in Zukunft das Depot für den Erwerber zu besitzen (§ 868 BGB), ersetzt wird.

356 Der Herausgabeanspruch des Hinterlegers, der zugleich Miteigentümer ist, ergibt sich aus §§ 7, 8 DepotG, ansonsten nur aus § 8 DepotG. Danach können der Eigentümer-Hinterleger bzw. der Hinterleger jederzeit (§ 695 BGB) die Auslieferung von Wertpapieren in Höhe des Nennbetrages, bei Wertpapieren ohne Nennbetrag, in Höhe der Stückzahl der für ihn in Verwahrung genommenen Wertpapiere verlangen, nicht aber die Rückgabe der eingelieferten Stücke.

---

[4] BGH WM 1975, 1261.

## D. Gutschrift in Wertpapierrechnung

Sondereigentum bzw. Miteigentum nach Bruchteilen des Hinterlegers 357
bestehen ausnahmsweise dann nicht, wenn die Wertpapiere im Ausland
verwahrt werden. An die Stelle des Eigentums tritt in diesem Fall unter
Abbedingung der §§ 18–21 und 24 DepotG (s. **Wertpapiergeschäft**, Rn.
334 ff.) die sog. Gutschrift in Wertpapierrechnung unter Angabe des
ausländischen Staates, in dem sich die Wertpapiere befinden (s. Rn. 340).
Die Gutschrift begründet einen Verschaffungsanspruch gegen den inländischen Zwischenverwahrer. Sie schließt also nicht aus, daß der Hinterleger gem. § 22 I DepotG grds. jederzeit die Übersendung des Stückeverzeichnisses verlangen kann. Geht der Bank ein solches Verlangen des
Kunden zu, wird dadurch die Wochenfrist nach § 18 I 1 DepotG in Lauf
gesetzt (vgl. Rn. 333). Läßt die Bank diese Frist verstreichen und kommt
sie einer danach ergangenen Aufforderung des Hinterlegers, das Stückeverzeichnis zu übersenden, nicht binnen drei Tagen nach, ist der Hinterleger berechtigt, das Geschäft, aufgrund dessen die Papiere angeschafft
und in Verwahrung genommen wurden, als nicht für seine Rechnung
abgeschlossen zurückzuweisen und Schadenersatz wegen Nichterfüllung
zu beanspruchen (§ 25 I DepotG), es sei denn, ausländisches Recht steht
der Übertragung des Eigentums durch Absendung des Stückeverzeichnisses (§ 18 III DepotG) entgegen.[5]

## E. Verpfändung

Der Verwahrer darf die Wertpapiere oder Sammelbestandanteile nur 358
aufgrund einer Ermächtigung des Hinterlegers, nur im Zusammenhang
mit einer Krediteinräumung für den Hinterleger und nur an einen Drittverwahrer verpfänden. Falls es sich nicht nur um eine Verpfändung bis
zur Höhe eines eingeräumten Kredits handelt (sog. beschränkte Verpfändung) muß die Ermächtigung ausdrücklich und schriftlich und für jedes
einzelne Verwahrungsgeschäft erteilt werden. Sie darf nicht in Geschäftsbedingungen enthalten sein oder auf andere Urkunden verweisen
(§ 12 I DepotG).

Das Gesetz sieht im Rahmen der Ermächtigung des Hinterlegers fol- 359
gende Alternativen der Verpfändung von Wertpapieren oder Sammelbestandanteilen an den Drittverwahrer vor:
– Verpfändung zur Sicherung eines Rückkredites des Drittverwahrers
  an den Verwahrer bis zur Gesamtsumme der dem Hinterleger eingeräumten Kredite (§ 12 II DepotG),

---

[5] BGH WM 1988, 402.

– Verpfändung bis zur Höhe des Kredites, den der Verwahrer dem Hinterleger eingeräumt hat (§ 12 III DepotG; sog. **beschränkte Verpfändung**),
– Verpfändung für alle Verbindlichkeiten des Verwahrers und ohne Rücksicht auf die Höhe des für den Hinterleger eingeräumten Kredites (§ 12 IV DepotG; sog. **unbeschränkte Verpfändung**).

## F. Drittverwahrung

360  Die Bank ist bei Sonder- und Sammelverwahrung berechtigt, ihr zur Aufbewahrung anvertraute Wertpapiere unter ihrem Namen an auswärtigen Plätzen und bei Dritten aufbewahren und verwalten zu lassen (§ 3 I 1 DepotG), und zwar auch im Falle der Sammelverwahrung ohne eine weitere besondere Ermächtigung des Hinterlegers, wenn dieser einmal die Ermächtigung zur Sammelverwahrung seiner Hausbank erteilt hat (§ 5 III DepotG).

Bei der Drittverwahrung, die unter besonderen Voraussetzungen auch bei einem ausländischen Verwahrer erfolgen kann (vgl. dazu § 5 IV DepotG), kommt es zu einem mehrstufigen Besitzverhältnis (§ 871 BGB). Unmittelbarer Besitzer ist in einem nur dreigliedrigen Stufenverhältnis der Drittverwahrer, der seinen Besitz nicht von dem Hinterleger, sondern von dessen Hausbank („**Zwischenverwahrer**"), der mittelbaren Besitzerin erster Stufe, ableitet; denn diese tritt gegenüber dem Drittverwahrer „unter eigenem Namen" auf (§ 3 I DepotG). Mittelbarer Besitzer zweiter Stufe ist der Hinterleger.

361  Zwar haftet der Zwischenverwahrer grds. gem. § 3 II 1 DepotG für das Verschulden des Drittverwahrers wie für eigenes Verschulden (entsprechend § 278 BGB), diese weite Haftung wird aber durch die AGB-Banken im Wege der Substitution in der Weise abbedungen, daß der Zwischenverwahrer nur für die sorgfältige Auswahl und Unterweisung der Drittverwahrers verantwortlich ist, es sei denn, die Haftung der Bank ist überhaupt ausgeschlossen, weil sie diesbezüglich einer Weisung des Kunden folgte (sog. **Auswahlverschulden**, Nr. 19 II Sonderbedingungen für Wertpapiergeschäfte, § 3 II DepotG).

362  Für die einem Drittverwahrer anvertrauten Wertpapiere besteht hinsichtlich des Eigentums eine widerlegbare **Fremdvermutung**, soweit es sich nicht um Nostrobestände des Zwischenverwahrers handelt, d. h. es gilt dem Drittverwahrer als bekannt, daß die Wertpapiere nicht dem Zwischenverwahrer gehören (§ 4 DepotG). Diese gesetzliche Vermutung wird dadurch widerlegt, daß der Zwischenverwahrer dem Drittverwahrer ausdrücklich und schriftlich anzeigt, diesem anvertraute Wertpapiere seien aus einem Nostro-Bestand (sog. **Eigenanzeige**, § 4 II DepotG).

# 6. Kapitel. Depotgeschäft

Die Wirkung der gesetzlichen Fremdvermutung ist, daß der gute Glaube des Drittverwahrers *an das Eigentum* des Zwischenverwahrers nicht geschützt wird. Nicht zerstört wird dagegen der gute Glaube *an dessen Verfügungsmacht* hinsichtlich der Vornahme von Verpfändungen (§§ 366 HGB, 932 ff., 1207 f. BGB). Mit der Eigenanzeige wird die uneingeschränkte Möglichkeit gutgläubigen Erwerbs durch den Drittverwahrer wieder hergestellt (§ 4 II DepotG), sofern dieser ohne grobe Fahrlässigkeit annehmen kann, eingelieferte Fremdwerte seien Nostrobestände des Zwischenverwahrers. Davon wird regelmäßig auszugehen sein, wenn die Wertpapiere in die **Pfanddepots C und D** (s. unter **Depotprüfung**, Rn. 365 f.) eingeliefert werden; denn Verpfändungen zur Sicherung eines Rückkredits (§ 12 II DepotG) oder beschränkte Verpfändungen (§ 12 III DepotG) sind „normale", wenn auch verhältnismäßig seltene Vorgänge, die als solche keinen Anlaß zu Nachforschungen des Drittverwahrers geben. 363

Anders jedoch bei einer Einlieferung in das **Depot A** im Zusammenhang mit einer unbeschränkten Verpfändung (§ 12 IV DepotG), wenn der Drittverwahrer hinsichtlich des Eigentums des Zwischenverwahrers bösgläubig ist. Hier wird der gute Glaube an eine unbeschränkte Verpfändungsermächtigung (§ 366 HGB) nur dann geschützt, wenn der Zwischenverwahrer für eine derart weitgehende Verfügung zu Lasten des Hinterlegers besondere Umstände darlegt bzw. die Verpfändungsermächtigung offenlegt oder deren Erteilung auf andere Weise glaubhaft macht.[6] 364

Kontoinhaber bei einem Kassenverein, dem Regelfall eines Drittverwahrers, kann nur sein, wer der gesetzlichen Depotprüfung unterliegt oder sich einer Prüfung gleicher Art dem Kassenverein gegenüber freiwillig unterworfen hat (§ 1 der „Allgemeinen Geschäftsbedingungen der Wertpapiersammelbanken").

## G. Depotprüfung

Gemäß § 30 I KWG ist bei Kreditinstituten, die das Effektengeschäft und das Depotgeschäft betreiben, in der Regel einmal jährlich eine Depotprüfung durchzuführen, es sei denn, sie werden wegen des geringen Umfangs durch das Bundesaufsichtsamt für das Kreditwesen (BAKred) davon widerruflich freigestellt (Nr. 3 I der „Richtlinien für die Depotprüfung"). **Prüfungsschwerpunkte** sind u. a. die 365
– Einhaltung der **Grundsätze ordnungsmäßiger Buchführung,**
– Pflicht des Verwahrers zur periodischen **Depotabstimmung** (mindestens einmal jährlich),

---

[6] RGZ 68, 130.

- Einhaltung der Mitteilungspflicht gem. § 128 AktG und Art und Weise der Ausübung des Stimmrechts,
- fristgerechte Einlösung fällig gewordener Dividenden- und Zinsscheine sowie deren ordnungsgemäße Gutschrift.

**366** Zu den Grundsätzen ordnungsmäßiger Buchführung gehört nach den „Richtlinien für die Depotprüfung" insbesondere
- die ordnungsmäßige Führung eines nach Hinterlegern geordneten Verwahrungsbuchs (**persönliches Depotbuch;** § 14 DepotG),
- die ordnungsmäßige Führung eines nach Wertpapierarten aufgegliederten Verwahrungsbuchs, falls der Umfang des Wertpapiergeschäfts dies erfordert (**sachliches Depotbuch**),
- die personelle Funktionstrennung zwischen dem mit der Verwahrung betrauten Personal einerseits und dem mit der Führung der Verwahrungsbücher befaßten Personal andererseits,
- die Sicherung der Verwahrungsbücher vor mißbräuchlicher Verwendung oder unbefugter Entfernung,
- die Vornahme laufender und zeitnaher Buchungen (möglichst tagesgleich),
- die personelle Funktionstrennung zwischen dem mit der Führung der Verwahrungsbücher, der Ausfertigung des Buchungsbelegs und der Dateneingabe befaßten Personal,
- die transparente Aufbewahrung der Wertpapiere in folgenden Depots:

Depot B  (**Fremddepot**): Unbelastete Wertpapiere des Hinterlegers,
Depot A  (**Eigendepot**): Eigene Wertpapiere des Verwahrers und solche des Hinterlegers, die dem Verwahrer gem. § 12 IV DepotG unbeschränkt verpfändet wurden,
Depot C  (**Pfanddepot**): Wertpapiere, die dem Drittverwahrer als Sicherheit für dessen Rückkredit gem. § 12 II DepotG verpfändet wurden,
Depot D  (**Sonderpfanddepot**): Wertpapiere, die dem Verwahrer gem. § 12 III DepotG beschränkt verpfändet wurden.

Gegenstand der Depotprüfung sind auch die eigenen Wertpapiergeschäfte der Bank mit anderen Banken und Kunden sowie die Mitarbeitergeschäfte.

# 7. Kapitel. Investmentgeschäft

## A. Begriff

Das Investmentgeschäft beinhaltet die in § 1 I des Gesetzes über Kapital- 367
anlagegesellschaften bezeichneten Geschäfte (§ 1 I 2 Nr. 6 KWG), d. h.
- die durch Kapitalanlagegesellschaften getätigte Anlage von vereinnahmten Fremdgeldern (Sach- und Buchgelder) im eigenen Namen für gemeinschaftliche Rechnung der Einleger (Anteilinhaber) nach dem Grundsatz der Risikomischung in den nach dem Gesetz über Kapitalanlagegesellschaften (KAGG) zugelassenen Vermögensgegenständen, gesondert vom eigenen Vermögen in Form von Wertpapier-, Beteiligungs- oder Grundstücks-Sondervermögen (**Investmentfonds**),
- die Ausstellung von Urkunden (**Anteilscheine**) über die sich aus der Einvernahme und Anlage fremder Gelder ergebenen Rechte der Anteilinhaber (§ 1 I KAGG).

Kapitalanlagegesellschaften dürfen gem. § 1 VI 1 KAGG darüber hinaus auch folgende Geschäfte und Tätigkeiten betreiben:
- Verwahrung und Verwaltung von Anteilscheinen, die nach den Vorschriften des KAGG oder von einer ausländischen Investmentgesellschaft ausgegeben worden sind;
- Verwaltung einzelner Vermögen, die in Finanzinstrumente i. S. v. § 1 XI KWG (Wertpapiere, Geldmarktinstrumente, Devisen, Rechnungseinheiten, Derivate) angelegt wurden, falls die Kapitalanlagegesellschaft befugt ist, Wertpapier- und Beteiligungs-Sondervermögen zu verwalten;
- Vornahme sonstiger Nebentätigkeiten, die unmittelbar mit den Geschäften i. S. v. § 1 I KAGG verbunden sind;
- Beteiligung an Unternehmen, falls der Geschäftszweck des Unternehmens gesetzlich oder satzungsmäßig im wesentlichen auf Geschäfte ausgerichtet ist, welche die Kapitalanlagegesellschaft selbst betreiben darf, und eine Haftung der Kapitalanlagegesellschaft aus der Beteiligung durch die Rechtsform des Unternehmens beschränkt ist (z. B. GmbH).

Die Geschäfte des § 1 VI 1 KWG sind Nebengeschäfte der Kapitalanlagegesellschaften. Das Investmentgeschäft muß im Verhältnis zu ihnen im Vordergrund der Geschäftstätigkeit einer Kapitalanlagegesellschaft stehen, die ausgeübten Nebentätigkeiten dürfen also nicht zum Hauptgegenstand des unternehmerischen Handels der Gesellschaft werden. Dies wird durch die Einleitung zu § 1 VI 1 KWG unterstrichen, die besagt, daß Kapitalanlagegesellschaften „*außer*" dem Investmentgeschäft die in die-

132    Dritter Teil. Privates Bankrecht

sem Absatz genannten Geschäfte und Tätigkeiten betreiben dürfen (BR-DR 964/96 S. 30). § 5 I HypBankG und § 4 I Bausparkassengesetz enthalten entsprechende Regelungen.

## B. Kapitalanlagegesellschaft

368    Kapitalanlagegesellschaften haben sich entweder, wie üblich, als Gesellschaft mit beschränkter Haftung oder auch als Aktiengesellschaft zu organisieren; im letzten Fall müssen die Aktien vinkulierte Namensaktien sein (§ 1 III, IV KAGG). Kapitalanlagegesellschaften sind wie z. B. auch Hypothekenbanken und Bausparkassen Spezialinstitute, deren Geschäftstätigkeit auf den Betrieb des Investmentgeschäftes i. S. d. § 1 I KAGG und der damit unmittelbar verbundenen Nebentätigkeiten i. S. d. § 1 VI 1 KAGG beschränkt ist. Ferner sind sogenannte Hilfegeschäfte möglich, die sich im Zusammenhang mit der Durchführung des Hauptgeschäftes oder zugelassener Nebengeschäfte ergeben, wobei die Hilfsgeschäfte in unmittelbarem Zusammenhang mit einem Haupt- und Nebengeschäft stehen müssen.

Die Kapitalanlagegesellschaften haben mit der Sorgfalt eines ordentlichen Kaufmanns die Sondervermögen für gemeinschaftliche Rechnung der Anteilinhaber zu verwalten (§ 10 I KAGG).

369    Sie dürfen weder für gemeinschaftliche Rechnung der Anteilinhaber Kredite gewähren noch Verpflichtungen aus Bürgschafts- oder Garantieverträgen eingehen (§ 9 II KAGG). Auch die Aufnahme langfristiger Kredite (Laufzeit mindestens vier Jahre) ist für Rechnung der Anteilinhaber unzulässig.

Kurzfristige Kredite dürfen nur aufgenommen werden, wenn
- sie nicht 10% des Wertes des ihnen zuzuordnenden Sondervermögens übersteigen,
- die Vertragsbedingungen dies ausdrücklich vorsehen,
- die mit der Verwahrung von Sondervermögen beauftragte, unabhängig handelnde Depotbank der Kreditaufnahme zustimmt; diese darf nur zustimmen, wenn die Kreditaufnahme marktüblich ist.

370    Forderungen gegen die Gesellschaft und Forderungen, die zu einem Sondervermögen gehören, können nicht gegeneinander aufgerechnet werden (§ 9 VI KAGG). Neben ihrer Hauptaufgabe, der Fondsverwaltung (s. u.), ist die Kapitalanlagegesellschaft insbesondere verpflichtet,
- alle Anteilinhaber eines Fonds gleich zu behandeln (arg. § 18 II 2 KAGG; sog. **Verbot von „Vorzugsanteilen"**),
- die Vertragsbedingungen, nach denen sich ihr Verhältnis zu den Anteilsinhabern bestimmt, schriftlich festzulegen (§ 15 KAGG),
- der Öffentlichkeit einen Verkaufsprospekt mit den Vertragsbedingungen zugänglich zu machen (§§ 19, 20 KAGG),

## 7. Kapitel. Investmentgeschäft

- für jedes Fondsvermögen grds. zum Schluß eines jeden Geschäftsjahres einen Rechenschaftsbericht (long-form-report) sowie einen Halbjahresbericht (short-form-report) zu erstatten,
- Gewinnanteile auszuschütten, falls nicht die Vertragsbedingungen eine Thesaurierung vorsehen.

Die Vertragsbedingungen, die vor Ausgabe der Anteilsscheine festzulegen sind, bedürfen der Genehmigung der BAKred, es sei denn, es handelt sich um **Spezialfonds** i. S. d. § 1 II KAGG, also um geschlossene Fonds mit bis zu zehn juristischen Personen. Hinsichtlich dieser Fonds bedarf es lediglich einer halbjährlichen, ihrem Inhalt nach gesetzlich vorgegebenen Anzeige (unverzüglich nach dem 30. 06. bzw. 31. 12.) an das BAKred und die Deutsche Bundesbank (§ 15 I, II, V KAGG). Der Inhalt der Vertragsbedingungen muß gesetzlich vorgegebene Muß-Angaben enthalten und darf nur dann von dem BAKred genehmigt werden (vgl. § 15 III KAGG). Ist ein Wertpapierfonds einmal genehmigt, darf er nicht mehr in einen Spezialfonds oder in eine andere Fondsart umgewandelt werden (§ 15 IV KAGG). 371

Auch für den Mindestinhalt des Verkaufsprospekts gibt es gesetzlich vorgeschriebene Muß-Angaben (vgl. § 19 II KAGG; sog. **wesentliche Angaben**); er muß der Öffentlichkeit zugänglich gemacht (§ 19 II 1 KAGG) und stets auf dem neuesten Stand gehalten werden (§ 19 IV KAGG). Lediglich geschlossene **Spezialfonds** i. S. d. § 1 II KAGG sind davon suspendiert (§ 19 VII KAGG). 372

Sind in einem Verkaufsprospekt wesentliche Angaben unrichtig oder unvollständig, so kann derjenige, der aufgrund des Verkaufsprospekts Anteilscheine gekauft hat, von der Kapitalanlagegesellschaft und von demjenigen, der diese Anteilscheine im eigenen Namen gewerbsmäßig verkauft hat, als Gesamtschuldner die Übernahme der Anteilsscheine gegen Erstattung des von ihm gezahlten Betrages verlangen, es sei denn, die in Anspruch genommenen Gesamtschuldner können nachweisen, daß 373
- sie die Unrichtigkeit oder Unvollständigkeit des Prospekts nicht bzw. nur infolge leichter Fahrlässigkeit nicht kannten, oder
- die Käufer der Anteilscheine die Unrichtigkeit oder Unvollständigkeit des Verkaufsprospekts beim Kauf gekannt haben (§ 20 KAGG).

Der Anspruch verjährt bereits in sechs Monaten seit Kenntniserlangung durch die Käufer, spätestens jedoch in drei Jahren seit dem Abschluß des Kaufvertrages. Daneben kann ggfls. die allgemeine zivilrechtliche Prospekthaftung eingreifen (s. **Emissionsgeschäft**, Rn. 530ff.).

Die Kapitalanlagegesellschaft hat zum Schluß eines jeden Geschäftsjahres einen Rechenschaftsbericht sowie einen Halbjahresbericht zu erstatten, die sowohl dem BAKred und der Deutschen Bundesbank einzureichen wie auch der Öffentlichkeit zugänglich zu machen sind. Der Jahresendbericht ist ein **long-form-report,** bestehend aus einer ihrem Inhalt 374 nach gesetzlich vorgeschriebenen Vermögensaufstellung, der Anzahl der am Berichtstag umlaufenden Anteile, dem Wert eines Anteils, einer Ertrags- und Aufwandsrechnung nach gesetzlichen Vorgaben und einer vergleichenden Übersicht für die letzten drei Geschäftsjahre, wobei zum Ende eines jeden Geschäftsjahres der Wert des Sondervermögens und der Wert des Anteils anzugeben sind. Der **short-form-report** zur Jahresmitte hat grds. lediglich die Vermögensaufstellung, Angaben über die Anzahl der umlaufenden Anteile und den Wert eines Anteils zu enthalten, es sei denn, eine Aufwands- und Ertragsrechnung wird erforderlich, weil für das Halbjahr Zwischenausschüttungen erfolgt oder vorgesehen sind (§ 24a I–III KAGG). Der Rechenschaftsbericht ist durch den Abschlußprüfer zu prüfen, der auch den Jahresabschluß der Kapitalgesellschaft prüft (§ 24a IV KAGG).

## C. Fondverwaltung

### I. Allgemeines

375   Die bei der Kapitalanlagegesellschaft eingelegten Fremdgelder und die damit angeschafften Vermögensgegenstände bilden kraft Gesetzes mit der Einlegung einen Fonds bzw. ein Sondervermögen (§ 6 I KAGG), das von dem eigenen Vermögen der Gesellschaft getrennt zu halten ist und nicht für Verbindlichkeiten der Kapitalanlagegesellschaft haftet (§ 10 II KAGG). Einzelne Vermögen, die in Finanzinstrumente i. S. d. § 1 XI KWG (Wertpapiere, Geldmarktinstrumente, Devisen, Rechnungseinheiten, Derivate) angelegt worden sind und von der Kapitalanlagegesellschaft für andere verwaltet werden, bilden keine Sondervermögen (§ 6 IV KAGG). Die zu einem Fonds gehörenden Gegenstände oder Investmentprodukte können nach den Vertragsbedingungen entweder im Treuhandeigentum der Kapitalanlagegesellschaft stehen (sog. **Treuhandlösung**) oder im Miteigentum der Anteilsinhaber (sog. **Miteigentumslösung**; § 6 I 2 KAGG). Für Immobilienfonds gibt es ausschließlich die Treuhandlösung (§ 30 KAGG). Im Falle des Treuhandeigentums erwirbt die Kapitalanlagegesellschaft schuldrechtlich gebundenes Volleigentum, im Fall des Miteigentums der Anteilinhaber verfügt sie im Rahmen des Gesetzes und der Vertragsbedingungen mit deren Einwilligung (§§ 9 I KAGG i. V. m 185 I BGB). Gegenstände des Sondervermögens dürfen allerdings grds. weder verpfändet oder sonst belastet noch zur Sicherung übereignet oder abgetreten werden (§ 9 III KAGG). Das Belastungsverbot gilt freilich nicht für Immobilienfonds (§ 37 IV KAGG).

376   Zum Sondervermögen gehört alles, was die Gesellschaft aufgrund eines zum Sondervermögen gehörenden Rechts erwirbt (§ 6 II KAGG), also z. B. Dividenden, Zinsen aus festverzinslichen Wertpapieren, Fest-

# 7. Kapitel. Investmentgeschäft

geldzinsen, Miet- und Pachteinnahmen. Es handelt sich bei diesem Vorgang um einen Surrogationserwerb kraft Gesetzes, d. h. das Recht auf die Sache wird ersetzt durch die Sache selbst. Die „Anwachsung" der erworbenen Sache bei dem Sondervermögen erfolgt nach dem Gesetz unmittelbar; ein Durchgangserwerb der Kapitalanlagegesellschaft findet nicht statt.

Die Kapitalanlagegesellschaft kann bekanntermaßen mehrere Sondervermögen bilden, solange deren Bildung im Rahmen der gesetzlich vorgegebenen Fondsarten (Wertpapier-, Beteiligungs- oder Grundstücksfonds) erfolgt, sich ihre Bezeichnungen unterscheiden und sie getrennt voneinander gehalten werden (§ 6 III KAGG). Gemischte Sondervermögen (sog. **Mischfonds**) sind unzulässig; dies ergibt sich einerseits aus § 1 I KAGG selbst, wonach eine Anlage nur in Form von Wertpapier-, Beteiligungs- oder Grundstücks-Fonds möglich ist, andererseits daraus, daß das Gesetz im Gegensatz zu den sonstigen Fonds keine Durchführungsbestimmungen für Mischfonds aufweist. Tatsächlich wäre ein Mischfonds eine völlig neue Fondsart, die gegen den gesetzlichen numerus clausus der Fonds verstoßen würde. Die vereinnahmten Fremdgelder dürfen je nach Art des Sondervermögens (Wertpapier-, Beteiligungs- oder Immobilienfonds) nur in bestimmte Vermögensgegenstände und Investmentprodukte angelegt werden.

Im Falle von Wertpapierfonds sind dies insbesondere gesetzlich vorgegebene Arten von Wertpapieren und Schuldscheindarlehen, Bankguthaben (z. B. Termingelder), Einlagenzertifikate von Kreditinstituten, unverzinsliche Schatzanweisungen und Schatzwechsel des Bundes oder der Bundesländer sowie vergleichbare Papiere von OECD-Mitgliedern, Optionsrechte, Devisen- und Finanzterminkontrakte (Aktienindex- oder Zinsterminkontrakte; §§ 8a–f KAGG). Fälschlicherweise so benannte Wertpapierfonds sind daher keineswegs ausschließlich Fonds von Wertpapieren, sondern gehen gegenständlich weit darüber hinaus. Grundsätzlich unzulässig ist im Rahmen eines Wertpapierfonds allerdings die Anlage
– in Edelmetalle und Edelmetallzertifikate (§ 8 IV KAGG),
– in Anteile eines anderen inländischen Fonds oder in ausländische Investmentanteile (§§ 2, 15 AuslInvestmG), es sei denn, sie werden dem Publikum angeboten, und die Anteilinhaber haben das Recht zur Rückgabe der Anteile (§ 11 II 1 KAGG; grds. **Verbot sog. Dachfonds**); in diesem Fall können diese Fondsanteile, sofern sie unlimitiert angeboten werden, bis zu 5% des Wertes des übernehmenden Sondervermögens betragen (§ 8b I 1 , 2 KAGG), jedoch nicht mehr als 10% des abgebenden Fondsvermögens, falls Investmentanteile nicht zum amtlichen Handel an einer Börse zugelassen oder in einen organisierten Markt einbezogen sind (s. Rn. 399; § 1 II AuslInvestmG).

Anlageobjekte des Beteiligungsfonds sind Wertpapiere, stille Beteiligungen an gesetzlich vorgegebenen Unternehmen mit Sitz und Geschäftsführung im Inland (**Beteiligungsunternehmen**) und Schuldverschreibungen (§ 25a, b KAGG). Anlageobjekte des Immobilienfonds sind gesetzlich vorgegebene Grundstücke und Erbbaurechte (§ 27 KAGG).

Die Anlage der von den Einlegern vereinnahmten Gelder hat zu deren Schutz nach dem **Grundsatz der Risikostreuung** zu erfolgen. Auch die Sondervermögen geschlossener Spezialfonds, die nur aus bis zu zehn juristischen Personen bestehen (§ 1 II KAGG), sind nach Risiken zu streuen.

380 Das **Risikomanagement** wird durch das Gesetz auf überaus subtile, im Falle von Wertpapierfonds durchaus praxisfremde bzw. -feindliche Weise vorgegeben, zumal bei den in Prozentsätzen vom Wert des Sondervermögens bzw. Nennkapitals des Emittenten ausgedrückten Anlagegrenzen auch noch risikofremde Kriterien eine Rolle spielen, insbesondere das Kriterium der Vermeidung beherrschender Beteiligungen der Kapitalanlagegesellschaft. Überschreitungen der nachfolgend aufgeführten Grenzen berühren nicht die Wirksamkeit der unter Verstoß gegen die §§ 8–8f KAGG geschlossenen Geschäfte, wohl aber können sie aufsichtsrechtliche Konsequenzen nach sich ziehen (§ 8g KAGG).

## II. Wertpapierfonds

381 Grundsätzlich unzulässig ist im Rahmen eines Wertpapierfonds insbesondere die Anlage
- von mehr als insgesamt 49% des Wertes des Sondervermögens in Bankguthaben, Einlagenzertifikaten von Kreditinstituten, unverzinslichen Schatzanweisungen und Schatzwechseln des Bundes oder der Bundesländer sowie in vergleichbaren Papieren von OECD-Mitgliedern, wobei die vorgenannten Geldmarktpapiere zum Zeitpunkt des Erwerbs eine maximale Restkaufzeit von zwölf Monaten haben dürfen (§ 8 III KAGG),
- von mehr als insgesamt 10% des Wertes des Sondervermögens in Wertpapieren, die nicht zum amtlichen Handel an einer Börse zugelassen oder in einen organisierten Markt einbezogen sind, sowie bestimmten Schuldscheindarlehen, es sei denn, es handelt sich hinsichtlich der Wertpapiere um die zuvor aufgeführten Geldmarktpapiere (§ 8 II KAGG).

382 Wertpapierfonds sind in nur summarischer Darstellung gem. §§ 8, 8a KAGG im übrigen nach Risiken wie folgt zu streuen:
- Aktien desselben inländischen Ausstellers dürfen von einer Kapitalanlagegesellschaft insgesamt nur insoweit erworben werden, als 10% der gesamten Stimmrechte aus diesen Aktien nicht überschritten werden;

# 7. Kapitel. Investmentgeschäft

für Aktien eines Ausstellers aus anderen EU-Staaten kann Abweichendes gelten. Der Gesetzgeber will mit dieser Regelung nicht nur eine Risikostreuung des Sondervermögens bewirken, sondern auch eine beherrschende Beteiligung der Kapitalanlagegesellschaft verhindern.

- Wertpapiere und Schuldscheindarlehen desselben Ausstellers dürfen je einzelnem Wertpapier-Sondervermögen nur 10% ausmachen, falls dies in den Vertragsbedingungen so vorgesehen ist und der Gesamtwert der Wertpapiere und Schuldscheindarlehen, die von denselben Ausstellern stammen, nicht 40% des gesamten Sondervermögens übersteigen. Sind diese Bedingungen nicht erfüllt, weil z. B. die 40%-Grenze bereits überschritten ist, dann gilt eine 5%-Obergrenze, wobei in jedem Fall gesetzlich im einzelnen bestimmte Schuldverschreibungen und Schuldscheindarlehen nur mit der Hälfte ihres Wertes anzusetzen sind und Wertpapiere und Schuldscheindarlehen von Konzernunternehmen i. S. d. § 18 AktG als von demselben Aussteller stammend gelten.

Diese Grenzen dürfen in den ersten sechs Monaten seit Errichtung des Schuldvermögens unter Beachtung des Grundsatzes der Risikostreuung überschritten werden (§ 8c KAGG); das Gesetz gewährt den Kapitalanlagegesellschaften also für jeden neu aufgelegten Fonds eine Adaptionsphase.

Schuldverschreibungen desselben Ausstellers dürfen je einzelnem Wertpapierfondvermögen grds. aber nur insoweit erworben werden, als deren Gesamtnennbetrag 10% des Gesamtnennbetrags der in Umlauf befindlichen Schuldverschreibungen desselben Ausstellers nicht übersteigt. Aktien ohne Stimmrecht desselben Ausstellers dürfen 10% des Gesamtnennbetrages der ausgegebenen Aktien nicht übersteigen. Die obigen Feststellungen gelten, soweit sie auf die Streuung je einzelnen Fonds bezogen sind, nicht für unverzinsliche Schatzanweisungen und Schatzwechsel des Bundes oder der Bundesländer sowie vergleichbare Papiere von OECD-Mitgliedern und Einlagenzertifikate von Kreditinstituten; letztere, die Einlagenzertifikate, dürfen allerdings nicht mehr als 10% des Sondervermögens ausmachen.

- Die zuvor beschriebenen Grenzen, und zwar sowohl bezogen auf die Kapitalanlagegesellschaft insgesamt wie auch auf das einzelne Sondervermögen, dürfen überschritten werden, wenn es sich um den Erwerb von Aktien handelt, die dem Sondervermögen im Falle der Kapitalerhöhung auf bereits vorhandene Aktien zustehen oder die in Ausübung des daraus resultierenden Bezugsrechts dazu erworben werden. Geschieht dies, ist vorrangig die Wiedereinhaltung der Grenzen durch entsprechende Verkäufe anzustreben (§ 8c I KAGG).
- Wertpapier-Optionsrechte dürfen, soweit die Wertpapiere von verschiedenen Ausstellern stammen, in der Addition ihrer Basispreise nicht 20%, falls von demselben Aussteller stammend nicht 2% des

Wertes des Sondervermögens übersteigen; Optionsgeschäfte, die sofort wieder durch ein Gegengeschäft geschlossen werden, fallen nicht unter diese Grenze (§ 8d I, II KAGG).
- Devisen dürfen auf Termin nur zu Hedgingzwecken verkauft werden, wenn diesen Devisen Vermögensgegenstände in gleichem Umfang und auf gleiche Währung gegenüberstehen (§ 8e KAGG).
- Finanzterminkontrakte (Aktienindex- und Zinsterminkontrakte) können sowohl zu Hedging – wie auch zu Arbitrage-Zwecken abgeschlossen werden. Im ersten Fall dürfen Aktienindexterminkontrakte nur verkauft werden, wenn den Kontraktwerten Aktien mit demselben Kurswert im Sondervermögen gegenüberstehen, die im Sitzstaat der Terminbörse zum Börsenhandel zugelassen sind bzw. hinsichtlich Zinsterminkontrakte, soweit ihnen im Sondervermögen Vermögensgegenstände mit Zinsrisiken in dieser Währung gegenüberstehen.

Die Kontraktwerte sämtlicher Finanzterminkontrakte, die zu Arbitragezwecken abgeschlossen werden, dürfen 20% des Wertes des Sondervermögens nicht übersteigen; Kontrakte, die sofort wieder durch ein Gegengeschäft geschlossen werden, fallen nicht unter diese Grenze (§ 8f KAGG).

### III. Beteiligungsfonds

383 Sondervermögen von Beteiligungsfonds unterliegen u. a. folgenden Grenzen:
- Stille Beteiligungen an einzelnen Beteiligungsunternehmen dürfen insgesamt 5% des Wertes eines Beteiligungsfonds nicht übersteigen, wobei stille Beteiligungen an Konzernunternehmen i. S. d. § 18 AktG als stille Beteiligungen an demselben Unternehmen gelten (§ 25b II KAGG).
- Stille Beteiligungen dürfen insgesamt 30% des Wertes eines Beteiligungsfonds nicht übersteigen (§ 25b III KAGG).
- Schuldverschreibungen dürfen insgesamt 30% des Wertes eines Beteiligungsfonds nicht übersteigen (§ 25b IV KAGG).
- Beteiligungsfonds müssen spätestens acht Jahre nach Bildung des Fonds stille Beteiligungen an mindestens zehn Beteiligungsunternehmen aufweisen, deren Wert mindestens 10% des Wertes des Sondervermögens beträgt. Mit dieser Regelung soll vor allem verhindert werden, daß aus Beteiligungsfonds verdeckte Wertpapierfonds werden.

## IV. Immobilienfonds

Sondervermögen von Immobilienfonds unterliegen u. a. folgenden Grenzen:
- Die Gesamtaufwendungen für Mietwohngrundstücke, Geschäftsgrundstücke und gemischt genutzte Grundstücke im Zustand der Bebauung, mit deren Abschluß in angemessener Zeit zu rechnen ist, dürfen 20% eines Immobilienfonds nicht überschreiten (§ 27 I Nr. 2 KAGG).
- Der Gesamtwert von unbebauten Mietwohngrundstücken, Geschäftsgrundstücken und gemischt genutzten Grundstücken, die für eine alsbaldige eigene Bebauung bestimmt und geeignet sind, darf 20% des Wertes eines Immobilienfonds nicht überschreiten (§ 27 I Nr. 3 KAGG).
- Kein Grundstück eines aus mindestens zehn Grundstücken bestehenden Immobilienfonds darf allein zur Zeit des Erwerbs den Wert von 15% des Wertes des Sondervermögens übersteigen, wobei als ein Grundstück auch eine aus mehreren Grundstücken bestehende wirtschaftliche Einheit anzusehen ist (§ 28 KAGG).

## V. Fondsbewertung

Ein wichtiges Kriterium des Risikomanagements von Fonds ist deren regelmäßige Bewertung. Der Wert eines *Wertpapierfonds* ist von der Depotbank unter Mitwirkung der Kapitalanlagegesellschaft grds. börsentäglich zu ermitteln; bei **Spezialfonds** i. S. d. § 1 II KAGG (geschlossene Fonds von bis zu zehn juristischen Personen als Anteilseignern) kann eine davon abweichende Frequenz vereinbart werden. Der Wert eines Wertpapierfonds ist aufgrund der jeweiligen Kurswerte der zu ihm gehörenden Wertpapiere, Bezugsrechte und Wertpapier-Optionsrechte, zuzüglich des Wertes der außerdem zu ihm gehörenden sonstigen Vermögenswerte und abzüglich der aufgenommenen Kredite und sonstigen Verbindlichkeiten zu ermitteln (§ 21 II 3 KAGG).

*Beteiligungsfonds* sind hinsichtlich der Wertpapiere wie die Wertpapierfonds zu bewerten. Hinsichtlich der stillen Beteiligungen hat nach deren Erwerb eine laufende Bewertung zu erfolgen. Bei dieser sind in einem Ertragswertverfahren der erwartete Betrag, der erwartete Rückzahlungsbetrag, die Veräußerbarkeit und das Risiko der stillen Beteiligung sowie die Rendite der umlaufenden Anleihen des Bundes und der Sondervermögen Deutsche Bundesbahn und Deutsche Bundespost mit annähernd gleicher Restlaufzeit zu berücksichtigen. Der erwartete Ertrag und der erwartete Rückzahlungsbetrag sind dabei grds. mit dem Betrag anzusetzen, den der Abschlußprüfer jeweils spätestens neun Monate nach Schluß des Geschäftsjahres des Beteiligungsunternehmens festgestellt hat (§ 25d I, II KAGG).

**387** *Immobilienfonds* sind mindestens jährlich zu bewerten. Die Bewertung erfolgt durch einen von der Kapitalanlagegesellschaft einzusetzenden Sachverständigenausschuß. Maßgeblich sind die Verkehrswerte der Grundstücke und Erbbaurechte.

## D. Anteilscheine

**388** Über die Rechte der Anteilinhaber sind gem. § 1 I KAGG Urkunden auszustellen; diese werden als Anteilscheine oder auch Investmentzertifikate bezeichnet. Ein Verzicht auf die Verbriefung führt zwingend zur Unanwendbarkeit des KAGG, auch wenn dies im Zeitalter des stückelosen Effektengiroverkehrs ein fossiles Petrefakt sein mag. Mit den Investmentzertifikaten werden die Ansprüche des Anteilinhabers gegenüber der Kapitalanlagegesellschaft verbrieft; sie können entweder als Inhaber- oder Orderpapiere ausgestellt werden.

**389** Die Anteilscheine sind von der Kapitalanlagegesellschaft und der durch sie beauftragten Depotbank (§ 12 KAGG) zu unterzeichnen; die Unterzeichnung kann durch mechanische Vervielfältigung geschehen (§ 18 I KAGG). Anteilscheine können über einen oder mehrere Anteile desselben Sondervermögens ausgestellt werden (§ 18 1 KAGG). Gegenstand der in den Wertpapieren verbrieften Rechte ist nicht nur ein obligatorischer Anspruch auf Rücknahme des Papiers, Dividenden-, Zins- oder Mietzahlung etc., sondern die gesamte Rechtsstellung des Anteilinhabers im Verhältnis zur Kapitalanlagegesellschaft, also sowohl die Treugeberstellung des Anteilinhabers im Falle von Treuhandeigentum (Treuhandlösung) wie auch die gesamte Mitberechtigung am Fondsvermögen einschließlich der dinglichen Rechte im Fall der Miteigentumslösung. Die Ausgabe neuer Anteilsscheine ist grds. nicht limitiert (sog. **open-end-Prinzip**).

**390** Anteilscheine dürfen nur gegen volle Leistung des Ausgabepreises (Sach- oder Buchgelder) ausgegeben werden; Sacheinlagen sind unzulässig (§ 21 I KAGG). Ein Verstoß gegen das **Sacheinlageverbot** führt zur Nichtigkeit des Begebungsvertrages (§ 134 BGB). Der Ausgabepreis für einen Anteilschein muß dem Wert des Anteils am Sondervermögen zuzüglich eines in den Vertragsbedingungen festzusetzenden Aufschlags entsprechen, wobei sich der Wert des Anteils aus der Teilung des Wertes des Sondervermögens (s. o.) durch die Zahl der in Verkehr gelangten Anteile ergibt (§ 21 II KAGG). Anteilscheine können nach Maßgabe der Vertragsbedingungen wieder zurückgegeben werden (§ 11 II 1 KAGG).

**391** Der Rücknahmepreis ist grds. entsprechend dem Ausgabepreis zu berechnen und mit Rückgabe der Anteilscheine fällig (§ 271 I BGB), es sei

### 7. Kapitel. Investmentgeschäft

denn, die Vertragsbedingungen sehen z. B. für den Fall umfangreicher Rückgaben ausnahmsweise vor, daß zur Erhaltung einer **Liquiditätsreserve** vor Rücknahme der Anteile der Verkauf von entsprechenden Teilen des Sondervermögens zu erfolgen hat (vgl. § 11 II 2 KAGG). Für Immobilienfonds gibt es eine ähnliche Regelung kraft Gesetzes. Danach kann die Rücknahme bis zu einem Jahr nach Vorlage des Anteilscheines zur Rücknahme unter bestimmten Bedingungen verweigert werden (§ 36 KAGG). Mit Rückgabe des Anteilscheines verliert der Anteilinhaber seine Rechte; sein Anteil wächst kraft Gemeinschaftsrechts den verbleibenden Anteilinhabern entsprechend ihrer Anteile zu. Die Kapitalanlagegesellschaft wird mit der Rückgabe des Anteilscheines befreit, und zwar auch dann, wenn die Rückgabe durch einen Nichtberechtigten erfolgt (§ 793 I 3 BGB analog).[1]

Die Übertragung der Anteilscheine richtet sich danach, ob sie
– Inhaber- oder Order-Anteilscheine,
– in Sonder- oder Sammelverwahrung deponiert
sind.

In Sammelverwahrung dürfen nur Inhaberanteilscheine oder blanko indossierte Orderanteilscheine genommen werden (§ 24 I KAGG). Im Fall der Sonderverwahrung werden Inhaber-Anteilscheine durch Einigung und Übergabe (§§ 929 ff. BGB), Order-Anteilscheine durch Begebungsvertrag und Indossament übertragen. Auch die schlichte Zession des verbrieften Rechts (§§ 413, 398 BGB) ist möglich; das Recht am Papier folgt dann dem Recht aus dem Papier (§ 952 II BGB). Daneben gibt es die besondere Übertragungsform durch Absendung des Stückeverzeichnisses (§ 18 III DepotG; vgl. **Wertpapiergeschäft**, Rn. 334). 392

Hat der Anteilinhaber nur Miteigentum an den Anteilscheinen, weil sie sich in Sammelverwahrung befinden, erfolgt die Übertragung analog §§ 929 ff. BGB, und zwar mit der Maßgabe, daß die Übergabe durch die Umbuchung seitens der Wertpapiersammelbank ersetzt wird, wozu der Anteilinhaber diese ermächtigt (§ 185 I BGB). Daneben gibt es die besondere Übertragungsform durch Eintragung in das Verwahrungsbuch (§ 24 II DepotG; vgl. **Wertpapiergeschäft**, Rn. 337). 393

Stehen die zum Sondervermögen gehörenden Gegenstände den Anteilinhabern gemeinschaftlich zu (Miteigentumslösung), so geht mit der Übertragung der in dem Anteilschein verbrieften Ansprüche auch der Anteil des Veräußerers an den zum Sondervermögen gehörenden Gegenständen auf den Erwerber über. Entsprechendes gilt für sonstige rechtsgeschäftliche Verfügungen, die im Wege der Zwangsvollstreckung oder Arrestvollziehung erfolgen (§ 18 III 1, 2 KAGG). Mit der Ausgabe und Rücknahme von Anteilscheinen hat die Kapitalanlagegesellschaft eine Depotbank zu beauftragen (§ 12 I 1 KAGG). 394

---

[1] Vgl. Canaris Rn. 2447.

142    Dritter Teil. Privates Bankrecht

## E. Depotbank

395    Aus Gründen des Anlegerschutzes schreibt das Gesetz eine Funktionstrennung zwischen Verwaltung und Verwahrung vor. Die Kapitalanlagegesellschaft hat mit der Verwahrung der Fonds sowie mit der Ausgabe und Rückgabe von Anteilscheinen eine Depotbank zu beauftragen (§ 12 I 1 KAGG). Deren Auswahl sowie jeder Wechsel sind durch das BAKred für jeden Fonds gesondert zu genehmigen; lediglich für geschlossene **Spezialfonds** i. S. d. § 1 II KAGG kann auf Antrag der Kapitalanlagegesellschaft die Auswahl der Depotbank allgemein genehmigt werden (§ 12 III 1, 4 KAGG).

396    Die Depotbank handelt ausschließlich im Interesse der Anteilinhaber und unabhängig von der Kapitalanlagegesellschaft, hat aber deren Weisungen auszuführen, sofern diese nicht gegen gesetzliche Vorschriften oder Vertragsbedingungen verstoßen (§ 12 II KAGG). Die Depotbank ist berechtigt und verpflichtet, im eigenen Namen Ansprüche der Anteilinhaber gegen die Kapitalanlagegesellschaft geltend zu machen und für jene die Drittwiderspruchsklage (§ 771 ZPO) zu erheben, falls in ein Sondervermögen wegen eines Anspruchs vollstreckt wird, für den dieses nicht haftet (§ 12c II KAGG). Andererseits ist aber auch die Kapitalanlagegesellschaft berechtigt und verpflichtet, im eigenen Namen Ansprüche der Anteilinhaber gegen die Depotbank geltend zu machen. Das Gesetz etabliert damit zum Schutz der Anleger ein System der **„checks and balances"** zwischen Verwalter und Verwahrer.

397    Die Depotbank hat die zu einem Fonds gehörenden Wertpapiere und Investmentzertifikate in ein **gesperrtes Depot** zu legen; sie darf sie aber auch einer Wertpapiersammelbank i. S. d. § 1 III DepotG (s. **Depotgeschäft**, Rn. 346) oder einer ausländischen Bank anvertrauen, falls es sich im letztgenannten Fall um ausländische Wertpapiere handelt oder um solche, die an ausländischen Börsen zugelassen oder in ausländische organisierte Märkte einbezogen sind (§ 12a I KAGG).

398    Die Depotbank hat darüber hinaus unter anderem
- Verfügungen über zu einem Wertpapierfonds gehörende Schuldscheindarlehen zuzustimmen (§ 12a IV KAGG),
- die Anteilsscheine mit zu unterzeichnen (§ 18 I 3 KAGG),
- den Wert eines Wertpapierfonds unter Mitwirkung der Kapitalanlagegesellschaft börsentäglich zu ermitteln ( § 21 II 3 KAGG),
- im Falle von Finanzterminkontrakten (§ 8f KAGG) die geleisteten Einschüsse unter Einbeziehung der am Börsenvortag festgestellten Bewertungsgewinne und Bewertungsverluste dem Sondervermögen zuzurechnen (§ 21 IV KAGG),
- den Ausgabe- und Rücknahmepreis der Investmentzertifikate bekanntzugeben,

## 7. Kapitel. Investmentgeschäft

- den Bestand der stillen Beteiligungen laufend zu überwachen und diese zu bewerten (§ 25g I KAGG),
- Verfügungen über zu einem Beteiligungsfonds gehörende stille Beteiligungen und Änderungen des Beteiligungsvertrages zuzustimmen (§ 25g II KAGG),
- den Bestand der zu einem Immobilienfonds gehörenden Grundstücke laufend zu überwachen (§ 31 I KAGG),
- Verfügungen über zu einem Immobilienfonds gehörende Gegenstände zuzustimmen (§ 31 II KAGG).

Sie hat gem. § 12b KAGG allgemein dafür zu sorgen, daß
- die Ausgabe und Rücknahme von Anteilsscheinen und die Berechnung des Wertes der Anteile den Vorschriften des KAGG und den Vertragsbedingungen entsprechen,
- bei den für gemeinschaftliche Rechnung der Anteilsinhaber getätigten Geschäften der Gegenwert innerhalb der üblichen Fristen in ihre Verwahrung gelangt und
- die Erträge des Sondervermögens gemäß den Vorschriften des KAGG und den Vertragsbedingungen verwendet werden.

### F. Vertrieb ausländischer Fondsanteile

Ausländische Fondsanteile, deren Vertrieb zwar im Inland erfolgt, die aber an keiner inländischen Börse zum amtlichen Handel oder zum geregelten Markt zugelassen sind, werden nicht durch das KAGG erfaßt, sondern durch das Auslandsinvestment-Gesetz (AuslInvestmG) geregelt (§ 1 I, II AuslInvestmG). Das Gesetz unterscheidet zwischen ausländischen Investmentanteilen an sich und darunter privilegierten EU-Investmentanteilen (§ 15–15k AuslInvestmG). Der Vertrieb ausländischer Investmentanteile ist gem. § 2 AuslInvestmG u. a. nur zulässig, wenn
- die ausländische Investmentgesellschaft (Kapitalanlagegesellschaft) ein inländisches Kreditinstitut oder eine zuverlässige, fachlich geeignete Person mit Sitz oder Wohnsitz im Inland als Repräsentanten ernennt,
- die Verwahrung durch eine oder mehrere Depotbanken erfolgt, die den Anteilinhaber in einer § 12 KAGG vergleichbaren Weise sichert (s. o.),
- ein oder mehrere Kreditinstitute als Zahlstellen benannt werden, die die unverzügliche Weiterleitung von Zahlungen und Überweisungen an die Depotbank(en) oder Anteilinhaber sicherstellen,
- die Vertragsbedingungen wesentliche Ordnungsvorschriften des KAGG garantieren (z. B. Dachfondsverbot, Beschränkung von Krediten zu Lasten des Sondervermögens, Rückgaberecht des Anteileigners, Verbot der Kostenkumulierung, Verbot der Verpfändung etc.),
- die Aushändigung der Vertragsbedingungen, der Satzung, des Ver-

399

kaufsprospekts der ausländischen Investmentgesellschaft sowie der Durchschrift des Antrags auf Vertragsabschluß an den inländischen Erwerber, jeweils in deutscher Sprache, erfolgt,
- die Publizierung eines Rechenschaftsberichts zum Schluß eines Geschäftsjahres, eines Halbjahresberichts und der Ausgabe- und Rücknahmepreise (*täglich*), jeweils in deutscher Sprache, geschieht.

Die Aufnahme des Vertriebs kann untersagt werden, wenn Tatsachen die Annahme rechtfertigen, daß die ausländische Investmentgesellschaft oder die Verwaltungsgesellschaft im Staat ihres Sitzes oder ihrer Hauptverwaltung keiner wirksamen Aufsicht zum Schutz der Investmentanteilinhaber unterliegt oder daß die zuständigen ausländischen Aufsichtsstellen nicht zu einer befriedigenden Zusammenarbeit mit der Behörde bereit sind (§ 8 II AuslInvestmentG).

**400** Die Prospekthaftung entspricht der des § 20 KAGG (s. Rn. 373; § 12 AuslInvestmG). Das Zulassungsverfahren für den öffentlichen Vertrieb ausländischer Investmentanteile ist in der Weise geregelt, daß der Vertrieb automatisch zulässig ist, wenn das BAKred nicht innerhalb von zwei Monaten seit Zugang einer entsprechenden Anzeige der ausländischen Investmentgesellschaft den Vertrieb untersagt (§§ 8, 14 AuslInvestG). Die Anzeige hat in diesem Zusammenhang alle gem. § 7 AuslInvestmG vorgeschriebenen Unterlagen und Nachweise zu enthalten. Die Einhaltung der gesetzlichen Bestimmungen wird in der Folgezeit vom BAKred überwacht, erforderlichenfalls sind dann ein weiterer öffentlicher Vertrieb zu untersagen und/oder Geldbußen zu verhängen (§§ 8 III, IV; 10 II; 20a AuslInvestG).

# 8. Kapitel. Garantiegeschäft

## A. Allgemeines

Das Garantiegeschäft i. S. § 1 I Nr. 8 KWG ist ein Sammelbegriff, der 401
„die Übernahme von Bürgschaften, Garantien und sonstigen Gewährleistungen für andere" durch eine Bank zum Gegenstand hat; er wird üblicherweise als Avalkredit bezeichnet, der wie der Akzeptkredit eine sog. **Kreditleihe** ist, mit der die Bank dem Kunden ihre eigene Kreditwürdigkeit zur Verfügung stellt und damit ihm bzw. seinen Geschäftspartnern ohne Liquiditätsverlust Sicherheit leistet. Unter dem Begriff „sonstige Gewährleistung" kann im Einzelfall insbesondere auch die sog. **Patronatserklärung** fallen (s. unter Kreditsicherheiten, Rn. 295).

Avalbürgschaft und -garantie differieren rechtssystematisch vor allem 402
darin, daß die Bürgschaft gem. § 767 I BGB akzessorisch, d. h. von dem Bestand, Umfang und Dauer der verbürgten Hauptforderung abhängig ist (vgl. dazu ausführlich Rn. 273 ff.), während es sich bei der Garantie um ein von der Hauptforderung abstraktes Schuldversprechen handelt (vgl. dazu Rn. 290 ff.). Aus diesem Grunde ist davon auszugehen, daß der zwischen der Bank und dem Hauptschuldner zugunsten eines Dritten geschlossene Avalkreditvertrag in der Regel kein Bürgschafts-, sondern ein Garantievertrag ist,[1] selbst wenn es sich bei Bürgschaften einer Bank kraft Gesetzes um selbstschuldnerische Bürgschaften handelt, d. h. die Einrede der Vorausklage (§§ 771–773 BGB) nicht möglich ist (§ 349 HGB). Daneben spielt die Tatsache, daß die Bankbürgschaft wie die Bankgarantie nicht der Schriftform bedarf (§§ 349, 350 HGB), in der Praxis ohnehin keine Rolle, da selbst die Bankgarantie aus Beweisgründen stets in Schriftform, d. h. auf banküblichen Formularen (sog. **Avalurkunden**), erfolgt. Die von der Bank herausgelegten Avale sind häufig unbefristet. In diesen Fällen ist in den Avalurkunden bestimmt, daß das Aval mit der Rückgabe der Urkunde erlöscht.[2] Im übrigen sind seitens der Bank die Avalkredite gem. Nr. 19 I AGB-Banken mit der Beendigung des Geschäftsverhältnisses kündbar.

Gem. Nr. 13 AGB-Banken alter Fassung war die Bank, die aus einer 403
von ihr übernommenen Bürgschafts- oder sonstigen Gewährleistungsverpflichtung in Anspruch genommen wird, auch ohne schriftliches Verfahren auf einseitiges Anfordern des Gläubigers zur Zahlung berechtigt. Diese Klausel war wirksam,[3] kann also weiterhin durch individuelle

---
[1] So auch BGH WM 1984, 768.
[2] BuB 4/1122.
[3] BGH WM 1979, 691; WM 1986, 1429; WM 1987, 553.

AGBs vereinbart werden. Sie bedeutet allerdings keineswegs, daß die Bank nicht verpflichtet wäre, vor Zahlung mit ihrem Kunden Kontakt aufzunehmen, um ihm Gelegenheit zur Stellungnahme bzw. zum Selbsteintritt zu geben. Die Bank hat mithin im Verhältnis zum Begünstigten eine angemessene Prüfungsfrist. In offenkundigen Einzelfällen kann sie sogar gehalten sein, die Einrede der Verjährung[4] oder des Rechtsmißbrauchs i. S. d. § 242 BGB[5] zu erheben. Im übrigen ist sie vor allem verpflichtet, das Vorliegen der formalen Voraussetzungen des Bürgschafts- bzw. Garantiefalls zu prüfen (**Grundsatz der formalen Auftragsstrenge**). In diesem Zusammenhang prüft sie die
- äußere Ordnungsmäßigkeit insbesondere hinsichtlich der ergänzenden Vorlage von Dokumenten und der Abgabe von Erklärungen,
- Vollständigkeit der für den Garantiefall vorzulegenden Dokumente und Erklärungen sowie Widerspruchsfreiheit zueinander,
- Einhaltung etwaiger Verfallsdaten.

**404** Für die herausgelegten Avale berechnet die Bank dem Kunden eine Avalprovision für die Risikoübernahme, die Eigenkapitalbindung (50% des Avalbetrages bei Privatkunden, 25% bei Inlandsbanken) und für Bearbeitungs- und Überwachungskosten in Höhe von 1–2,5%, je nach Laufzeit und Höhe.

In rechtlicher Hinsicht besteht im Deckungsverhältnis (Bank – Kunde) ein Werkvertrag (§§ 631 ff. BGB), der eine Geschäftsbesorgung (§ 675 BGB) zum Gegenstand hat. Im Valutaverhältnis (Bank – Begünstigter) finden die §§ 765 ff. BGB im Falle einer Bürgschaft, Grundsätze des Schadensrechts im Falle der praeter legem entwickelten Garantie,[6] und § 780 BGB (abstraktes Schuldversprechen) hinsichtlich der Zusicherung, auf erstes Anfordern zu zahlen, Anwendung.[7] Die im Privatkundengeschäft wohl am häufigsten gebräuchliche Bankbürgschaft ist die Prozeßbürgschaft, die üblicherweise unbefristet ist. Die von der Bank oder im Zusammenhang mit dem Bankgeschäft gewährten Garantien sind ihrer Art und Form nach mannigfaltig (s. u.).

## B. Besondere Garantiearten bzw. -formen

### I. ec-Karte

**405** Gem. Nr. 6 I 1 der Bankversion der Bedingungen für den ec-Service (ec-Bedingungen) garantiert die Bank mit der ec-Karte die Zahlung des Scheckbetrages eines auf seinen eurocheque-Vordrucken ausgestellten

---
[4] BGH WM 1985, 1387.
[5] BGH WM 1986, 1429; 1988, 934.
[6] BGH NJW 1985, 2941.
[7] BGHZ 94, 167.

## 8. Kapitel. Garantiegeschäft

Schecks jedem Schecknehmer in Europa und in den an das Mittelmeer grenzenden Ländern bis zu einem Betrag von DM 400,00 oder bis zur Höhe des in dem jeweiligen Land geltenden ec-Garantiehöchstbetrages, sofern der Name der Bank, Konto- und Kartennummer sowie die Unterschrift auf eurocheque und ec-Karte übereinstimmen. Es liegt mithin ein Garantievertrag zwischen der bezogenen Bank, vertreten durch den Scheckaussteller, und dem jeweiligen Garantienehmer auf Scheckeinlösung vor.[8]

Die Vorlage der Scheckkarte ist für die Entstehung der Garantiehaftung nicht erforderlich.[9] Andererseits kann sich der grob fahrlässige Empfänger von eurocheques, die unter vertragswidrigem Gebrauch der ec-Karte ausgestellt wurden, nicht gegenüber der Bank auf die Garantie berufen (§ 242 BGB),[10] d. h. per a. e. c.: bei bestimmungsgemäßer Verwendung der ec-Karte schadet selbst grobe Fahrlässigkeit nicht. Gem. Nr. 6 III der ec-Bedingungen besteht die Einlösungsgarantie selbst dann, wenn die Unterschrift gefälscht und/oder die eurocheque-Vordrucke bzw. ec-Karte verfälscht worden sind, wenn die auf der Rückseite der ec-Karte aufgezählten Voraussetzungen (Übereinstimmung von Bank, Konto- und Kartennummer sowie Unterschriften auf eurocheque und ec-Karte eingehalten wurden und die Unterschriften auf eurocheque und ec-Karte nach ihrem äußeren Gesamtbild den Eindruck der Echtheit erwecken (**Rechtsscheinhaftung**). Für den Fall von mißbräuchlicher Verwendung von ec-Karte und eurocheque-Vordrucken trägt die Bank bei Einhaltung der Garantievoraussetzungen 90%, der Kontoinhaber 10% aller Schäden.

**406**

## II. Kreditkarte

Das die Kreditkarte ausgebende Unternehmen (z. B. Eurocard) garantiert dem ihr „angeschlossenen" Vertragsunternehmen die Erfüllung der vom Kreditkarteninhaber begründeten Geldschuld, falls insbesondere
- ein bestimmter Gesamtbetrag je einzelne Inanspruchnahme nicht überschritten bzw. vor Überschreitung eine Einwilligung des Kreditkartenherausgebers eingeholt wurden,
- der vollständige Aufdruck der Karte sowie Name und Anschrift des Vertragsunternehmens deutlich auf dem Leistungsbeleg mittels einer Abdruckmaschine übertragen wurden,
- das Datum und der Gesamtbetrag auf dem Leistungsbeleg angegeben wurde,

**407**

---

[8] OLG Hamm NJW 1972, 299; OLG Düsseldorf WM 1975, 504, OLG Nürnberg NJW 1978, 2514.
[9] BGHZ 83, 31.
[10] BGHZ 83, 33.

- die Unterschrift des Karteninhabers auf dem Leistungsbeleg vorgenommen wurde,
- die ordnungsgemäß ausgefertigten Leistungsbelege periodisch, (z. B. einmal wöchentlich) an den Kartenherausgeber eingereicht wurden.

**408** Im Garantiefall, i. e. Ausfertigung des Leistungsbelegs durch das Vertragsunternehmen, gehen dessen Forderungen gegen den Karteninhaber kraft der im Garantievertrag vorweggenommenen Zession auf den Kreditkartenherausgeber über. Darüber hinaus hat dieser gegen den Kreditkarteninhaber aufgrund des mit diesem bestehenden Geschäftsbesorgungsvertrages (§§ 675, 631 ff. BGB) einen Aufwendungsersatzanspruch (§ 670 BGB), der durch eine jährliche Pauschalgebühr abgegolten wird.

**409** Der Kreditkarteninhaber seinerseits hat gegen das Vertragsunternehmen zwar keinen Anspruch auf Vertragsabschluß, kommt jedoch ein solcher zustande, hat er gegen dieses einen Anspruch auf bargeldlose Zahlung (§ 328 I BGB), falls seitens des Kreditkarteninhabers mehrere Bedingungen erfüllt werden, wie insbesondere, daß die Karte
- vor dem Verfalldatum vorgelegt wird,
- dem Vertragsunternehmen nicht durch Sperrlisten oder anderweitige Benachrichtigung als widerrufen gemeldet wurde,
- die Unterschrift des Karteninhabers trägt, die mit der Unterschrift auf dem vom Karteninhaber in Gegenwart eines der Mitarbeiter des Vertragsunternehmens unterzeichneten Leistungsbeleges übereinstimmt,
- nicht erkennbar verändert und unleserlich gemacht wurde.

**410** Der Karteninhaber kann dem Kreditkartenherausgeber keine Einwendungen aus seinem Verhältnis zum Vertragsunternehmen entgegenhalten, sondern hat gegen dieses allenfalls einen Bereicherungsanspruch (§§ 812 ff. BGB). Bei gefälschtem oder sonst nichtigem Leistungsbeleg besteht kein Aufwendungsersatzanspruch des Kartenherausgebers gegen den Karteninhaber, falls dieser von seiner Karte bestimmungsmäßig Gebrauch gemacht hat.[11]

### III. Hermes-Garantie

**411** Gegenstand der Hermes-Deckung sind u. a. durch die Hermes Kreditversicherungs AG gegebene Garantien für gebundene Finanzkredite von Banken. Diese ausländischen Bestellern oder deren Banken gewährte Kredite werden durch die Hermes-Garantie in der Weise gebunden, daß sie in voller Höhe zur Bezahlung eines deutschen Exporteurs verwandt werden müssen. Neben der Kreditrückzahlung umfaßt die Deckung auch die Zinsen, die bis zur Fälligkeit der Hauptforderung anfallen. Die mit der Garantie abgedeckten Risiken sind neben der Nichtzahlung seitens der Kreditnehmer auch *politische* Risiken (z. B. Krieg oder Revolu-

---
[11] BGHZ 91, 221.

8. Kapitel. Garantiegeschäft

tion im Ausland, Zahlungsverbot/Moratorium, nicht aber das Wechselkursrisiko). Gleiches gilt für *wirtschaftliche* Risiken (z. B. Konkurs/Vergleich des Bestellers). Die Garantie beträgt der Höhe nach 90% im politischen und 85% im wirtschaftlichen Schadensfall (inklusive Nichtzahlung).

## IV. Ausbietungsgarantie

Die Ausbietungsgarantie beinhaltet die meistens durch einen Höchstbetrag begrenzte Verpflichtung der Bank, bei der Zwangsversteigerung eines Grundstücks (s. Rn. 266 ff.) ein bestimmtes Gebot abzugeben (**Bietungspflicht**), welches das auf dem Grundstück lastende Grundpfandrecht zumindestens deckt. Bei einer solchen Ausbietungsgarantie (mit Bietungspflicht) bedarf der Garantievertrag gem. § 313 BGB der notariellen Beurkundung.[12] Wird dagegen nur die Gewähr übernommen, daß der Pfandgläubiger in der Zwangsversteigerung keinen Ausfall erleidet, dann bedarf diese Ausfallgarantie, da eine Erwerbsverpflichtung des Garanten fehlt, keiner notariellen Beurkundung. 412

## V. Scheckeinlösungsgarantie

Die Zusage einer Bank, sie garantiere die Einlösung eines Schecks, ist eine selbständige Zahlungsverpflichtung der Bank, die neben die Zahlungsverpflichtung aus dem Scheck tritt.[13] Die Bank kann daher nach Abgabe einer solchen Garantie nicht mehr einwenden, die Verpflichtung des Scheckausstellers sei nicht entstanden, bereits erloschen oder wirksam widerrufen worden. Da ein Widerruf auch noch während der Verlängerungsfrist zu beachten ist,[14] sollte eine Scheckeinlösungsgarantie nur unter dem Vorbehalt erfolgen, daß der Scheck nicht widerrufen wird. 413

## VI. Bankgarantien des Außenhandels

Als übliche Bankgarantien des Außenhandels seien darüber hinaus erwähnt 414
– die besonders im internationalen Geschäft bedeutsame **Kreditsicherungsgarantie,** mit der eine Inlandsbank den Kredit einer Auslandsbank an einer ihrer ausländischen Kunden avaliert;
– die **Vertragserfüllungsgarantie (performance bond),** die für einen

---
[12] BGH NJW 1990, 1662.
[13] BGH ZIP 1980, 443; NJW 1980, 1956; ZIP 1982, 1057.
[14] BGH ZIP 1988, 1105.

ausländischen Besteller als pauschalisierter Schadensersatz für den Fall der Nichterfüllung herausgelegt wird (etwa 5–10% der Auftragssumme);
- die **Auszahlungsgarantie (advance payment guarantee)**, die den Anspruch des Bestellers auf Rückzahlung der Anzahlung für den Fall der Nicht- oder Schlechtleistung des Lieferanten absichert;
- die **Gewährleistungsgarantie (warranty guarantee)**, die potentielle Gewährleistungsansprüche des Bestellers absichert.

**415** Eine **Zahlungsgarantie** zur Absicherung des Zahlungsanspruchs des Lieferanten findet dagegen mit Rücksicht auf das Akkreditiv selbst im Auslandsgeschäft kaum Anwendung. Der US-amerikanische „**Standby Letter of Credit**" dagegen ist keine Garantie, sondern ein **Akkreditiv** (s. Rn. 538ff.), weil aufgrund dieser Urkunde Zahlung nur gegen Vorlage genau spezifizierter Dokumente erfolgt (vgl. Art. 2 ERA).

### C. Indirekte Garantie

**416** Kein Avalkredit besteht bei der sog. indirekten (Bank)-Garantie. Diese zeichnet sich dadurch aus, daß nicht die Bank selbst für den Kunden ein Aval herauslegt, sondern damit im Auftrag des Kunden (§§ 675, 631ff. BGB) eine Drittbank, meistens eine Auslandsbank, beauftragt und diese wiederum für die Hausbank des Kunden eine Geschäftsbesorgung i. S. von §§ 675, 631ff. BGB übernimmt. Im Gegenzug kann sich die Drittbank ihren Regreßanspruch gegen die Hausbank des Kunden gem. §§ 675, 670 BGB durch deren deckungsgleiche Garantie unterlegen lassen (sog. **Rück- oder Gegengarantie**). Im Garantiefall kann dann die Drittbank gegen die Hausbank des Kunden aus §§ 675, 670 BGB sowie der Rückgarantie und die Hausbank des Kunden gegen diesen aus §§ 675, 670 BGB Rückgriff nehmen.

# 9. Kapitel. Girogeschäft und Zahlungsverkehr

## A. Allgemeines

Das Girogeschäft ist die Durchführung des bargeldlosen Zahlungsver- 417
kehrs und des Abrechnungsverkehrs (§ 1 I 2 Nr. 9 KWG). Der **Girovertrag** ist in der Praxis stets verbunden mit einem **Kontokorrentvertrag**.
Beides sind Einzelverträge im Rahmen des Bankvertrages, die in der
Regel konkludent durch Unterzeichnung der Allgemeinen Geschäftsbedingungen zustande kommen. Sie sind zugleich Dauerschuldverhältnisse
in Form eines Dienstvertrages, der eine Geschäftsbesorgung zum Gegenstand hat (§§ 675, 611 ff. BGB).[1] Zusätzlich zu diesen Verträgen werden
häufig noch ein **Scheckvertrag** (vgl. Rn. 441) und eine **Vereinbarung
über den Einzug von Forderungen durch Lastschriften** (vgl. S. 145 ff.)
geschlossen. Die Geschäftsbesorgung der Bank besteht dann insbesondere darin, für den Kunden ein **Giro-/Kontokorrentkonto** (vgl. Rn. 89 ff.)
zu eröffnen und über dieses Konto
- nach Weisung des Kunden die Auszahlung und Überweisung von
  Geldbeträgen vorzunehmen,
- Geldbeträge entgegenzunehmen,
- Lastschriften einzuziehen oder, im Rahmen des Abbuchungsauftragsverfahrens (s. u.), einzulösen,
- Scheckeinlösung und -inkasso vorzunehmen,
- Wechseleinlösung und -inkasso vorzunehmen,
- ec-Karten-Belastungen einzulösen,
- Kreditkartenbelastungen einzulösen,
- die entsprechenden Buchungen auf dem Giro-/Kontokorrentkonto
  vorzunehmen,
- Überweisungsformulare, Kundenschecks, ec-Schecks, ec-Karte etc.
  zur Verfügung zu stellen, Kontoauszüge zu erstellen und zu versenden.

Das Entgelt des Kunden für die Geschäftsbesorgung der Bank besteht
in Kontoführungsgebühren, hohen Soll- und niedrigen Habenzinsen.

## B. Überweisung

Der Überweisungsauftrag im Rahmen des Girovertrages ist Weisung 418
i. S. d. §§ 675, 665 BGB.[2] Die Bank hat sie ohne Rücksicht auf die zu-

---
[1] BGH NJW 1985, 2699.
[2] BGHZ 10, 319.

grundeliegenden Rechtsverhältnisse der Beteiligten zu befolgen (sog. **Grundsatz der strikten Observanz**),[3] wenn das Girokonto ausreichende Deckung aufweist (§§ 675, 669 BGB) oder dem Kunden ein **Überziehungskredit** (vgl. Rn. 141 ff.) gewährt wurde. Trifft beides nicht zu und will die Bank auch keine Überziehung dulden, hat sie dem Kunden davon unverzüglich Mitteilung zu machen.[4] Ist die Weisung unklar, z. B. falsche Kontonummer und/oder Empfängerbezeichnung, ist die Bank verpflichtet, den Kunden unverzüglich zu benachrichtigen.[5] Fehlen wesentliche Angaben, ist der Überweisungsträger zwecks Vervollständigung zurückzugeben. Widersprechen sich Empfängerangabe und Kontonummer gilt grds. der Name des Überweisungsempfängers.[6] Solange der Überweisungsbetrag dem Empfänger noch nicht gutgeschrieben wurde, ist die Weisung mangels Zugangs noch widerrufbar (§ 130 I 2 BGB), es sei denn, sie wurde auch gegenüber dem Überweisungsempfänger unwiderruflich, also unter Widerrufsverzicht, erteilt. Mit der Gutschrift erklärt die Empfängerbank gegenüber dem Überweisungsempfänger ihren endgültigen Bindungswillen und gibt damit nach außen zu erkennen, daß sie den Gutschriftsbetrag abstrakt schulden will (§§ 780, 781 BGB).[7]

**419** Die **Gutschrift**, i. e. der abstrakte Schuldversprechens- bzw. Schuldankenntnisvertrag, wird wirksam im Falle eines
– manuellen Buchungsverfahrens mit der Gutschriftsbuchung,[8]
– EDV-automatisierten Überweisungsverkehrs mit der Absendung der Kontoauszüge,[9]
– Einsatzes von Kontoauszugsdruckern zur Kundenselbstbedienung mit dem unmittelbaren Zugriff des Kunden auf den Datenbestand,[10]
– beleglosen Datenträgeraustausches mit der Datenerfassung auf dem Magnetband (Ziff. 1 VIII der Bedingungen für Beteiligung von Kunden am automatisierten Zahlungsverkehr),
weil nach der Verkehrssitte auf diese konkludenten Anträge der Empfängerbank keine Annahme des Überweisungsempfängers zu erwarten ist (§ 151 I 1 1. Alt. BGB). Mit der Wirksamkeit der Gutschrift kommt grds. jeder Widerruf des Überweisenden zu spät, es sei denn, die Gutschrift erfolgte ausnahmsweise „**Eingang vorbehalten (**„**E. v.**").[11] In der Bankpraxis ist es dennoch an der Tagesordnung, daß bereits gutge-

---

[3] BGH BB 1971, 195; WM 1972, 309; 1976, 905.
[4] OLG Hamm WM 1984, 1222.
[5] BGHZ 68, 269; WM 1978, 637.
[6] BGH WM 1978, 367.
[7] BGH WM 1988, 321 m. w. N.
[8] BGH WM 1988, 322.
[9] BGH WM 1988, 322.
[10] BGH WM 1988, 321.
[11] OLG Frankfurt BB 1983, 148.

schriebene Beträge aufgrund eines nach Gutschrift erfolgten Widerrufs wieder „storniert" werden. Diese Praxis ist rechtlich unzulässig, da
- das Recht der Banken auf Stornierung von Gutschriften (kurz: **Stornorecht**; vgl. Nr. 8 AGB-Banken) sich nach dem in dieser Vorschrift vorgegebenen Beispiel (Gutschriften infolge falscher Kontonummer) nur auf technische Buchungsfehler im Bankverkehr, z. B. Fehl-, Doppel- oder Zuvielüberweisungen, beschränkt,
- das entsprechende Stornorecht der Sparkasse (Nr. 8 I AGBSp), das ausdrücklich eine Gutschriftstornierung auch wegen Widerrufs des Überweisenden bis zum nächsten Rechnungsabschluß ermöglicht, insoweit gem. § 9 AGBG unwirksam ist.[12]

Ist mithin eine Gutschrift erfolgt und beruhte sie nicht auf einem technischen Buchungsfehler, kann sie nur noch kondiziert (§§ 812ff. BGB), nicht storniert werden. Dies gilt insbesondere auch, wenn die Gutschrift trotz rechtzeitigem Widerruf dennoch vorgenommen wurde. In diesem Fall ist der Bereicherungsausgleich danach unterschiedlich durchzuführen, ob der Überweisungsempfänger von dem Widerruf keine Kenntnis hatte oder ob er ihn kannte bzw. mit ihm rechnen mußte.[13]

War der Widerruf dem Überweisungsempfänger nicht bekannt, wird der Bereicherungsausgleich in den jeweiligen Leistungsbeziehungen durchgeführt (sog. **Vorrang der Leistungskondiktion**),[14] d. h. die Empfängerbank kann sich nicht unmittelbar an den Überweisungsempfänger halten (sog. **Durchgriffskondiktion**), weil sie mit der Vornahme der Gutschrift nicht in Erfüllung einer eigenen Leistungspflicht gegenüber dem Empfänger handelte, sondern als Unterbeauftragte der durch den Auftraggeber beauftragten Bank oder einer weiteren zwischengeschalteten Korrespondenzbank (§ 664 II BGB). Mit anderen Worten: Die Empfängerbank leistete, indem sie dem Überweisungsempfänger eine Gutschrift erteilte, nicht an diesen, sondern an ihre Auftraggeberin. An diese muß sie sich auch mit einem Bereicherungsanspruch halten.

Anders verhält es sich, wenn der Überweisungsempfänger bösgläubig im o. a. Sinne war und er daher nicht schutzwürdig ist. In diesem Fall kann sich die Empfängerbank unter Durchbrechung des Prinzips des Vorrangs der Leistungskondition direkt an den Überweisungsempfänger halten (sog. **Eingriffskondiktion als Durchgriffskondiktion**),[15] ohne daß sich dieser auf Entreicherung (§ 818 III BGB) berufen kann (§ 819 BGB). In der Praxis wird dieser Anspruch allerdings in der Regel daran scheitern, daß die Empfängerbank die Beweislast für die Bösgläubigkeit des Überweisungsempfängers in bezug auf die Existenz eines Widerspruchs hat.

---
[12] BGHZ 87, 252.
[13] BGH WM 1986, 1381 (irrtümliche Zuvielzahlung).
[14] BGHZ 87, 393 ff.
[15] BGHZ 87, 393; 88, 235; 89, 379.

**423** Die zuvor vorgenommene Güterabwägung zwischen Vorrang der Leistungskondiktion und Schutzwürdigkeit des gutgläubigen Überweisungsempfängers hat für andere gleichwertige „Mängel" (i. w. S.) entsprechend zu gelten.[16] Eine **direkte Durchgriffskondiktion** der Empfängerbank gegen den Überweisungsempfänger ist daher auch zuzulassen, wenn statt des rechtzeitigen Widerrufs
- der Überweisungsauftrag vor Gutschrift angefochten wird, weil mit der Anfechtung zugleich konkludent auch ein Widerruf erfolgt (§ 133 BGB),
- der Überweisungsauftrag von Anfang an fehlte,
- die Erteilung des Überweisungsauftrags von Anfang an Mängel aufwies, z. B. Fälschung oder Verfälschung, mangelnde Geschäftsfähigkeit des Ausstellers, Ausstellung durch Vertreter ohne Vertretungsmacht,
- die Gutschrift fehlerhaft erfolgte, z. B. Doppelgutschrift, Gutschrift an falschen Empfänger etc.,

*und* der Überweisungsempfänger davon positive Kenntnis hatte bzw., im Fall der Anfechtung, mit ihr nur rechnen mußte.

**424** Die Durchgriffskondiktion ist auf Zustimmung des Empfängers zur Aufhebung des abstrakten Rechts aus der Gutschrift gerichtet. Immer aber wenn hinsichtlich der vorgenannten „Mängel" keine Bösgläubigkeit des Überweisungsempfängers gegeben ist, erfolgt, wie ausgeführt, der Bereicherungsausgleich grds. im Rahmen der jeweiligen Leistungsbeziehungen, damit Einwendungen, insb. Aufrechnungsmöglichkeiten, aus und in diesen Beziehungen nicht abgeschnitten werden. Der beauftragten Bank obliegt als Nebenpflicht des Girovertrages die Verpflichtung, die eingereichten Überweisungsaufträge auf ihre Echtheit hin zu überprüfen, d. h. sie trägt, anders als bei der Scheckfälschung (vgl. Rn. 455), grds. das **Fälschungsrisiko**.[17]

**425** Andererseits hat sich der Kunde/Auftraggeber in seiner **Risikosphäre** so zu organisieren, daß eine Fälschung oder Verfälschung weitgehend ausgeschaltet wird. Geschieht dies nicht, hat er sich sein **Organisationsverschulden** gem. Nr. 3 I 3 AGB-Banken i. V. m. § 254 BGB als Mitverschulden anrechnen zu lassen.[18] Daneben hat die Empfängerbank, wie ausgeführt, die Direkt-(Durchgriffs-)kondiktion gegen den Überweisungsempfänger, falls die Gutschrift bereits erteilt wurde und der Empfänger von der Fälschung bzw. Verfälschung Kenntnis hatte, z. B. bei gewolltem Zusammenwirken mit dem Angestellten oder Ehegatten des Kunden.

**426** Neben dem Recht der Bank, durch technische Buchungsfehler verur-

---

[16] Vgl. BGHZ 66, 362, 372; 67, 75; 69, 190.
[17] BGHZ WM 1966, 397; 1967, 1142; 1985, 511.
[18] BGH WM 1967, 1142; 1985, 511.

sachte Gutschriften zu stornieren (Nr. 8 I AGB-Banken), wird durch Nr. 11 II AGB-Banken festgestellt, daß der Kunde auf die Vollständigkeit und Richtigkeit des in einem Überweisungsauftrag angegebenen Namen des Zahlungsempfängers, der Kontonummer und Bankleitzahl zu achten hat. Auch ein Verstoß gegen diese Obliegenheit des Kunden kann dessen Mithaftung gem. Nr. 3 I 3 AGB-Banken i. V. m. § 254 BGB auslösen.

Die Überweisung im Einverständnis mit dem Überweisungsempfänger ist Erfüllung (§ 362 I BGB); ansonsten erfolgt sie nur an Erfüllungs statt (§ 364 I BGB). Die Erfüllung wird bei einverständlicher Überweisung mit der Gutschrift wirksam (s. o.), ansonsten erst nach den Umständen des Einzelfalles, d. h. wenn seitens des Empfängers von einer konkludenten Annahme der gutgeschriebenen Überweisung als geschuldete Leistung auszugehen ist. Hinsichtlich der Rechtzeitigkeit der Zahlung kommt es indessen in der Regel nicht auf die Erfüllung, sondern auf den Zeitpunkt der Überweisung an, da die Geldschuld regelmäßig Schickschuld ist (§§ 270 IV, 269 I BGB).[19] 427

## C. Lastschrift

Die Lastschrift ist eine „rückläufige Überweisung",[20] durch die gem. Nr. 1 des Abkommens über den Lastschriftverkehr (LSA) der Zahlungsempfänger über sein Kreditinstitut (**erste Inkassostelle**) von dem Konto der Zahlungspflichtigen bei demselben oder einem anderen Kreditinstitut (**Zahlstelle**) den sich aus der Lastschrift ergebenden Betrag einzieht, und zwar aufgrund 428
- einer dem Zahlungsempfänger von dem Zahlungspflichtigen erteilten schriftlichen Ermächtigung (**Einzugsermächtigung**) oder
- eines der Zahlstelle von dem Zahlungspflichtigen zugunsten des Zahlungsempfängers erteilten schriftlichen Auftrags (**Abbuchungsauftrag**).

Im Vergleich zur Überweisung hat die Lastschrift neben dem gewichtigen Nachteil einer erhöhten Mißbrauchsmöglichkeit, insbesondere bei Durchführung des Abbuchungsauftragsverfahrens (s. u.), vor allem insofern Vorteile, als mit ihrem Einsatz die Nutzung von Zinsvorteilen und die Liquiditätssteuerung des Zahlungsempfängers optimiert sowie der Organisationsaufwand des Zahlungspflichtigen und der ersten Inkassostelle erheblich reduziert werden kann, für letztere unter anderem dadurch, daß sie statt einer Vielzahl von Einzelüberweisungsvorgängen sämtliche eingereichten Lastschriften eines Tages zu einer Gesamtgutschrift zusammenfassen kann. 429

---

[19] BGH WM 1964, 113; OLG Düsseldorf WM 1985, 585.
[20] BGHZ 69, 82, 84.

**430** Ein Zahlungsempfänger kann nur aufgrund eines gesonderten Vertrags mit seiner Bank (erste Inkassostelle) am Lastschriftverfahren teilnehmen. Dieser formularmäßige Standardvertrag, auch als **Inkassovereinbarung oder -abrede** bezeichnet, verpflichtet den Zahlungsempfänger im Falle des **Einzugsermächtigungsverfahrens** Lastschriften nur dann zum Einzug einzureichen, wenn ihm eine schriftliche Einzugsermächtigung des Zahlungspflichtigen vorliegt, und diese auf Verlangen der Bank vorzulegen. Im **Abbuchungsauftragsverfahren** wird er verpflichtet, Forderungen nur gegen solche Zahlungspflichtige einzuziehen, mit denen der Lastschrifteinzug vereinbart wurde und die der Zahlstelle einen Buchungsauftrag erteilt haben. Durch diese Vereinbarung wird der Zahlungsempfänger berechtigt, fällige Forderungen, für deren Geltendmachung nicht die Vorlage einer besonderen Urkunde erforderlich ist, durch Lastschriften einzuziehen. Die vom Zahlungsempfänger seiner Bank (erste Inkassostelle) eingereichten Lastschriften haben gem. Abschnitt I Nr. 3 II LSA folgenden Vermerk zu tragen: „Einzugsermächtigung des Zahlungspflichtigen liegt dem Zahlungsempfänger vor".

**431** Hinsichtlich der rechtlichen Einordnung der beiden Alternativverfahren (Einzugsermächtigungsverfahren, Abbuchungsauftragsverfahren) besteht ein, soweit ersichtlich, bisher in der Praxis kaum relevanter Theorienstreit. Nach der für das **Einzugsermächtigungsverfahren** vorherrschenden **Genehmigungstheorie,** die ablaufkongruent ist, erfolgt die Einlösung der Lastschrift des Zahlungsempfängers auf dem Konto des Zahlungspflichtigen aufgrund einer Weisung der der Zahlstelle vorgeschalteten Bank, die ihrerseits als Unterbeauftragte der ersten Inkassostelle oder einer weiteren zwischengeschalteten Korrespondenzbank handelt (§ 664 II BGB). Die Einlösung wird durch die dem Zahlungsempfänger vorliegende Einzugsermächtigung des Zahlungspflichtigen mit Wirkung ex tunc genehmigt (§ 185 I BGB).[21] Sollte diese dem Zahlungsempfänger abrede- und zusicherungswidrig nicht vorliegen, kann die Genehmigung von dem Zahlungspflichtigen auch konkludent durch Duldung erteilt werden.[22] Im **Abbuchungsauftragsverfahren** dagegen erteilt der Zahlungspflichtige der Zahlstelle im Rahmen des bestehenden Girovertrages einen generellen Abbuchungsauftrag, der zugleich die Erteilung einer Vielzahl antizipierter Überweisungsaufträge enthält (sog. **Generalanweisungstheorie**).[23] Die Vorlage der Lastschrift ist die Einzelweisung der ersten Inkassostelle an die Zahlstelle im Rahmen des generellen Abbuchungsauftrags des Zahlungspflichtigen.[24]

**432** Lastschriften sind erst eingelöst, wenn die Belastung des Kontos des Zahlungspflichtigen nicht spätestens am zweiten Buchungstag nach der

---
[21] BGHZ 74, 303 ff.
[22] BGH WM 1979, 995.
[23] BGHZ 69, 82, 85; 72, 343, 345; WM 1978, 819, 820.
[24] BGHZ 74, 352; 79, 385.

Belastungsbuchung storniert wird (Nr. 9 II 1 AGB-Banken) bzw., im Abrechnungsverkehr mit der Landeszentralbank, wenn die Zahlstelle die Lastschrift nicht innerhalb von drei Geschäftstagen zurückgibt. Erfolgt keine Stornierung bzw. Rückgabe, ist der für die Einlösung der Lastschrift maßgebliche Zeitpunkt die Belastungsbuchung. Vor dieser Buchung kann der Zahlungspflichtige die Einzelweisung auf Einlösung der Lastschrift uneingeschränkt widerrufen (**individueller Widerruf**). Erfolgte die Weisung im Rahmen des **Einzugsermächtigungsverfahrens** kann der Zahlungspflichtige auch noch nach der Belastungsbuchung widersprechen, solange er die Abbuchung nicht genehmigt oder anerkannt hat. Ein stillschweigendes Anerkenntnis kann allerdings nicht schon bei einer Verletzung der Beanstandungspflicht des Kunden gem. Nr. 11 IV AGB-Banken, wonach Einwendungen gegen einen Kontoauszug unverzüglich zu erheben sind, angenommen werden.[25] Diese führt allenfalls zu einer Schadensersatzpflicht.[26] Erst mit der Genehmigung oder dem Anerkenntnis des Zahlungspflichtigen ist die Belastungsbuchung für diesen bindend. Gleichzeitig tritt die Erfüllungswirkung ein (§ 362 I BGB); denn aufgrund der Vereinbarung des Lastschriftverfahrens besteht für die „rückläufige Überweisung" statt einer Schickschuld eine Holschuld,[27] d. h. der Erfüllungsort ist die Zahlstelle, und nicht die Gläubigerbank (erste Inkassostelle). Des weiteren bleibt die Gutschrift, die die erste Inkassostelle sofort nach Einreichung der Lastschrift auf dem Konto des Zahlungsempfängers unter „E. v." vorgenommen hatte (vgl. Nr. 9 I 1 AGB-Banken), dauernd wirksam, weil die auflösende Bedingung der späteren Rückgabe der Lastschrift aufgrund Widerspruchs des Zahlungspflichtigen entfallen ist.[28] Erfolgte die Weisung dagegen im Rahmen des **Abbuchungsverfahrens** ist sie bereits mit der Belastungsbuchung für den Zahlungspflichtigen bindend,[29] mit der weiteren Maßgabe, daß sämtliche zuvor beschriebenen Wirkungen schon zu diesem Zeitpunkt eintreten.

Von dem individuellen Widerruf (Widerspruch) einer Einzelweisung ist der generelle Widerruf des Einverständnisses mit dem gesamten Lastschrifteinzug zu unterscheiden. Dieser **generelle Widerruf** ist dem Zahlungspflichtigen grds. analog § 168 S. 2 BGB möglich, es sei denn, er erfolgt mißbräuchlich (§ 242 BGB), z. B. zur Unzeit, oder er wurde vertraglich ausgeschlossen, wobei der Ausschluß nicht zugleich den Widerruf aus wichtigem Grund erfassen darf.[30] Wird der Ausschluß der generellen Widerrufsmöglichkeit allerdings durch Allgemeine Ge-

433

---
[25] BGH WM 1985, 905.
[26] BGH a. a. O.
[27] BGH BB 1985, 1022.
[28] BGHZ 74, 315.
[29] BGHZ 72, 343, 345; WM 1978, 819.
[30] OLG Düsseldorf 1984, 724, 725.

schäftsbedingungen vorgenommen, ist er grds. gem. § 9 AGBG unwirksam,[31] und zwar selbst dann, wenn er im obigen Sinne differenziert erfolgt.

434 Da die Lastschrift eine rückläufige Überweisung ist, hat ein Bereicherungsausgleich gem. §§ 812 ff. BGB, soweit er nicht das Giroverhältnis zwischen den Banken betrifft, im wesentlichen nach den für die Überweisung geltenden Grundsätzen (Prinzip des Vorrangs der Leistungskondiktion) zu erfolgen (vgl. Rn. 421), nur mit dem Unterschied, daß der Anspruch aus der Durchgriffs-(Direkt-) Kondiktion bei der Zahlstelle, dem Erfüllungsort im Lastschriftverfahren, entsteht, während im Überweisungverfahren der Erfüllungsort bei der Empfängerbank (im Lastschriftverfahren: erste Inkassostelle) ist. Die Zahlstelle erbringt mit ihrer Zahlung zugleich eine Leistung an ihren Kunden (Zahlungspflichtiger) aus dem Girovertrag (Deckungsverhältnis) wie auch eine Leistung des Kunden an seinen Gläubiger, den Zahlungsempfänger (Valutaverhältnis).

435 Wird die Lastschrift eingelöst, obwohl die Einzelweisung rechtzeitig durch den Zahlungspflichtigen widerrufen worden ist, dann hat die Zahlstelle gegen den Zahlungsempfänger einen Direktanspruch aus § 812 I 1 1. Alt BGB („in sonstiger Weise"), wenn dieser den Widerspruch kannte oder mit ihm rechnen mußte. Wurde keine Einzugsermächtigung durch den Zahlungspflichtigen erteilt oder erfaßt sie nach ihrem äußeren Schein nicht den Zahlungsvorgang,[32] so beurteilt sich die Rechtsfolge, wie wenn von Anfang an kein Überweisungsauftrag erteilt worden ist, d. h. die Zahlstelle kann vom Zahlungsempfänger im Wege der Direktkondiktion die Rückzahlung der geleisteten Zahlung verlangen, wenn dieser Kenntnis davon hatte, daß die Einzugsermächtigung fehlte, ansonsten von der ersten Inkassostelle, die ihrerseits das Konto des Zahlungsempfängers rückbelastet. Der Zahlungspflichtige seinerseits kann von der Zahlstelle verlangen, die Belastung auf seinem Konto rückgängig zu machen.[33] Hat in einem solchen Falle die Zahlstelle die erste Inkassostelle rückbelastet und macht diese wegen unberechtigter Rückbelastung gegen die Zahlstelle einen Bereicherungsanspruch geltend, so handelt es sich, da dieser Anspruch in einer Leistungsbeziehung geltend gemacht wird, um eine Leistungskondiktion; die Inkassostelle trägt die Beweislast dafür, daß die Lastschrift bereits vor ihrer Rückgabe eingelöst war und nicht mehr hätte zurückgegeben werden dürfen.[34] Bei von Anfang an vorhandenen Mängeln des Abbuchungsauftrags hat die Zahlstelle gegen den Zahlungsempfänger eine Direkt-(Durchgriffs)-kondiktion, wenn dieser von den Mängeln positive Kenntnis hatte.

---

[31] Vgl. BGH WM 1984, 986 f.
[32] OLG Hamm WM 1991, 670.
[33] BGHZ 69, 286.
[34] BGH NJW 1983, 220.

## 9. Kapitel. Girogeschäft und Zahlungsverkehr

Das Giroverhältnis zwischen den Banken wird durch das Abkommen 436
über den Lastschriftverkehr (LSA) geregelt; es begründet Rechte und
Pflichten nur zwischen den beteiligten Kreditinstituten (Abschnitt IV
Nr. 1 LSA),[35] wenngleich Dritte durchaus in den Schutzbereich dieses
Abkommens fallen.[36] Gem. Abschnitt II Nr. 1 LSA hat die Zahlstelle
gegenüber der ersten Inkassostelle das Recht zur Rückgabe von Lastschriften, wenn diese nicht eingelöst werden, sei es, weil sie uneinbringlich sind, keine Deckung vorhanden ist oder im Falle des Abbuchungsauftragsverfahren der Abbuchungsauftrag fehlt. Die Lastschriften sind spätestens an dem auf den Tag des Eingangs folgenden Geschäftstag zusammen mit einem Vorlegungsvermerk zurückzureichen.

Vor Rückgabe der Lastschrift mangels Deckung hat die Zahlstelle jedoch aufgrund einer nebenvertraglichen Verpflichtung aus dem Girovertrag den Zahlungspflichtigen, ihren Kunden, über die Fehldeckung zu benachrichtigen, um ihm Gelegenheit zu geben, diese auszugleichen, es sei denn, der Zahlstelle würde wegen der Kürze der Rückgabefrist (LZB) durch die Rückfrage ein irreversibler Nachteil drohen.

Lastschriften, die als Einzugsermächtigungs-Lastschriften gekenn- 437
zeichnet sind, *kann* die Zahlstelle gleichfalls zurückgeben, wenn der Zahlungspflichtige binnen sechs Wochen nach der Belastung widerspricht und die zurückgegebene Lastschrift mit einem Widerspruchsvermerk versehen ist (Abschnitte II Nr. 3, III Nr. 1 LSA). In allen diesen Fällen
– ist die erste Inkassostelle verpflichtet, die Zahlstelle wieder zu vergüten (Abschnitte II Nr. 3, III Nr. 1 LSA),
– darf die erste Inkassostelle diese Lastschriften in keiner Form erneut zum Einzug geben (Abschnitt II Nr. 3 LSA).

Bei unberechtigter Rückbelastung hat die erste Inkassostelle gegen die 438
Zahlstelle einen Anspruch auf Rückgängigmachung der Rückbelastung aus § 812 I 1 BGB.[37] Die Beweislast für die unberechtigte Rückbelastung hat die Inkassostelle.[38] Bei Lastschriften, die als Einzugsermächtigungs-Lastschriften gekennzeichnet sind, haftet die erste Inkassostelle der Zahlstelle für jeden Schaden, der dieser durch unberechtigt eingereichte Lastschriften entsteht (Abschnitt I Nr. 4 LSA). Es handelt sich bei dieser Haftung um eine verschuldensunabhängige **Garantiehaftung.** Im übrigen hat die Zahlstelle die Inkassostelle im Fall der Nichteinlösung von Lastschriften (Abschnitt II Nr. 1 LSA) spätestens an dem auf den Tag des Eingangs folgenden Geschäftstag zu benachrichtigen, wenn es sich um Lastschriftbeträge von mehr als 2000,00 DM handelt (Abschnitt II Nr. 2 I).

Verstöße gegen das Abkommen über den Lastschriftverkehr sind un- 439

---
[35] BGHZ 69, 85ff.
[36] BGHZ 69, 82; 72, 343; 96, 9.
[37] BGH WM 1982, 1246, 1247.
[38] BGH NJW 1983, 220.

verzüglich zu rügen (Abschnitt IV Nr. 2 I 1 LSA). Wird dagegen verstoßen, kann dies Schadensersatzansprüche auslösen, indem z. b. die Inkassobank aufgrund der verspäteten Rückgabe der nicht eingelösten Lastschrift dadurch einen Schaden erleidet, daß der Zahlungsempfänger bereits über den gutgeschriebenen Betrag entreichernd verfügt hat und daher ein Bereicherungsanspruch gem. § 812 BGB nicht mehr greift (§ 818 III BGB)[39] oder wenn die Zahlstelle die Nichteinlösung einer Lastschrift der Inkassostelle nicht durch Eilnachricht (Abschnitt II Nr. 2 I LSA) meldet und der Zahlungempfänger, der in den Schutzbereich des Abkommens fällt, infolgedessen weiter mittels Lastschrift an den Zahlungspflichtigen liefert und dadurch den Gegenwert verliert.[40]

**440** Wie gezeigt ist die erste Inkassostelle im Lastschriftverfahren insbesondere dadurch belastet, daß sie verpflichtet ist,
– nicht eingelöste bzw. wegen Widerspruchs des Zahlungspflichtigen zurückgegebene Lastschriften, die mit dem Vorlegungs- bzw. Widerspruchsvermerk versehen sind, zurückzunehmen (Abschnitt II Nr. 3 LSA),
– im Einzugsermächtigungsverfahren der Zahlstelle jeden Schaden zu ersetzen, der dieser durch unberechtigt eingereichte Lastschriften entsteht (Abschnitt I Nr. 4 LSA).

Es ist daher ihre eigene Obliegenheit, die daraus resultierenden Risiken durch eine sorgfältige Bonitätsprüfung des Zahlungsempfängers, ihres Kunden, zu reduzieren und sich ggfls. von diesem Sicherheiten einräumen zu lassen.

## D. Scheckeinlösung und -inkasso

### I. Scheckeinlösung

#### 1. Allgemeines

**441** Die Scheckeinlösung erfolgt aufgrund des Scheckvertrags, der zusätzlich zum Girovertrag abgeschlossen wird und ein weiterer Einzelvertrag im Rahmen des Bankvertrags ist. Er kommt in der Regel konkludent durch Aushändigung der Scheckformulare zustande. Ab diesem Zeitpunkt gelten gem. Nr. 1 I AGB-Banken zwischen Bank und Kunde die „Bedingungen für den Scheckverkehr" (kurz: Scheckbedingungen).[41] Rechtlich ist er ein Werkvertrag, der eine Geschäftsbesorgung zum Gegenstand hat (§§ 675, 631 ff. BGB); denn die Bank verspricht die Einlösung der Schecks und damit einen Erfolg.[42]

---

[39] BGH NJW 1983, 221.
[40] BGHZ 69, 82.
[41] Abgedruckt bei Canaris Rn. 726.
[42] Canaris Rn. 682.

## 9. Kapitel. Girogeschäft und Zahlungsverkehr

Mit dem Scheck, einem besonderen abstrakten Zahlungsversprechen in Form einer Anweisung (vgl. §§ 780, 783 ff. BGB), wird die Bank (Bezogene) zur Auszahlung und der Schecknehmer zum Empfang der Zahlung ermächtigt (sog. **Doppelermächtigung**). Der Scheck ähnelt dem gezogenen Wechsel, darf aber nur auf eine Bank gezogen werden, bei der der Aussteller ein Guthaben hat (Art. 3, 54 SchG). Er ist ein gesetzliches Orderpapier (Art. 5 I SchG), kann jedoch auch mit einer **negativen Orderklausel** („nicht an Order") als Namenspapier (Rektascheck) oder mit einer sog. **Überbringerklausel** („oder Überbringer") als Inhaber- bzw. Überbringerscheck ausgestellt werden. 442

Im Inlandsverkehr ist fast ausschließlich die Ausstellung von Inhaberschecks üblich, und zwar mit der Maßgabe, daß der Kunde (Scheckaussteller) die Bank mittels des Schecks anweist, die Schecksumme an den Scheckinhaber zu zahlen und gleichzeitig mit der Ausstellung des Schecks seine gesetzliche Rückgriffshaftung für den Fall begründet, daß die Bank den Scheck nicht einlöst (Art. 12, 40 ff. SchG). 443

Ein Scheck ist unwirksam, wenn er nicht folgende in Art. 1 SchG enumerativ aufgeführten Bestandteile enthält:
- die Bezeichnung als Scheck im Text der Urkunde, und zwar in der Sprache, in der sie ausgestellt ist (Art. 1 Nr. 1 SchG),
- die unbedingte Anweisung, eine bestimmte Geldsumme zu zahlen (Art. 1 Nr. 2 SchG),
- den Namen dessen, der zahlen soll (Bezogener; Art. 1 Nr. 3 SchG),
- die Angabe des Tages und des Ortes der Ausstellung (Art. 1 Nr. 5 SchG); statt des Ausstellungsorts muß der Scheck mindestens den Ort des Ausstellers, z. B. als Teil des Firmenstempels, angeben (Art. 2 IV SchG),
- die Unterschrift des Ausstellers (Art. 1 Nr. 6 SchG).

Keine Wirksamkeitsvoraussetzung ist die Angabe des Zahlungsortes (Art. 1 Nr. 4 SchG); denn bei fehlender Angabe gilt der bei dem Namen des Bezogenen angegebene Ort (Art. 2 II 1 SchG) bzw. der an erster Stelle angegebene Ort, falls dort mehrere Orte angegeben sind (Art. 2 II 2 SchG), bzw. der Ort, an dem die Bank ihre Hauptniederlassung hat (Art. 2 III SchG). 444

Jeder Scheck ist bei Sicht fällig (Art. 28 SchG). Der in Deutschland zahlbare Scheck ist innerhalb folgender Vorlegungsfristen zu präsentieren: 445
- binnen 8 Tagen, wenn er in Deuschland ausgestellt wurde (Art. 29 I SchG),
- binnen 20 Tagen, wenn er in Europa einschließlich einem an das Mittelmeer grenzenden Land ausgestellt wurde (Art. 29 II, III SchG),
- binnen 70 Tagen, wenn er in einem anderen Erdteil ausschließlich einem an das Mittelmeer grenzenden Land ausgestellt wurde (Art. 29 II, III SchG).

**446** Die vorstehend aufgeführten Fristen beginnen an dem Tage zu laufen, der in dem Scheck als Ausstellungstag angegeben ist (Art. 29 IV SchG). Werden Vorlegungsfristen versäumt, verliert der Scheckinhaber wieder die durch die Scheckausstellung begründete gesetzliche Rückgriffsmöglichkeit gegen den Scheckaussteller, etwaige Indossanten und Scheckbürgen (Art. 40 SchG); der Scheck kann dann auch nicht mehr in ein abstraktes Schuldversprechen (§ 780 BGB) umgedeutet werden (§ 140 BGB), da sonst Art. 40 SchG ausgehöhlt würde.[43] Allerdings bleibt die Bank trotz des Ablaufs der Vorlegungsfrist weiterhin zur Einlösung des Schecks berechtigt, nicht aber verpflichtet, es sei denn, der Aussteller hat zwischenzeitlich den Scheck widerrufen (Art. 32 SchG; sog. **Schecksperre**). Die Schecksperre wird von Gesetzes wegen zwar erst nach Ablauf der Vorlegungsfrist wirksam, die Bank ist jedoch aufgrund einer konkludent vereinbarten Nebenpflicht des Scheckvertrages auch schon vor Fristablauf zu ihrer Beachtung verpflichtet;[44] Nr. 10 S. 1 der Scheckbedingungen, die eine dahingehende Verpflichtung der Bank negiert, ist gem. § 9 AGBG nichtig[45] und daher keine (wirksame) protestatio facto contraria. Die Schecksperre braucht allerdings nur beachtet zu werden, wenn sie der Bank spätestens am Bankarbeitstag vor der Vorlage des Schecks zugeht (Nr. 10 S. 2 Scheckbedingungen).

**447** Der Scheck darf nicht durch einen Annahmevermerk auf der Scheckurkunde garantiert werden (Art. 4 SchG); außerhalb der Urkunde übernommene Garantievereinbarungen, z. B. die **Scheckeinlösungsgarantie** (vgl. Rn. 413), sind dagegen wirksam. Die Übertragung der Schecks erfolgt nach der Art ihrer Ausstellung, und zwar bei
– Inhaberschecks durch Einigung und Übergabe (§ 929 BGB), wobei sich der gutgläubige Erwerb nicht nach §§ 932 ff. BGB, sondern nach Art. 21 SchG richtet,
– Orderschecks durch Einigung und Indossament (Art. 14 III, 15, 16, 23 SchG),
– Rektaschecks durch Abtretung und Übergabe der Schecks (Art. 14 II SchG i. V. m. §§ 398, 413, analog 792 I 3 BGB).

**448** Ein gutgläubiger Erwerb ist nur bei Inhaber- und Orderschecks möglich (Art. 21 SchG). Die Einlösung der Schecks durch die bezogene Bank kann durch Barauszahlung oder aber im Wege der Verrechnung geschehen. **Verrechnung** ist vorgeschrieben, wenn der Aussteller oder Inhaber eines Schecks durch quer über die Vorderseite gesetzten Vermerk „nur zur Verrechnung" oder durch einen gleichbedeutenden Vermerk untersagen, daß der Scheck in bar bezahlt wird (Art. 39 I SchG). Kraft Han-

---

[43] BGHZ 3, 238, 239.
[44] BGH WM 1988, 1325; NJW 1988, 3149.
[45] BGH a. a. O.

## 9. Kapitel. Girogeschäft und Zahlungsverkehr

delsbrauch ist daneben auch der gekreuzte Verrechnungsscheck zulässig. Die bezogene Bank darf den Verrechnungsscheck nur im Wege der Gutschrift einlösen (Verrechnung, Überweisung, Ausgleichung). Die Gutschrift gilt als Zahlung (Art. 39 II SchG). Eine nachträgliche Durchstreichung des Verrechnungsvermerks gilt als nicht erfolgt (Art. 39 III SchG).

Hat der Scheckinhaber, wie in der Regel, kein Konto bei der bezogenen Bank, erfolgt die Verrechnung zwischen den Banken im Wege eines täglichen Ausgleichs gegenseitiger Forderungen über Kopfstellen eines Gironetzes (Abrechnungsstellen) sowie zwischen den Gironetzen durch die Bundesbank mit den Landeszentralbanken als deren Hauptverwaltungen (sog. **Skontration**). Schecks können diesen Abrechnungsstellen auch direkt eingereicht werden (Art. 31 I SchG). 449

Im Falle der Bareinlösung bei einer nicht kontoführenden Stelle der bezogenen Bank ist eine Auszahlung in der Regel pflichtwidrig, wenn der Einreicher sich nicht als Kontoinhaber oder sonst Verfügungsberechtigter ausweist; denn die Bank kann in solchen Fällen keinen Unterschriftenvergleich durchführen.[46] Soweit es sich nicht um den Sonderfall eines eurocheque handelt (vgl. dazu Rn. 405f.), ist die Bank aus dem Scheckvertrag mit dem Kunden zur Einlösung der auf sie gezogenen Schecks grds. nur verpflichtet, wenn 450
– das Konto des Kunden ausreichende Deckung aufweist,
– der Kunde die jeweils von der Bank zugelassenen Scheckvordrucke verwendet (Überbringerschecks, Orderschecks; Nr. 1 S. 1 Scheckbedingungen),
– der Scheck die notwendigen Bestandteile gem. Art. 1 Nr. 1, 4, 5 SchG vollständig aufweist (s. o.),
– die Vorlegungsfristen eingehalten wurden (s. o.),
– keine wirksame Schecksperre besteht,
– der Scheck seinem äußeren Gesamtbild nach den Eindruck der Echtheit vermittelt[47] oder die Bank etwaige Verdachtsmomente (s. u.) vor Scheckeinlösung durch Nachfrage beim Kunden ausgeräumt hat.

Ausnahmsweise kann sogar eine Pflicht zur Einlösung ungedeckter Schecks bestehen, wenn die Bank dem Kunden aufgrund vorhandener Sicherheiten ohnehin einen Überziehungskredit gewähren würde, sei es ausdrücklich oder konkludent durch Duldung (vgl. Rn. 141), oder wenn die Blankoüberziehung nur geringfügig und ausweislich der bisherigen Kontoführung voraussichtlich nur kurzfristig sein wird (§ 242 BGB). 451

Ist der Scheck nur teilweise gedeckt, leistet die Bank lediglich Teilzahlungen, falls der Kunde (Aussteller) ihr gesondert und im Einzelfall einen

---
[46] BGHZ 91, 229, 232.
[47] BGH NJW 1969, 694.

Auftrag dazu erteilt hat (Nr. 5 S. 3 Scheckbedingungen); sie hat diesbezüglich aufgrund ihrer nebenvertraglichen Schadensminderungspflicht beim Kunden Rückfrage zu halten, weil der Scheckinhaber seinerseits eine Teilzahlung nicht zurückweisen kann (Art. 34 II SchG).

452 Sollte die Bank keinen Überziehungskredit gewähren und den Scheck nicht einlösen wollen, so hat sie als Nebenpflicht aus dem Scheckvertrag ihren Kunden von dieser Absicht Kenntnis zu geben, bevor sie z. B. den Scheck zu Protest gehen läßt (Art. 40 Nr. 1 SchG), damit er sich noch anderweitig um Deckung seines Kontos bemühen kann. Nr. 5 S. 2 der Scheckbedingungen, die die Bank von dieser Rückfrage suspendiert, ist gem. § 9 AGBG unwirksam.[48] Die Bank ist im übrigen berechtigt, die Nichteinlösung ungedeckter Schecks der SCHUFA (vgl. Rn. 62) oder sonstigen Kreditorganisationen zu melden (Nr. 7 S. 2 Scheckbedingungen).

## 2. Erfüllung

453 Der Scheck wird im Zweifel nicht an Zahlung statt (§ 364 I BGB), sondern nur zahlungshalber gegeben (§ 788 BGB analog).[49] Die Erfüllung tritt daher erst ein, wenn der Scheckinhaber den Scheckbetrag von der bezogenen Bank erhält oder wenn er den Scheck weitergibt und nicht mehr im Rückgriffsweg in Anspruch genommen werden kann. Im ersten Fall gelten gemäß Nr. 9 II 1 AGB-Banken die vom Kunden ausgestellten Schecks erst dann als durch die bezogene Bank eingelöst, wenn die mit der Einlösung vorgenommene Belastung nicht spätestens am zweiten Buchungstag nach der Belastungsbuchung storniert wird, es sei denn, es handelt sich um Barschecks. Der im Falle der Nichtstornierung maßgebliche **Erfüllungszeitpunkt** ist bei
– Bareinlösung die Auszahlung,
– bargeldloser Zahlung die Gutschrift auf dem Konto des Scheckinhabers.[50]

454 Hinsichtlich des Zeitpunkts des Wirksamwerdens der Gutschrift sind die für die Überweisung geltenden Grundsätze maßgeblich (vgl. Rn. 419). Die bezogene Bank kann mit der Auszahlung die Aushändigung des quittierten Schecks verlangen (Art. 34 I SchG). In der Bankpraxis wird die Quittung durch ein Blankoindossament erteilt (Art. 16 II 1 SchG), und zwar durch die auf die Rückseite des Schecks gesetzte Unterschrift des Scheckinhabers. Wird dieser Scheck von einem Angestellten der Bank entwendet und in Umlauf gebracht, haftet der Indossant einem gutgläubigen Erwerber des Schecks aus dieser Unterschrift als Rückgriffsschuldner gem. Art. 20 i. V. m. 40ff. SchG.

---

[48] Canaris Nr. 690.
[49] BGHZ 44, 178, 179.
[50] BGH NJW 1987, 317.

## 3. Fälschung

Gem. Nr. 11 S. 1 der Scheckbedingungen haftet, anders als im Überweisungsrecht (vgl. Rn. 424), der Kunde für die Fälschung und Verfälschung von Schecks, wobei sich die bezogene Bank ihr eigenes Mitverschulden anrechnen lassen muß (Nr. 11 S. 2 der Scheckbedingungen i. V. m. § 254 BGB). Die mit dieser Klausel vorgenommene Risikoverteilung ist im Massengeschäft sachgerecht und verstößt daher nicht gegen § 9 AGBG. Dem Kunden ist zumutbar, sich in seiner Sphäre so zu organisieren, daß ein Mißbrauch der Schecks weitgehend ausgeschlossen werden kann (sog. **Sphärentheorie**).[51]

455

## 4. Prüfungspflicht

Als Nebenpflicht aus dem Scheckvertrag ist die Bank verpflichtet, die Berechtigung des Scheckeinreichers, ausreichende Vollmacht des Ausstellers[52] und die Echtheit des Schecks danach zu überprüfen, ob er nach seinem äußeren Gesamtbild den Eindruck der Echtheit erweckt.[53] Für Schäden, die aus einer schuldhaften Verletzung dieser Verpflichtung resultieren, haftet sie dem Kunden aus positiver Forderungsverletzung, hinsichtlich der Berechtigung des Einreichers jedoch nur für grobe Fahrlässigkeit (Nr. 4 Scheckbedingungen). **Verdachtsmomente**, deren Ignorierung im Einzelfall haftungsauslösend sein können, sind z. B.
- Vorlage eines außergewöhnlich hohen Barschecks,[54]
- Vorlage eines hohen Inhaberverrechnungsschecks, der erkennbar kaufmännischen Zwecken dient, zur Einziehung auf ein Sparkonto,[55]
- Vorlage eines Inhaberverrechnungsschecks, auf dem das Feld für die Angabe des Empfängers mit einem Adreßaufkleber mit Namen und Anschrift des Einreichers überklebt ist,[56]
- Vorlage eines Barschecks bei einer nur kontoführenden Stelle, wenn sich der Einreicher nicht als Kontoinhaber oder sonst Verfügungsberechtigter ausweisen kann,[57]
- Vorlage eines Barschecks, der insbesondere im Hinblick auf dessen Höhe und Kontostand (Überziehung) nicht den bisherigen Zahlungsgewohnheiten des Kunden entspricht,[58]

456

---

[51] BGH WM 1986, 123, 124; OLG Hamm WM 1985, 1033.
[52] BGH WM 1982, 425.
[53] BGH NJW 1986, 988.
[54] BGH WM 1986, 123f., OLG Düsseldorf WM 1985, 1030ff.
[55] BGH NJW 1987, 1264; WM 1987, 337.
[56] BGH WM 1988, 147.
[57] BGHZ 91, 229.
[58] OLG Köln WM 1987, 404; str.

166    Dritter Teil. Privates Bankrecht

- erhebliche Abweichung von Unterschrift und Unterschriftenprobe, es sei denn, die echten Unterschriften des Ausstellers divergieren auch sonst sehr stark,[59]
- Rasuren und Änderungen,[60]
- Minderjährigkeit des Einreichers, wenn in dem vorgelegten Scheck ein Dritter als Zahlungsempfänger angegeben ist.[61]

## 5. Bereicherungsausgleich

457   Für den Bereicherungsausgleich finden, soweit Nr. 11 der Scheckbedingungen nicht zu einer anderen Regelung führt, im wesentlichen die für die Überweisung geltenden Grundsätze Anwendung (vgl. Rn. 420ff.), d.h. mit der Scheckeinlösung erbringt die Bank eine Leistung an ihren Kunden (Scheckaussteller) aus dem Scheckvertrag, nicht an den Scheckinhaber. Bei Einlösung eines wirksam widerrufenen Schecks hat die einlösende Bank aber auch gegen den Scheckeinreicher eine Durchgriffs-(Direkt-)Kondiktion gem. § 812 I 1 2. Alt. BGB („in sonstiger Weise"), wenn dieser von dem Widerruf zum Zeitpunkt der Scheckeinlösung Kenntnis hatte.[62] Gleiches hat bei entsprechender Kenntnis des Scheckinhabers[63] auch bei speziellen Mängeln der Scheckausstellung oder späterer Verfügungsbeschränkung des Ausstellers zu gelten, wie z.B.
- nicht unterschriebener Scheck,[64]
- Formnichtigkeit des Schecks,[65]
- Geschäftsunfähigkeit des Ausstellers,
- Ausstellung durch einen Vertreter ohne Vertretungsmacht,
- Eröffnung des Konkurses über das Vermögen des Scheckausstellers vor Scheckeinlösung,
- Scheckausstellung unter Zwang, etc.,

nicht aber bei Fälschung und Verfälschung von Schecks, weil dafür, anders als im Überweisungsrecht, nicht die Bank, sondern, wie ausgeführt, gem. Nr. 11 Scheckbedingungen der Kunde selbst das Risiko trägt. Die Bank kann mithin dessen Konto belasten, und zwar selbst dann, wenn ihr bei der Echtheitsprüfung ein Fehler unterlaufen ist. Dieser Fehler der Bank führt lediglich zu einem Gegenanspruch des Kunden aus positiver Forderungsverletzung des Scheckvertrages.

---

[59] BGH WM 1969, 241.
[60] RGZ 161, 174, 183.
[61] BGH WM 1963, 891, 892; 1965, 705, 706.
[62] Vgl. BGHZ 61, 289; OLG Köln WM 1983, 190.
[63] OLG Köln WM 1984, 728f.
[64] BGHZ 66, 362.
[65] OLG Köln WM 1984, 728, 729.

## II. Scheckinkasso

### 1. Verhältnis Bank – Kunde

Die Inkassovereinbarung des Kunden mit seiner Bank verpflichtet diese, ihr eingereichte Schecks für jenen einzuziehen. Da die Verpflichtung nicht auf einen erfolgreichen Einzug gerichtet sein kann, handelt es sich bei dieser Vereinbarung um einen Dienstvertrag, der eine Geschäftsbesorgung zum Gegenstand hat (§§ 675, 611 ff. BGB).[66] Der Vertrag wird in der Regel konkludent abgeschlossen, und zwar als unselbständige, integrale Nebenabrede zum Girovertrag, mit der Maßgabe, daß die spätere Einreichung von Schecks konkludent eine Weisung im Rahmen des bereits bestehenden Girovertrages enthält (§ 665 BGB), der sich die Bank nur unter Vertragsverletzung entziehen kann. Durch die Weisung wird die Bank verpflichtet, den Scheck an die bezogene Bank, die zuständige Abrechnungsstelle oder eine Korrespondenzbank weiterzuleiten, wobei sie grds. den schnellsten und sichersten Weg zu wählen hat.[67] Diese Verpflichtung ergibt sich eo ipso aus der Natur der Sache (i. e. Verlegungsfristen) und ist eine Kardinalpflicht i. S. d. § 9 II Nr. 2 AGBG.[68] Die Haftung aus der Verletzung dieser Pflicht bezieht sich auf das eigene Verschulden der Bank; für das Verschulden von Korrespondenzbanken oder der bezogenen Bank haftet sie nicht, da diese nicht Erfüllungsgehilfen (§ 278 BGB), sondern Unterbeauftragte sind.[69] Hinsichtlich dieser Unterbeauftragten hat die Bank allenfalls ein Auswahlverschulden (Nr. 3 II 3 AGB-Banken i. V. m. § 664 I 2 BGB).

458

Des weiteren können unter Umständen Ansprüche des Kunden (Scheckeinreichers) gegen die bezogene Bank bestehen, da die Bundesbank, vertreten durch die örtlich zuständige Landeszentralbank als Filial-Abrechnungsstelle, im „Vereinfachten Scheck- und Lastschriftverfahren für die Kreditinstitute" (III. der Allgemeinen Geschäftsbedingungen der Deutschen Bundesbank) nur Botin der Inkassobank gegenüber der bezogenen Bank ist. Wird der nicht eingelöste Scheck von dieser verspätet zurückgegeben (vgl. III. Nr. 19 S. 1 AGB-DBBK: „Rückrechnungs-Lastschriften über von der Bank vorgelegte und unbezahlt gebliebene Schecks... aus dem beleglosen Scheckeinzug sind der Bank spätestens einen Geschäftstag nach dem Eingangstag mit Rücklieferungsverzeichnissen zuzuleiten") und entsteht dem Einreicher dadurch ein Schaden, kann dieser entsprechend der Rechtslage im Lastschriftverfahren (vgl. Rn. 436) in den Schutzbereich des Girovertrages zwischen der Bundesbank und der bezogenen Bank fallen und seinen Schaden direkt gegen-

459

---

[66] OLG Frankfurt WM 1978, 1025.
[67] BGHZ 13, 127; 22, 304, 305; 96, 9, 16; WM 1957, 239.
[68] BGH WM 1988, 246.
[69] OLG Köln BB 1953, 305.

über der bezogenen Bank liquidieren (sog. **(Giro-) Vertrag mit Schutzwirkung zugunsten Dritter**).[70]

**460** Gem. Nr. 9 I AGB-Banken steht es der Bank frei, ob sie einen zum Inkasso genommenen Scheck dem Kunden sofort unter dem Vorbehalt des Eingangs (E. v.) oder erst nach Eingang gutschreibt. Die sofortige Gutschrift unter Vorbehalt, d. h. unter der aufschiebenden Bedingung des Eingangs, ist in der Praxis üblich. Tritt die Bedingung nicht ein, wird also der zum Einzug eingereichte Scheck nicht bezahlt, oder ist die freie Verfügung über den Gegenwert durch Gesetz oder behördliche Maßnahmen beschränkt oder kann der Scheck wegen Vorkommnissen, die von der Inkassobank nicht zu vertreten sind, nicht oder nicht rechtzeitig vorgelegt werden, oder ist in dem Land, in dem der Scheck einzulösen ist, ein Moratorium ergangen, dann darf die Bank das Konto des Kunden rückbelasten. Gleiches gilt, wenn, vor Vorlegung des Schecks bei der bezogenen Bank, von der Inkassobank eingeholte Auskünfte über einen Scheckverpflichteten nicht zu ihrer Zufriedenheit ausfallen oder wenn in den Verhältnissen eines Scheckverpflichteten eine wesentliche Verschlechterung eintritt.

**461** Kommt es zu einer Rückbelastung, kann sich der Kunde, sollte er zwischenzeitlich schon zulässigerweise über den gutgeschriebenen Betrag verfügt haben,[71] nicht auf Entreicherung gem. § 818 III BGB berufen, da er über den gutgeschriebenen Betrag nicht ohne Rechtsgrund (§§ 812ff. BGB) verfügt hat, sondern aufgrund eines Kreditvertrages,[72] der konkludent durch die Gutschrift seitens der Bank und die Verfügung seitens des Kunden zustandegekommen ist.

**462** Die Bank erwirbt an den ihr zum Einzug eingereichten Schecks Sicherungseigentum (Nr. 15 I 1 AGB-Banken). Aus dieser neuen Regelung ist nunmehr eindeutig herzuleiten, daß die Bank mit dem Inkasso der Schecks nicht nur eine bloße Einziehungsermächtigung i. S. d. § 185 BGB erlangt, sondern daß an die Inkassobank eine Sicherungstreuhandübertragung der Schecks mit der Maßgabe erfolgt, daß etwaige Einwendungen des Scheckverpflichteten gegen die Bank in Höhe der Schuld des Einreichers präkludiert werden, die Bank also wie jeder andere Scheckerwerber in ihrem guten Glauben geschützt wird.[73] Mit der Einziehung der Schecks gehen auch die zugrundeliegenden Forderungen auf die Bank über, und zwar kraft antizipierter Forderungsabtretung (Nr. 15 II 2. Hs. AGB-Banken; § 398 BGB). Diese Sicherungsabtretung umfaßt insbesondere auch sämtliche mit den zugrundeliegenden Forderungen verbundenen Hilfsrechte.

**463** Sicherungseigentum und Sicherungsabtretung dienen der Sicherung

---

[70] BGHZ 9, 16f.
[71] BGH WM 1962, 524.
[72] OLG Hamburg WM 1983, 486, 487.
[73] Canaris Nr. 752.

# 9. Kapitel. Girogeschäft und Zahlungsverkehr

aller Ansprüche, die der Bank gegen den Kunden infolge der Rückbelastung nicht eingelöster Schecks entstehen (Nr. 15 IV 1 AGB-Banken). Dieses Sicherungsinteresse besteht bis zur vollständigen Abdeckung eines etwa bestehenden Schuldsaldos. Es besteht insbesondere auch, wenn das Konto des Kunden erst durch die Rückbelastung nach Gutschrift „E. v." und sofortiger Auszahlung debitorisch geworden ist.[74] Entfällt das Sicherungsinteresse der Bank, hat sie die Schecks an den Kunden auf dessen Anforderung zurückzuübertragen; dasselbe gilt für die Rückabtretung der zugrundeliegenden Forderungen (Nr. 15 IV 2 AGB-Banken).

## 2. Interbanken – Giroverhältnis

Das Giroverhältnis zwischen der Inkassobank und der bezogenen **464** Bank wird im wesentlichen durch folgende Abkommen geregelt:
- Abkommen über die Rückgabe nicht eingelöster Schecks und die Behandlung von Ersatzstücken verlorengegangener Schecks im Scheckeinzugsverkehr (Scheckabkommen),
- Abkommen über das beleglose Scheckeinzugsverfahren (BSE-Abkommen),
- Abkommen zur Vereinfachung des Einzugs von Orderschecks (Orderscheckabkommen).

Nach dem Scheckabkommen sind Schecks, die nicht eingelöst werden, **465** von dem bezogenen Kreditinstitut spätestens an dem Tag der Vorlage (Eingangstag) folgenden Geschäftstag, mit Vorlegungsvermerk versehen, an die erste Inkassostelle zurückzuleiten (Abschnitt II Nr. 1 I). Gleichzeitig ist diese per Eilnachricht von der Nichteinlösung zu informieren, falls die Schecksumme höher als z. Z. DM 2000,00 ist (II Nr. 2 I). Die erste Inkassostelle ist ihrerseits verpflichtet, nicht eingelöste und mit dem Vorlegungsvermerk versehene Schecks wieder zurückzunehmen; diese dürfen nicht erneut zum Einzug in den Verkehr gebracht werden (II Nr. 3).

Verstöße gegen das Abkommen sind unverzüglich nach Bekanntwer- **466** den zu reklamieren; die Schadensersatzpflicht ist auf den Scheckbetrag begrenzt (I Nr. 5 I). Sowohl Reklamationen wie Schadensersatzansprüche sind unmittelbar gegenüber der ersten Inkassostelle bzw. dem bezogenen Kreditinstitut geltend zu machen (I Nr. 5 II). Bei verspäteter Rückgabe besteht, anders als bei der LZB-Abrechnung, keine Einlösungsfiktion, sondern die Verpflichtung, den dadurch entstandenen Schaden zu ersetzen.

Aufgrund des Abkommens über das beleglose Scheckeinzugsverfah- **467** ren findet keine körperliche Übermittlung der Schecks statt; es unter-

---
[74] BGHZ 69, 27, 31.

170     Dritter Teil. Privates Bankrecht

bleibt daher eine Echtheitsprüfung durch die bezogene Bank; die Inkassobank übermittelt lediglich noch die Scheckdaten (Scheck-Nr., Konto-Nr., Betrag, Bankleitzahl, Textschlüssel) per EDV. Die Inkassobank prüft die Schecks allerdings auf ihre formelle Ordnungsmäßigkeit i. S. von Art. 1 und 2 SchG. Aufgrund der mit dieser Einlösung verbundenen Risiken wird die Höhe der für das beleglose Einziehungsverfahren zugelassenen Schecks auf z. Z. DM 1000,00 begrenzt. Anstatt des im Belegverfahren von der bezogenen Bank gem. Art. 40 Ziff. 2 SchG vorzunehmenden Vorlegungsvermerks nimmt die Inkassobank im Auftrage der bezogenen Bank diesen Vermerk vor, sodaß dadurch der gesetzliche Rückgriff möglich wird.

**468** Gemäß Art. 35 SchG ist die bezogene Bank, die einen durch Indossament übertragbaren Scheck einlöst, verpflichtet, die Ordnungsmäßigkeit der Reihe der Indossamente zu prüfen. In Abweichung von dieser Vorschrift bestimmt Nr. 3 des Orderscheckabkommens, daß für den Fall des Inkassos von Orderscheck die erste Inkassostelle verpflichtet ist, zu prüfen, daß der Einreicher durch eine ordnungsgemäße Indossamentenkette i. S. von Art. 35 SchG legitimiert ist und ihr der Scheck durch Indossament ohne einschränkenden Zusatz übertragen wurde.

**469** Verletzt die Inkassobank diese Prüfungspflicht, so hat sie gem. Nr. 6 des Abkommens der bezogenen Bank sowie den in der Einzugskette nachfolgenden Instituten einen aus der Verletzung ihrer Pflichten entstandenen Schaden zu ersetzen, ohne sich insoweit auf Mitverschulden der bezogenen Bank sowie der in der Einzugskette nachfolgenden Institute berufen zu können. Die Schadensersatzpflicht beschränkt sich auf den Betrag desjenigen Orderschecks, bei dessen Bearbeitung den Verpflichtungen aus dem Abkommen nicht genügt worden ist. Der Schadensersatzanspruch kann darüber hinaus nur geltend gemacht werden, wenn das geschädigte Kreditinstitut die Verletzung der Prüfungspflicht unverzüglich nach Bekanntwerden gerügt hat.

### E. Wechseleinlösung und -inkasso

**470** Der gezogene Wechsel ist wie der Scheck ein besonderes abstraktes Zahlungsversprechen in Form einer Anweisung. Beide stimmen weitgehend überein. Das Scheckgesetz hat deshalb vielfach die Vorschriften des Wechselgesetzes wörtlich übernommen; dies gilt ebenso für das internationale Scheckprivatrecht (Art. 60–65 SchG). Auch die im Rahmen von Scheckeinlösung und -inkasso anzuwendenden Vorschriften der AGB-Banken gelten in gleicher Weise für den Wechsel. Die dortigen Ausführungen sind daher im wesentlichen entsprechend auf Wechseleinlösung und -inkasso übertragbar, allerdings mit der Maßgabe, daß der Wechsel im Unterschied zum Scheck

9. Kapitel. Girogeschäft und Zahlungsverkehr 171

- von dem Bezogenen angenommen (akzeptiert) werden kann (Art. 21 WG, 4 SchG) und der Akzeptant dadurch zum Hauptschuldner des Wechsels wird (vgl. **Akzeptkredit**, Rn. 133 ff.),
- nicht als Inhaberpapier („oder Überbringer") ausgestellt werden kann; ein Indossament an den Inhaber gilt als Blankoindossament (Art. 12 III WG; 5 I SchG),
- als eigener Wechsel ausgestellt werden kann (Art. 3 II, 75 ff. WG; 6 III SchG),
- nicht notwendigerweise bei Sicht zahlbar ist (Art. 33 WG; 28 I SchG),
- nicht nur auf eine Bank gezogen sein muß (Art. 3 SchG),
- auch von dem Bezogenen indossiert werden kann (Art. 11 III WG; 15 III SchG).

### F. ec-Automatenzahlung

Sofern der Inhaber einer ec-Karte eine persönliche Geheimzahl erhalten hat, kann er die ec-Karte im In- und Ausland an ec-Geldautomaten und Electronic-Cash-Kassen (vgl. Rn. 476 f.) nutzen; die persönliche Geheimzahl ist als weiteres Berechtigungsmerkmal neben der ec-Karte an ec-Geldautomaten und Electronic-Cash-Kassen einzugeben (Nr. 4 der Bedingungen für den ec-Service – Bankenversion –). Der Karteninhaber hat dafür Sorge zu tragen, daß ein Dritter keine Kenntnis von der persönlichen Geheimzahl erlangt (Nr. 5 II). Bei Abhandenkommen der ec-Karte oder deren mißbräuchlicher Verwendung an ec-Geldautomaten oder Electronic-Cash-Kassen ist die Karte unverzüglich sperren zu lassen und Anzeige bei der Polizei zu erstatten (Nr. 5 III). 471

An Geldautomaten der eigenen Bank kann der Kunde die ec-Karte für einen bestimmten Zeitraum innerhalb eines ihm bekanntzugebenden Verfügungsrahmens nutzen, an Automaten fremder Banken im Inland bis zu 400,00 DM täglich und im Ausland bis zur Höhe des in dem jeweiligen Land geltenden ec-Garantiehöchstbetrages (Nr. 7 I). Die Karte kann nicht mehr eingesetzt werden, wenn die persönliche Geheimzahl dreimal hintereinander falsch eingegeben wird (Nr. 7 II). Sollte dies geschehen oder der Kreditrahmen überschritten sein, kann die Karte eingezogen werden (Nr. 7 II). Der Kunde erstattet der Bank alle Aufwendungen, die durch die Verwendung entstehen. Er hat für ausreichende Kontodeckung Sorge zu tragen bzw. bei Fehlen einer solchen vorher einen Überziehungskredit zu beantragen (Nr. 8 I). Bei Geldbeträgen in Fremdwährung erfolgt die Umrechnung zum Devisen-Briefkurs des vorangegangenen Börsentages (Nr. 8 III). Schäden aufgrund mißbräuchlicher Verwendung trägt die Bank zu 90% und der Kunde zu 10% im Rahmen seines Verfügungsrahmens, also unter 472

Umständen ohne Obergrenze und bis zum Limit eines Überziehungskredits (Nr. 9 II).

**473** Durch Bankkunden wurden in betrügerischer Absicht Schadenfälle mit der Begründung gemeldet, Dritte hätten mit den abhanden gekommenen ec-Karten Geld abgehoben, ohne von ihnen Kenntnis der Geheimzahl erlangt zu haben; die im Magnetstreifen der Karte gespeicherte Geheimzahl könne mit technischen Hilfsmitteln ausgelesen werden. Dies ist unzutreffend. Die Geheimzahl ist im Magnetstreifen lediglich codiert gespeichert und läßt sich ohne Kenntnis des Codeschlüssels nicht berechnen.[75]

**474** Im Unterschied zur Bankenversion der „Bedingungen für den ec-Service" sieht die Sparkassenversion für Schäden aufgrund mißbräuchlicher Verwendung von ec-Karten grds. eine Alleinhaftung der Sparkasse vor, es sei denn, der Schaden wurde nicht unverzüglich vom Kunden angezeigt oder dadurch verursacht, daß

– der Originalbrief, in welchem dem Kunden die persönliche Geheimzahl mitgeteilt wurde, zusammen mit der ec-Automatenkarte abhanden gekommen ist,

– die persönliche Geheimzahl auf der ec-Automatenkarte vermerkt oder mit der Karte in sonstiger Weise unmittelbar verbunden wurde.

In diesen Fällen trägt der Kunde bei Inlandsverfügungen den Schaden bis zu 400,00 DM pro Kalendertag, bei Auslandsverfügungen bis zur Höhe des in dem jeweiligen Land geltenden ec-Garantiehöchstbetrages.

**475** In rechtlicher Hinsicht ist die ec-Karte, soweit sie zur Aus- bzw. Bezahlung an ec-Geldautomaten oder Electronic-Cash-Kassen (s. u.) benutzt wird, als einfaches Legitimationspapier mit Anweisungscharakter zu qualifizieren, das den Kunden nach außen hin berechtigt, sein Konto im Rahmen eines bestehenden Guthabens oder Überziehungskredits zu belasten (zu ihrer zusätzlichen Garantiefunktion für eurocheques vgl. Rn. 405 f.). Die Eingabe der Karte in den Automaten ist zugleich konkludent die Ausübung des girovertraglichen Weisungsrechts auf Auszahlung, soweit das Konto ein Guthaben aufweist oder die Abhebung im Rahmen eines genehmigten Kreditlimits erfolgt. Die sachenrechtliche Übereignung erfolgt konkludent in der Bereitstellung der ec-Geldautomaten-Serviceleistung und der Benutzung dieser Einrichtung durch den Kunden, i. e. die Entgegennahme des Geldes auf diesem Zahlungsweg. Der Anspruch der Bank auf Erstattung des ausbezahlten Betrages einschl. der für die Benutzung des Automaten anfallenden Gebühren und Auslagen folgt, wie ausgeführt, aus Nr. 8 I der „Bedingungen für den ec-Service (Bankversion)", im übrigen auch aus §§ 670, 675 bzw. 607 BGB.

---

[75] LG Saarbrücken WM 1988, 377.

## G. Electronic-Cash-System

Das Electronic-Cash-System ermöglicht Kunden von Kreditinstitu- **476** ten, die die „Vereinbarung über ein institutsübergreifendes System zur bargeldlosen Zahlung an automatisierten Kassen" anerkannt haben, mittels ec-Karte und einer persönlichen Identifikationsnummer (PIN) Waren und Dienstleistungen an automatisierten Kassen bargeldlos zu Barzahlungspreisen und -bedingungen zu bezahlen.

Die angeschlossenen Kreditinstitute verpflichten sich, mit ihren Kunden die „Bedingungen für den ec-Service" bzw. für sonstige Karten entsprechende Bedingungen zu vereinbaren. Hinzu kommen die vom jeweiligen Händler durch Standard-Händlervertrag anzuerkennenden „Richtlinien für Electronic-Cash-Kassen".

Die GZS Gesellschaft für Zahlungssysteme mbH, Frankfurt am Main, **477** die das Electronic-Cash-System betreibt, stellt ein Netzwerk von zuständigen Autorisierungsstellen sicher, die, soweit erforderlich, eine direkte on-line-Autorisierung des jeweiligen Kunden gewährleisten. Sie übermittelt im Namen und für Rechnung des kartenausgebenden Kreditinstituts dem angeschlossenen Unternehmen ein Zahlungsversprechen in Höhe des an der Electronic-Cash-Kasse autorisierten Betrages (Electronic-Cash-Umsatz), sofern die Kasse als Electronic-Cash-Kasse durch Zertifikat der GZS zugelassen wurde, die Electronic-Cash-Kasse nach den „Richtlinien für Electronic-Cash-Kassen" betrieben und der Electronic-Cash-Umsatz dem Inkassoinstitut innerhalb von acht Tagen eingereicht wird (Nr. 10 des Muster-Händlervertrages). Im übrigen gelten, insbesondere hinsichtlich der Schadensregelung, die zuvor erörterten Grundsätze für ec-Geldautomaten.

## H. Btx-home banking

Btx-home banking ist die Abwicklung von Bankgeschäften über Bild- **478** schirmtext (Btx) der Telekom. Der Kunde ist zur Abwicklung der über Bildschirmtext angebotenen Bankgeschäfte in dem von seinem Kreditinstitut angebotenen Umfang berechtigt, wenn dieses ihm außerhalb des Btx-Systems eine persönliche Identifikationsnummer (Btx-PIN) schriftlich bekanntgegeben sowie Transaktionsnummern (TAN) überlassen hat (Nr. 1 der „(Sonder-)Bedingungen über die Nutzung von Bildschirmtext"). Die TAN ersetzt die Unterschrift auf dem Überweisungsformular und ist jeweils nur für einen einzigen Zahlungsvorgang gültig.

Der Kunde hat Zugang zu den über Btx angebotenen Geschäften **479** (Btx-Angebot), wenn er zuvor seine Kontonummer/Depotnummer und/oder seine Kundennummer sowie seine Btx-PIN und, in bestimm-

ten Einzelfällen, seine TAN eingegeben hat. Verfügungen dürfen seitens des Kunden nur im Rahmen seines Guthabens oder eines vorher eingeräumten Überziehungskredits erfolgen (Nr. 4 S. 2). Btx-PIN und TAN sind zur Vermeidung von Mißbrauch geheimzuhalten (Nr. 5 S. 1). Bei Verdacht der Kenntnisnahme Dritter ist der Btx-PIN unverzüglich zu ändern bzw. nicht verbrauchte TAN zu sperren (Nr. 5 S. 3). Das Kreditinstitut ist jederzeit berechtigt, den Zugang zum Btx-Angebot zu sperren (Nr. 7 S. 1), insbesondere wenn
- dreimal hintereinander eine falsche Btx-PIN eingegeben wurde,
- der Verdacht mißbräuchlicher Verwendung der Btx-PIN bzw. TAN entsteht,
- der Kunde die Sperre wünscht.

480 Anders als beim ec-Geldautomaten bzw. Electronic-Cash-System trägt der Kunde alle Schäden, die durch eine unsachgemäße oder mißbräuchliche Verwendung der Btx-PIN und TAN entstehen. Das Kreditinstitut haftet allerdings für anteiliges Mitverschulden (Nr. 9 i. V. m. § 254 BGB). Diese Risikoaufteilung ist nach der sog. **Sphärentheorie** angemessen (§ 9 AGBG); sie entspricht im übrigen der Regelung der *vor* dem 1. 1. 1989 geltenden „Bedingungen für den ec-Service". Gerade im Rahmen von home banking hat es fast ausschließlich der Kunde in der Hand, Mißbrauchsmöglichkeiten auszuschalten, indem er in seinem persönlichen Bereich Btx-PIN und TAN vor dem Zugriff Dritter sichert und sie diesem auch selbst nicht preisgibt.

481 Für Störungen des Btx-Systems haftet das Kreditinstitut nur für grobes Verschulden (Nr. 10). Auch diese Regelung dürfte mit Rücksicht auf die technisch mögliche Multikausalität etwaiger Störungen i. S. d. § 9 AGBG vertretbar sein, obwohl die Technologie der Btx-abgewickelten Bankgeschäfte nicht mehr neu ist. Immerhin ist in diesem Zusammenhang bezeichnend, daß eine vergleichbare Vorschrift in den seit dem 1. 1. 1989 geltenden „Bedingungen für den ec-Service (Bankversion)" nicht mehr enthalten ist; die entsprechende Vorschrift in den bis zu diesem Zeitpunkt geltenden ec-Bedingungen (Nr. 8 S. 2) wurde ersatzlos gestrichen.

# 10. Kapitel. Factoringgeschäft und Forfaitierung

Factoring ist der entgeltliche Erwerb von Forderungen durch deren vorweggenommene Globalzession (vgl. § 1 III Nr. 2 KWG). Es ist zwar weder Bankgeschäft noch Finanzdienstleistung i. S. d. des KWG, aber ein Kredit i. S. d. § 19 I Ziff. 1 KWG. Kreditnehmer im Sinne des § 18 KWG ist der Veräußerer der Forderungen, wenn er für die Erfüllung der übertragenen Forderung einzustehen oder sie auf Verlangen des Erwerbers zurückzuerwerben hat; andernfalls gilt der Schuldner der Verbindlichkeit als Kreditnehmer (§ 19 V KWG), d. h. dieser ist in diesem Fall zur Offenlegung seiner wirtschaftlichen Verhältnisse im Rahmen des § 18 KWG verpflichtet, falls der Forderungsankäufer (Factor) selbst eine Bank ist. 482

Die Bank (Factor) übernimmt durch den Ankauf insbesondere das Bonitätsrisiko der Forderung gegen Zahlung einer Factor-Gebühr, bestehend aus einem Dienstleistungs- und einem Risikoanteil (sog. **Delkredereanteil**) sowie Zinsen für die Zeit zwischen Ankauf der Forderungen und deren Bedienung durch den Drittschulder oder, falls der Delkrederefall eintritt, längstens bis zu diesem. Entsprechend dem Abtretungsrecht kann das Factoring *offen* oder *verdeckt* geschehen; beim verdeckten Factoring leitet der Forderungsverkäufer als Treuhänder des Factors eingehende Zahlungen an diesen weiter. Es kann ein- oder zweistufig erfolgen, im letzten Fall entsprechend der Mantelzession (vgl. Rn. 219) unter Zwischenschaltung eines Rahmenvertrages (Regelfall). 483

Factoring-Forderungen haben in der Regel folgende Merkmale, die in den drei letztgenannten Fällen vertraglich zugesichert werden: 484
– Geldforderungen aus Warenlieferungen oder Dienstleistungen,
– Abtretung großer, global zedierter Forderungsvolumen in Form eines (Geschäftsbesorgungs-)Rahmenvertrages (keine Einzelgeschäfte, sondern ein Dauerschuldverhältnis),
– fakturierte Buchforderungen,
– kurzfristige Laufzeit (im Inland bis zu 90 Tagen ab Ankauf),
– Bestandshaftung gem. § 437 BGB (sog. **Verität**); die entsprechende Vertragsklausel hat daneben nur deklaratorische Bedeutung,
– Haftung für Einrede- und Einwendungsfreiheit (insbesondere hinsichtlich Anfechtbarkeit, Wandlungs- und Minderungsmöglichkeit des Drittschuldners),
– Haftung für Abtretbarkeit.

Für den Forderungsverkäufer hat Factoring folgende Funktionen:
– **Finanzierungsfunktion** (Verbesserung der Liquidität),
– **Dienstleistungsfunktion** (Debitorenbuchhaltung, Überwachung, Mahnung, Inkassowesen),

– **Delkrederefunktion** (Entlastung von dem Risiko der Zahlungsunfähigkeit des Drittschuldners; sog. **Bonitätsrisiko**).

485 Werden an den Factor Forderungen verkauft, die ihrerseits aus dem Verkauf von an den Forderungsverkäufer unter verlängertem Eigentumsvorbehalt gelieferten Waren resultieren, gilt nicht die für die Sicherungsabtretung entwickelte **Vertragsbruchtheorie** (vgl. Rn. 231), mit der Maßgabe, daß das Factoring nach dem Prioritätsprinzip wirksam ist, wenn es vor der Abtretung im Rahmen der verlängerten Eigentumsvorbehalte erfolgte.[1] Begründet wird dies damit, daß durch das Factoring die Position des Vorbehaltsverkäufers nicht schlechter sei, als wenn der Vorbehaltskäufer (= Forderungsverkäufer) seine Forderung selbst bar einziehen würde. Dies werde ihm aber durch den Vorbehaltsverkäufer im Rahmen seiner AGB gestattet.[2] Diese Gestattung sei es im übrigen auch, die selbst ein *nach* Vereinbarung eines verlängerten Eigentumsvorbehalts vorgenommenes Factoring mit abdecke und damit wirksam mache,[3] es sei denn, der Factor hat ihm zumutbare Schutzmaßnahmen zugunsten des Vorbehaltsverkäufers unterlassen.[4]

486 Kein Factoring liegt vor, wenn letztlich das Bonitätsrisiko beim Forderungsverkäufer verbleibt, weil der Factor im Falle des Forderungsausfalls wegen Zahlungsunfähigkeit des Drittschuldners gegen den Forderungsverkäufer Rückgriff nehmen kann (fälschlicherweise: „unechtes" Factoring). Dies ist rechtlich eine Kreditgewährung der Bank;[5] demgemäß ist Kreditnehmer i. S. d. KWG auch nicht der Drittschuldner, wie beim „echten" Factoring, sondern der Forderungs„verkäufer" (§ 19 III 1. Alt. KWG). Die Globalzession der Forderungen erfolgt hier erfüllungshalber[6] und ähnelt damit der Sicherungsabtretung, mit der Maßgabe, daß entsprechend der **Vertragsbruchtheorie** die Abtretung im Rahmen des verlängerten Eigentumsvorbehalts Bestand hat.[7]

487 **Forfaitierung** ist, soweit kein Diskont à forfait besteht, eine spezielle Art des Factoring. Sie dient der Exportfinanzierung und ist in der Regel auf eine Einzelforderung bezogen, d. h. es liegt kein Dauerschuldverhältnis vor. Die Laufzeiten der verkauften Forderungen sind, auch bedingt durch den Außenhandelsbezug, regelmäßig wesentlich länger als beim eigentlichen Factoring. Sie werden à forfait, d. h. ohne Rückgriffsmöglichkeit auf den Forderungsverkäufer (non-/without recourse) verkauft.

---

[1] BGHZ 69, 258; 72, 15.
[2] BGH BB 1977, 1519 ff.
[3] BGH BB 1981, 2024 ff.
[4] BGHZ 100, 907.
[5] BGH WM 1972, 683 ff.
[6] BGHZ 71, 308; 82, 61.
[7] BGHZ 82, 50.

# 11. Kapitel. Leasinggeschäft

Das Leasinggeschäft ist zwar weder Bankgeschäft noch Finanzdienstleistung i. S. d. KWG, wird als sog. **Finanzierungsleasing** aber häufig von Banken durch spezialisierte Tochtergesellschaften betrieben (§ 1 III Nr. 3 KWG). Leasing ist in der **full-pay-out-Version** nach einer grundlegenden Entscheidung des BFH vom 26. 1. 1970[1] wie folgt zu definieren:

„a) Der Leasing-Vertrag wird über eine bestimmte, mehrjährige Zeit abgeschlossen (sog. **Grundmietzeit**), meist zwischen drei und sechs Jahren, die in der Regel kürzer ist als die betriebsgewöhnliche Nutzungsdauer des überlassenen Wirtschaftsguts.

b) Der Vertrag kann während dieser Zeit vom Leasing-Nehmer nicht gekündigt werden. Auch der Leasing-Geber ist gebunden, solange der Leasing-Nehmer den Vertrag einhält.

c) Die Leasing-Raten sind so bemessen, daß nach Ablauf der Grundmietzeit die dem Leasing-Geber entstandenen Anschaffungs- oder Herstellungskosten nebst Nebenkosten voll abgedeckt sind und daneben dem Leasing-Geber eine Verzinsung des eingesetzten Kapitals und ein Gewinnzuschlag verbleibt... Im Zusammenhang mit der Unkündbarkeit des Vertrages durch den Leasing-Nehmer wird bewirkt, daß auf den Leasing-Nehmer fast alle Risiken übergehen. Der Leasing-Geber trägt nur noch das Risiko der ‚Leasingfähigkeit' des Leasing-Nehmers. Denn

d) auch die Gefahr des Untergangs und der Verschlechterung der Sache wird in aller Regel auf den Leasing-Nehmer überwälzt, der daher auch meistens zum Versicherungsschutz verpflichtet wird.

e) Im Falle des Zahlungsverzugs oder des Konkurses des Leasing-Nehmers werden in der Regel sämtliche Leasing-Raten fällig unbeschadet des Rechts des Leasing-Gebers, den Gegenstand in Besitz zu nehmen."

Werden die Anschaffungs- und Herstellungskosten des überlassenen Wirtschaftsguts mit Ablauf der Grundmietzeit nicht vollständig durch die Leasing-Raten amortisiert, bleibt also ein nicht amortisierter Restwert, handelt es sich um sog. **non-full-pay-out-leasing**.

Beim Finanzierungsleasing ist der Leasinggeber (Bank) wirtschaftlich auf die bloße Finanzierung der Gebrauchsnutzung durch den Leasingnehmer beschränkt und wälzt die Sach- und Preisgefahr auf diesen ab.[2] Typischerweise wird das Finanzierungsleasing in einem tatsächlichen,

---
[1] BSt.Bl. 1970 II, 264.
[2] BGHZ 71, 198.

nicht jedoch rechtlichen Dreiecksverhältnis zwischen dem Hersteller, der meistens den Leasingnehmer anwirbt, der Bank (Leasinggeberin) und dem Leasingnehmer (Kunde) abgewickelt,[3] es sei denn, es handelt sich um ein sog. **sale-and-lease-back**, bei dem der Leasingnehmer vor allem aus Liquiditätsgründen, aber u. U. auch wegen steuerlicher oder bilanzieller Vorteile, sein Eigentum an einem Wirtschaftsgut auf die Bank überträgt, nur um es sich gleichzeitig von dieser im Wege des Leasings wieder zurückübertragen zu lassen.

490 Das Finanzierungsleasing ist nach der Rechtsprechung ein atypischer Mietvertrag,[4] obwohl die Leasingrate nicht laufzeit-, sondern aufwendungsabhängig ist und der Leasinggeber den Leasinggegenstand, anders als der Vermieter, grds. nicht für eigene Rechnung, sondern für den Leasingnehmer hält. Die überstrapazierte Typendehnung des Mietrechts, angefangen mit dem oben zitierten BFH-Urteil („Grund*mietzeit*") deckt sich weder mit der wirtschaftlichen Funktion des Geschäfts noch mit den wirtschaftlichen Interessen der Parteien. Der Finanzierungsleasingvertrag ist eher ein Vertrag sui generis (§ 305 BGB), der in seiner von Banken ausgeübten Form darlehens-, geschäftsbesorgungs-, einkaufskommissions-, verwahrungs-, treuhandrechtliche Elemente, hinsichtlich des nicht amortisierten Restwerts bei einem non-full-pay-out-leasing auch ein optionsrechtliches Element aufweist.[5] Prädominant ist aber für die Bank die Kreditfunktion; denn nur aus diesem Grund betreibt sie das Geschäft des Finanzierungsleasings in der Regel überhaupt, nicht, weil sie ggfls. zugunsten des Herstellers die zusätzliche Aufgabe der Absatzförderung übernimmt (sog. **absatzförderndes Finanzierungsleasing**) oder am Vertrieb des Leasinggegenstandes finanziell beteiligt sein will (sog. **zwischenhändlerisches Finanzierungsleasing**).

491 Die **Kreditfunktion** besteht darin, daß die Bank im Interesse des Kunden (Leasingnehmer) die Anschaffung des von diesem benötigten Leasinggegenstandes auf eigene Kosten übernimmt und vorfinanziert,[6] und zwar unabhängig davon, ob es sich um ein „full-pay-out-leasing" oder um ein „non-full-pay-out-leasing" handelt. Die von dem Leasingnehmer für die Gebrauchsüberlassung zu zahlende Leasingrate umfaßt daher kalkulatorisch nicht nur ein Entgelt für die Gebrauchsüberlassung (Aufwendungsersatz gem. §§ 675, 670 BGB), sondern vor allem auch einen Zinsanteil für die Vorfinanzierung und die kreditüblichen Bearbeitungsgebühren, üblicherweise als Provision bezeichnet.

Aufgrund der Prädominanz der Kreditfunktion ist der Finanzierungsleasingvertrag ein Kreditvertrag i. S. d. § 1 II VerbrKrG („sonstige Fi-

---

[3] BGHZ 71, 196, 198; WM 1975,1203, 1204; 1977, 390, 391; 1979, 1040, 1042.
[4] BGHZ 68, 123; 71, 189; 96, 106; NJW 1982, 873; OLG Frankfurt NJW 1977, 200.
[5] Canaris, Rn. 1719.
[6] BGH NJW 1990, 1785.

## 11. Kapitel. Leasinggeschäft

nanzierungshilfe"); dieser weite Kreditvertragsbegriff entspricht im übrigen dem weiten Kreditbegriff des § 19 I Nr. 7 KWG, nach dem das Finanzierungsleasing, freilich aus bankaufsichtsrechtlichen Gründen, ebenfalls Kredit ist.

Soweit also die Bank den Finanzierungsleasingvertrag mit einer natürlichen Person abschließt und das Leasing nicht für eine bereits ausgeübte gewerbliche oder selbständige berufliche Tätigkeit des Kunden bestimmt ist (= **Verbraucher** i. S. d. § 1 I VerbrKrG), sind grds. die Vorschriften des Verbraucherkreditgesetzes (s. Rn. 111 ff.) anwendbar, und zwar mit der Maßgabe, daß gem. § 3 II Nr. 1 VerbrKrG nicht auf die Schriftform des Vertrages (§ 126 BGB), wohl aber auf die Angaben gem. § 4 I 2, 3 VerbrKrG verzichtet werden kann, die allerdings mit Ausnahme der jährlichen Effektivzinsen und des Barzahlungspreises in der Regel ohnehin Bestandteile des Leasingvertrags sind, wenn auch entsprechend adaptiert. Auch § 6 VerbrKrG über die Rechtsfolgen bei Formmängeln ist nicht anwendbar; stattdessen gilt § 125 BGB. Keine Anwendung findet des weiteren die Rücktrittsfiktion gem. § 13 III VerbrKrG und das in § 14 VerbrKrG normierte Recht zur vorzeitigen Rückzahlung. 492

Wie beim Finanzierungskredit ist auch beim Finanzierungsleasing das **Problem des Einwendungsdurchgriffs** im Rahmen verbundener Geschäfte von Bedeutung (§ 9 III 1 VerbrKrG), da § 3 II Nr. 1 VerbrKrG insoweit nicht ausdrücklich eine Nichtanwendbarkeit anordnet. Im Gegensatz zum Finanzierungskredit handelt es sich bei dem Finanzierungsleasing jedoch grds. nicht um zwei parallel geschaltete, sondern um zwei *nacheinander* geschaltete Verträge, es sei denn, der Kunde hat zunächst einen Kaufvertrag mit Leasingfinanzierungsklausel abgeschlossen, dem die Bank erst später als Leasinggeberin im Wege kumulativer Schuldübernahme beitritt.[7] Nur dann kommt es überhaupt zu einer wirtschaftlichen Einheit i. S. d. § 9 I VerbrKrG, da es sonst nichts zu vereinigen gibt; die Rechtsfolgen entsprechen in diesem Fall denen, die im Zusammenhang mit dem Finanzierungskredit erörtert wurden (s. Rn. 41 ff.). 493

In allen anderen Fällen ist für eine direkte Anwendung von § 9 VerbrKrG kein Raum. Eine analoge Anwendung kommt nur in Betracht, wenn ein entsprechendes Schutzbedürfnis des Leasingnehmers besteht. Für den Fall der Nichterfüllung infolge Nichtlieferung oder verspäteter Lieferung besteht ein solches Schutzbedürfnis nicht, weil grds. ohnehin die Bank als Vertragspartnerin des Kunden dafür haftet.[8] Weist der gelieferte Leasinggegenstand Sachmängel auf, dann haftet die Bank zwar dann nicht, wenn sie ihre Gewährleistungsansprüche aus den §§ 459 ff. BGB oder §§ 633 ff. BGB an den Kunden analog dem Rechts- 494

---

[7] BGH WM 1990, 1241; NJW 1990, 698.
[8] H. M.; Palandt-Putzo Einführung vor § 535 Rn. 41.

gedanken des § 384 II HGB abgetreten hat,[9] scheitert aber eine vorab durchzuführende Nachbesserung seitens des Lieferanten und wandelt der Kunde schließlich, führt dies grds. zugleich auch zum Wegfall der Geschäftsgrundlage des Leasingvertrages mit Wirkung ex tunc,[10] mit der Maßgabe, daß der Kunde nicht nur von seiner Zahlungspflicht hinsichtlich der Leasingraten frei wird, sondern darüber hinaus auch bereits erbrachte Raten von der Bank zurückfordern kann.[11] Darüber hinaus kann der Kunde die Zahlung der Leasingraten bereits mit außergerichtlicher Durchführung der Wandelung bzw. Erhebung der Wandelungsklage einstellen.[12] Von dem Schutzbedürfnis des Verbraucher-Leasingnehmers her bedarf es also keiner analogen Anwendung des § 9 III VerbrKrG. Sollte die Bank ihre Haftung aus Nichterfüllung oder Wegfall der Geschäftsgrundlage durch Allgemeine Geschäftsbedingungen ausschließen, dann beurteilt sich dieser Haftungsausschluß daher nach §§ 8, 9, 11 Nr. 7 AGBG, nicht nach § 18 VerbrKrG.

495 In der Regel wird durch den Finanzierungsleasingvertrag die Sach-, Preis- und Gegenleistungsgefahr für *zufällige* Wertminderung, Verschlechterung, Verlust oder Vernichtung des überlassenen Leasinggegenstandes bei gleichzeitiger Verpflichtung des Leasingnehmers zur Weiterzahlung der Leasingraten auf diesen abgewälzt. Eine solche Vereinbarung ist grds. zulässig,[13] wenn der Leasinggeber gleichzeitig alle Ersatzansprüche gegen den Lieferanten an den Leasingnehmer abgetreten hat.[14] Es obliegt also dem Leasingnehmer, sich gegen dieses Risiko ausreichend zu versichern. Der Leasinggeber kann in diesen Fällen den Leasingvertrag aus wichtigem Grund kündigen und die restlichen Leasingraten sofort fällig stellen, weil keine oder nur mehr eine wertmäßig reduzierte Sicherheit besteht. Die sofort fällig gestellten Leasingraten sind jedoch nach dem **Grundsatz der Vorteilsausgleichung** über die fiktive Restlaufzeit abzuzinsen, soweit es den immanenten Zinsanteil betrifft. Im übrigen gelten für das Finanzierungsleasing, soweit der Leasingnehmer Verbraucher ist, wichtige, zu seinem Nachteil nicht abdingbare (§ 18 VerbrKrG) Schutzbestimmungen des Verbraucherkreditgesetzes, und zwar insbesondere

– das sehr komplexe, einwöchige **Widerrufsrecht** des Leasingnehmers gem. § 7 VerbrKrG (vgl. im einzelnen Rn. 114ff., 116),
– das eingeschränkte außerordentliche **Kündigungsrecht** des Leasinggebers gem. § 12 I VerbrKrG, das bei Zahlungsverzug des Leasingnehmers voraussetzt, daß

---

[9] BGHZ 94, 44.
[10] BGHZ 81, 308, 309.
[11] BGH NJW 1985, 795, 796; 1990, 314.
[12] BGH NJW 1986, 1744.
[13] BGHZ 71, 196; NJW 1988, 198, 200 m. w. N.
[14] OLG Düsseldorf ZIP 1983, 1092.

## 11. Kapitel. Leasinggeschäft

- der Leasingnehmer mit mindestens zwei aufeinanderfolgenden Leasingraten ganz oder teilweise in Verzug ist,
- die Rückstandsquote mindestens 10% und bei Laufzeiten von über drei Jahren mindestens 5% des Gesamtbetrages der Leasingraten einschl. etwaiger Sonder- und Restwertzahlungen[15] beträgt,
- die Bank dem Verbraucher-Kunden erfolglos eine zweiwöchige Frist zur Zahlung des rückständigen Betrages mit der Erklärung gesetzt hat, daß sie bei Nichtzahlung innerhalb dieser Frist die gesamte Restschuld verlange.

Im Falle einer wirksamen Kündigung hat zugunsten des Leasingnehmers eine Gutschrift hinsichtlich der nicht verbrauchten laufzeitabhängigen Leasingkosten zu erfolgen, die bei deren staffelmäßiger Rückrechnung auf die Zeit nach Wirksamwerden der Kündigung entfallen (§ 12 II VerbrKrG).

Bei einer Zwangsvollstreckung von Gläubigern des Leasingnehmers in das Leasinggut steht der Bank als Volleigentümerin die Drittwiderspruchsklage gem. § 771 ZPO und im Falle seines Konkurses das Aussonderungsrecht gem. § 43 KO zu. Im übrigen führt der Konkurs gem. § 65 KO zur sofortigen Fälligkeit der restlichen Leasingraten, und zwar als gewöhnliche Konkursforderung.

---

[15] Ulmer/Habersack § 12 VerbrKrG Rn. 14.

## 12. Kapitel. Termingeschäft

### A. Allgemeines

**497** Termingeschäfte im allgemeinen weiten Sinne sind gegenseitig verpflichtende, schuldrechtliche Verträge gem. §§ 320 ff. BGB, hinsichtlich derer die Erfüllung der gegenseitigen Verpflichtungen erst zu einem bestimmten späteren Zeitpunkt erfolgen soll[1] und die als Festgeschäfte oder Optionsgeschäfte ausgestaltet sind (s. Rn. 501), deren Preis unmittelbar oder mittelbar von
- dem Börsen- oder Marktpreis von Wertpapieren,
- dem Börsen- oder Marktpreis von Geldmarktinstrumenten,
- dem Kurs von Devisen und Rechnungseinheiten,
- Zinssätzen oder anderen Erträgen oder
- dem Börsen- oder Marktpreis von Waren oder Edelmetallen

abhängt (sog. **Derivate**, vgl. § 1 XI 4 KWG), wobei § 1 II Nr. 2 WpHG die in § 1 XI 4 KWG aufgeführten Devisentermingeschäfte weiter konkretisiert als Devisentermingeschäfte, die an einem organisierten Markt gehandelt werden (Devisenfuturegeschäfte), Devisenoptionsgeschäfte, Währungswapgeschäfte, Devisenswapoptionsgeschäfte und Devisenfutureoptionsgeschäfte.

**497a** In ihrer weiteren tatsächlichen Ausgestaltung können Termingeschäfte unter folgende rechtliche Kategorien fallen:
- Der Handel im eigenen Namen für fremde Rechnung (verdeckte Stellvertretung) ist Finanzkommissionsgeschäft i. S. d. § 1 I 2 KWG und als solches Bankgeschäft.
- Der Handel im fremden Namen für fremde Rechnung (offene Stellvertretung) ist Abschlußvermittlung i. S. d. § 1 Ia 2 Nr. 2 KWG und als solche Finanzdienstleistung.
- Der Handel im eigenen Namen für eigene Rechnung ist Eigenhandel i. S. d. § 1 Ia 2 Nr. 4 KWG und als solcher Finanzdienstleistung, falls er für andere erfolgt.

**497b** Von den eigentlichen Termingeschäften (forward transactions), auf die die Termine effektiv abgewickelt werden, sind die Futurekontrakte (future contracts) zu unterscheiden; letztere werden vereinbarungsgemäß nicht physisch erfüllt, sondern vor Fälligkeit durch Gegengeschäfte glattgestellt, mit der Maßgabe, daß nur die Differenz zwischen kontrahiertem und aktuellem Preis gutgeschrieben oder belastet wird (sog. **Differenzgeschäfte**). Nicht als Termingeschäfte *gelten* „ernst gemeinte" Kassageschäfte, obwohl sie auch erst innerhalb kurzer, durch lokale Bör-

---

[1] VGH München NJW 1991, 1250.

## 12. Kapitel. Termingeschäft

senusancen bestimmter Fristen, also auf Termin, fällig werden.[2] Deren Erfüllung geschieht aber zu speziellen Kassakursen des Kassamarktes, also nicht zu denen des Terminmarktes; die Form von Kassageschäften kann jedoch ausnahmsweise Termingeschäfte verdecken.[3]

Soweit keine ausdrückliche Vereinbarung zwischen Bank und Kunde besteht, werden Termingeschäfte in der Bankpraxis grds. als Eigenhandel ausgeführt (Nr. 1 III Sonderbedingungen für Börsentermingeschäfte). Davon ausgenommen sind nur die  497c

– zum Handel an der Deutschen Terminbörse (DTB) zugelassenen Options- und Futures-Kontrakte, die als Kommission mit Selbsteintritt der Bank i. S. d. §§ 400 ff. HGB ausgeführt werden, ohne daß es einer ausdrücklichen Anzeige bedarf (§ 405 HGB), und zwar mit der Maßgabe, daß hinsichtlich des ausgeführten Termingeschäfts die Bank durch ihren Selbsteintritt unmittelbarer Vertragspartner des Kunden wird (Nr. 1 Sonderbedingungen für Börsentermingeschäfte),
– an ausländischen Terminmärkten abgeschlossenen Termingeschäfte, die als Kommission mit dem Recht zum Selbsteintritt ausgeführt werden, wobei ein etwaiger Selbsteintritt der Bank mit der Abrechnung des Ausführungsgeschäftes ausdrücklich angezeigt wird und die Bank nur für die sorgfältige Auswahl der im Ausland eingeschalteten Stellen haftet (Nr. 1 Sonderbedingungen für Börsentermingeschäfte).

Handelt es sich um zum Handel an der DTB zugelassene Options- und Futures-Kontrakte, werden diese Geschäfte qua AGB-Vereinbarung in der Weise ausgeführt, daß die Bank diese selbst als Käuferin übernimmt (sog. **Selbsteintritt**; vgl. § 400 I HGB). Abweichend von § 405 HGB wird der Selbsteintritt nicht erst mit einer entsprechenden ausdrücklichen Anzeige der Bank an ihren Kunden wirksam, sondern auf Grund des AGB-Verzichts auf eine solche Anzeige („ohne daß es einer ausdrücklichen Anzeige bedarf") konkludent mit Ausführung der Kauf- oder Verkaufsorder des Kunden durch die Bank,[4] es sei denn, die Parteien haben ausdrücklich etwas anderes vereinbart. Mit der Orderausführung erhält die Bank dieselbe Rechtsstellung wie im Falle einer ausdrücklichen Anzeige;[5] zugleich wird damit die Kundenorder konkludent angenommen. Das Wirksamwerden des konkludent erklärten Selbsteintritts hat also in einem Akt zufolge, daß damit grds. auch das Kommissionsrecht vom Kaufrecht verdrängt wird, d. h. zum Beispiel, daß der Kunde im Falle der Verkaufskommission direkt gegen die Bank den Anspruch auf den Kaufpreis gem. § 433 II BGB statt auf Herausgabe des Kaufpreises aus dem Ausführungsgeschäft gem. § 384 II a. E. HGB hat.[6]  497d

---

[2] BGHZ 103, 84; NJW 1988, 1087.
[3] RGZ 91, 45; 142, 115.
[4] BGH WM 1988, 404.
[5] OGHZ 2, 87; 4, 213.
[6] BGHZ 89, 135; BGH WM 1988, 404.

Entsprechend verjährt dieser Anspruch gem. § 196 BGB bereits in zwei oder vier Jahren statt gem. § 195 BGB erst in dreißig Jahren. Als der Zeitpunkt, zu dem zusammen mit dem Wirksamwerden des Selbsteintritts zugleich auch das Kommissionsrecht vom Kaufvertragsrecht verdrängt wird, gilt kraft Gesetzes die Abgabe der Ausführungsanzeige zur Absendung (§ 400 II 2 HGB). „Zur Absendung abgegeben" ist die Anzeige, sobald sie einem Boten zur Beförderung an den Kunden oder an die Post übergeben worden ist. Im Gegensatz zu den Termingeschäften in Kontrakten der DTB wird der Selbsteintritt bei Termingeschäften an ausländischen Terminmärkten nicht schon mit der Abgabe zur Absendung der Ausführungsanzeige wirksam, sondern erst mit Zugang der die Anzeige enthaltenden Abrechnung des Ausführungsgeschäftes. Bis zu diesem Zeitpunkt kann die Bank ihre Erklärung auf Selbsteintritt noch widerrufen. Andererseits verliert sie ihr Recht auf Selbsteintritt, wenn der Kunde noch vor Ausführung des Deckungsgeschäft seine Kauf- oder Verkaufsorder widerruft[7] (arg. aus einer teleologisch-systematischen Reduktion des § 405 II HGB).

## B. Börsentermingeschäft

**498** Gesetzlich geregelt sind lediglich die fälschlicherweise so bezeichneten Börsentermingeschäfte (§§ 50–70 BörsG), die keineswegs voraussetzen, daß sie an einer Börse, z. B. an der Deutschen Terminbörse (DTB), abgeschlossen werden. Börsentermingeschäfte sind Verträge über Wertpapiere, auch Aktienoptionen, vertretbare Sachen oder Devisen nach gleichartigen Bedingungen, die von beiden Seiten erst zu einem späteren Zeitpunkt zu erfüllen sind und die in einer Beziehung zu einem Terminmarkt stehen, der es ermöglicht, jederzeit ein Gegengeschäft abzuschließen.[8] Zu den Börsentermingeschäften gehören auch Geschäfte, die wirtschaftlich gleichen Zwecken dienen, auch wenn sie nicht auf Erfüllung ausgerichtet sind (§ 50 I 2 BörsG), z. B. Indexoptionen, Futures-Geschäfte und Leerverkäufe (short sales).

**499** In ihre einzelnen Tatbestandssegmente zerlegt, setzen Börsentermingeschäfte also voraus, daß es sich um Verträge handelt, die
– Wertpapiere, auch Aktienoptionen, vertretbare Sachen (z. B. Waren), Devisen oder wirtschaftlich gleichwertige Produkte zum Gegenstand haben,
– nach gleichartigen (standardisierten) Bedingungen abgeschlossen werden,
– von beiden Seiten entweder zu einem bestimmten späteren Zeitpunkt

---

[7] OGHZ 4, 209, 219.
[8] BGHZ 92, 317.

# 12. Kapitel. Termingeschäft

zu erfüllen sind (sog. **Zeitgeschäft**) oder auch von vornherein nicht auf Erfüllung ausgerichtet werden,
- in einer Beziehung zum Terminmarkt stehen, der es ermöglicht, jederzeit ein gleichartiges Gegengeschäft abzuschließen.

Geschäfte dieser Art werden zu Anlage- oder Handelszwecken abgeschlossen, zur Absicherung von Zins-, Kurs- oder Währungsrisiken (sog. **Hedging**) oder aber lediglich zum Zweck der Spekulation (sog. **Arbitrage**), um allein aus den Schwankungen der Kurs- oder Zinsdifferenzen ohne Güterumsatz Gewinn zu erzielen, und zwar durch Hausse- oder Baissespekulationen. 500

Börsentermingeschäfte können nach der obigen Definition unbedingt (fest), bedingt oder nicht zu erfüllen sein. Bedingt zu erfüllende Börsentermingeschäfte sind Optionsgeschäfte, die dem Käufer das Recht, aber nicht die Verpflichtung geben, ein vereinbartes Objekt (Wertpapiere, Zinsen, Gold, Währungen etc.) zu einem fest vereinbarten Kurs oder Preis innerhalb eines von vornherein festgelegten Zeitraumes oder zu einem vereinbarten Fälligkeitstermin zu kaufen (**Call option**) oder zu verkaufen (**put option**). Der Verkäufer einer Option (sog. **Stillhalter**) erhält von dem Käufer der Option als Risikoentgelt eine sog. **Optionsprämie**. Börsentermingeschäfte können verbotene, erlaubte offizielle oder erlaubte inoffizielle Termingeschäfte sein. 501

- **Verbotene Börsentermingeschäfte** sind solche Geschäfte, die der Bundesminister für Finanzen durch Rechtsverordnung mit Zustimmung des Bundesrates verbietet oder beschränkt oder die Zulässigkeit von Bedingungen abhängig macht, soweit dies zum Schutz des Publikums geboten ist (§ 63 BörsG). Ein verbotenes Börsentermingeschäft begründet keine Verbindlichkeit, das aufgrund eines solchen Geschäfts Geleistete kann allein deswegen allerdings auch nicht zurückgefordert werden (§ 64 BörsG).
- **Erlaubte offizielle Börsentermingeschäfte** sind solche Geschäfte, die nicht verboten sind, an der Börse abgeschlossen werden (Börsenminhandel) und durch den Börsenvorstand zugelassen wurden (§ 50 I 1 BörsG).
- **Erlaubte inoffizielle Börsentermingeschäfte** sind solche Geschäfte, die nicht verboten sind und außerhalb der Börse abgeschlossen werden. Dazu gehören insbesondere auch alle an einer Auslandsbörse durchzuführenden Geschäfte (§ 61 BörsG).

## C. Termingeschäftsfähigkeit/Termineinwand

Erlaubte offizielle und inoffizielle Börsentermingeschäfte sind gem. § 53 I BörsG verbindlich, wenn auf beiden Seiten als Vertragsschließende Kaufleute beteiligt sind, 502

- die in das Handelsregister oder Genossenschaftsregister eingetragen sind, und zwar gleichgültig, ob es sich um eingetragene Voll- oder Minderkaufleute handelt, oder
- die nach § 36 HGB, im Falle einer juristischen Person des öffentlichen Rechts nach der für sie maßgebenden gesetzlichen Regelung, nicht eingetragen zu werden brauchen, oder
- die nicht eingetragen werden, weil sie ihren Sitz oder ihre Hauptniederlassung im Ausland haben, aber nach deutschem Recht als Vollkaufmann (§ 1ff. HGB) oder Formkaufmann (§ 6 HGB) anzusehen sind.

**503** Als Kaufleute gelten auch Personen, die zur Zeit des Geschäftsabschlusses oder früher gewerbsmäßig oder berufsmäßig Börsentermingeschäfte betrieben haben oder am Börsenhandel dauernd zugelassen waren. Dazu gehören nicht nur Makler und Händler, sondern auch sonstige Personen, die solche Geschäfte in nicht unerheblichem Umfang planmäßig über längere Zeit in eigener Zuständigkeit betreiben.[9] Ist nur einer der beiden Vertragsteile Kaufmann nach Maßgabe der o. a. Kriterien, so ist das Geschäft gem. § 53 II BörsG nur verbindlich, wenn der Kaufmann einer gesetzlichen Banken- oder Börsenaufsicht untersteht und den Nichtkaufmann *vor* Geschäftsabschluß schriftlich darüber informiert, daß
- die aus Börsentermingeschäften erworbenen befristeten Rechte verfallen oder eine Wertminderung erleiden können,
- das Verlustrisiko nicht bestimmbar sein und auch über etwaige geleistete Sicherheiten hinausgehen kann,
- Geschäfte, mit denen die Risiken aus eingegangenen Börsentermingeschäften ausgeschlossen oder eingeschränkt werden sollen, möglicherweise nicht oder nur zu einem verlustbringenden Marktpreis getätigt werden können,
- sich das Verlustrisiko erhöht, wenn
  • zur Erfüllung von Verpflichtungen aus Börsentermingeschäften Kredit in Anspruch genommen wird oder
  • die Verpflichtung aus Börsentermingeschäften oder die hieraus zu beanspruchende Gegenleistung auf ausländische Währung oder eine Rechnungseinheit lautet.

**504** Diese sog. **Termingeschäftsfähigkeit kraft Information** ist eine noch neue gesetzliche Regelung. Mit ihr wurde die bisherige Entmündigung des Nichtkaufmanns im Termingeschäftsbereich beseitigt, ohne ihn den besonderen Risiken dieses Geschäfts völlig ungeschützt auszusetzen. Die durch Informationsmerkblatt vermittelten Schutzinformationen müssen auch einem unterdurchschnittlich erfahrenen und auffassungsbegabten

---

[9] BGH NJW 1988, 2038.

## 12. Kapitel. Termingeschäft

Anleger einsichtig gemacht werden.[10] Es darf nur Informationen über die Börsentermingeschäfte und ihre Risiken enthalten und ist vom anderen Teil *vor* Geschäftsabschluß zu unterschreiben (§ 53 II 2 BörsG); die Unterschrift *bei* Geschäftsabschluß genügt nicht, wenn die Parteien sich bereits geeinigt haben und der Vertrag schon abgeschlossen ist.

Der Zeitpunkt der Unterrichtung darf nicht länger als drei Jahre zurückliegen; nach der ersten Unterrichtung ist sie jedoch nach Ablauf eines Jahres zu wiederholen. Ist streitig, ob oder zu welchem Zeitpunkt die Bank den anderen Teil unterrichtet hat, so trifft die Bank die Beweislast. Die Termingeschäftsfähigkeit kraft Information gilt nicht für Waren mit Ausnahme von Edelmetallen (§ 53 III BörsG). 505

Wird auf ein nicht verbotenes Börsentermingeschäft zum Zwecke der Erfüllung bei oder nach Eintritt der Fälligkeit tatsächlich geleistet und hat sich der andere Teil mit der Bewirkung der vereinbarten Leistung einverstanden erklärt, so gilt dieses Geschäft qua gesetzlicher Fiktion als von Anfang an verbindlich (§ 57 BörsG). **Unverbindliche Termingeschäfte** sind nach allem insbesondere solche Geschäfte, die 506
- keine Börsentermingeschäfte sind, also insbesondere nicht nach standardisierten Bedingungen (z. B. FRA's) abgeschlossen werden und/oder in keiner Beziehung zum Terminmarkt stehen (z. B. Kassageschäfte),
- verbotene Börsentermingeschäfte sind (§ 64 BörsG),
- erlaubte Börsentermingeschäfte sind, die weder unter Kaufleuten i. S. v. § 53 I BörsG noch zwischen einem der gesetzlichen Banken- und Börsenaufsicht unterstehenden Kaufmann und einem gem. § 53 II BörsG schriftlich informierten Nichtkaufmann abgeschlossen und auch nicht gem. § 57 BörsG bei oder nach Fälligkeit einverständlich und tatsächlich erfüllt werden,
- erlaubte Börsentermingeschäfte in Waren mit Ausnahme von Edelmetallen sind (§ 53 III BörsG).

Ist ein zugelassenes Börsentermingeschäft nicht gem. § 53 BörsG verbindlich, kann die mangelnde Termingeschäftsfähigkeit als auch von Amts wegen zu beachtender Termineinwand geltend gemacht werden, d. h. die Verbindlichkeit ist zwar nicht einklagbar, das Geschäft als solches aber dennoch erfüllbar (sog. **Naturalobligation**). Das zum Zweck der Erfüllung Geleistete kann nicht zurückgefordert werden (§ 55 BörsG), wenn die Erfüllung durch Leistung auf ein ganz bestimmtes zuordnungsfähiges Geschäft erfolgt ist.[11] Schweigen des Kunden auf Kontoauszüge über eine Kontokorrent-Saldenverrechnung führt trotz Nr. 7 II 2 AGB-Banken (s. Rn. 91) nicht zur Erfüllung,[12] weil die schuld- 507

---

[10] Palandt-Thomas § 764 Rn. 11 mit Hinw. auf Koller BB 1990, 2202.
[11] BGHZ 101, 305; NJW 1987, 3193.
[12] BGHZ 102, 104.

tilgende Wirkung erst mit Rechnungsabschluß am Ende einer Kontokorrentperiode eintritt. Die Unverbindlichkeit eines Termingeschäfts macht auch das Anerkenntnis eines Kontokorrentsaldos unverbindlich, wenn in diesem klaglose Posten einbezogen sind,[13] es sei denn, das Kontokorrentkonto weist zum Abschluß der Rechnungsperiode einen kreditorischen Saldo auf und der Termin- oder Differenzeinwand (s. u.) wurde bis zu diesem Zeitpunkt nicht geltend gemacht.[14] Hinsichtlich des Optionspreises wird aus diesem Grunde empfohlen, die Gutschrift nicht auf einem Kontokorrent-, sondern auf einem Sonderkonto vorzunehmen, sofern die Gutschrift nicht zu Lasten eines anderen, dann debitorischen Kontos durchgeführt wird.[15] Gegen Forderungen aus einem unverbindlichen Börsentermingeschäft kann dennoch wirksam aufgerechnet werden (§ 56 BörsG).

**508** Der Anlegerschutz gemäß § 53 BörsG gilt grds. auch für ausländische Anleger, die nach dem Recht ihres Staates einen geringeren Schutz genießen würden, wenn sie
- ihren gewöhnlichen Aufenthalt zur Zeit des Geschäftsabschlusses im Inland haben und
- die für den Geschäftsabschluß erforderliche Willenserklärung im Inland abgegeben haben,

soweit die Parteien nicht ausdrücklich oder konkludent gem. § 27 I, III EGBGB (s. Rn. 296 ff.) ein anderes Recht gewählt haben, z. B. das Recht des Staates des ausländischen Anlegers.

## D. Differenz- und Wetteinwand

**509** Neben dem Termineinwand kann ggfls. der sog. **Differenzeinwand** aus den §§ 762, 764 BGB zum Tragen kommen, soweit es sich um Waren und Wertpapiere handelt (§ 764 S. 1 BGB). Auch dieser Einwand ist von Amts wegen zu beachten.[16] Differenzgeschäfte werden in der Absicht geschlossen, daß die Differenz zwischen dem vereinbarten Preis und dem Markt- oder Börsenpreis des Lieferzeitpunktes von dem verlierenden Teil an den gewinnenden gezahlt werden soll (§ 764 S. 1 BGB). Es findet mithin kein Güterumsatz statt; alleiniger Geschäftszweck ist, unter bloßer Verwendung kaufmännischer Formen spekulativen Gewinn aus Marktschwankungen zu ziehen.[17] Handelt es sich nicht um Waren oder Wertpapiere kommt u. U. auch der **Wetteinwand** gem. § 762 BGB in Betracht, z. B. bei Zins- oder Kurswetten. Verbindlichkeiten aus Differenz- und

---

[13] BGH WM 1985, 563.
[14] LG Tübingen WM 1987, 34.
[15] Baumbach/Duden/Hopt, vor § 50 BörsG, Anm. 2)B.
[16] BGHZ 86, 117; NJW 1981, 1897.
[17] RGZ 117, 267.

12. Kapitel. *Termingeschäft*

Wettgeschäften sind wie jene aus unverbindlichen Börsentermingeschäften Naturalobligationen, d. h. nicht einklagbar, aber erfüllbar.

### E. Insidergeschäft

Gem. §§ 14 I, 1, 13 I Nr. 3 WpHG ist es jemanden, der aufgrund seines Berufs oder seiner Tätigkeit oder seiner Aufgabe bestimmungsgemäß Kenntnis von einer Insidertatsache hat (**Insider**), verboten, 510
- Insiderpapiere i. S. d. §§ 12, 2 WpHG unter Ausnutzung seiner Kenntnis von einer Insidertatsache für eigene oder fremde Rechnung oder für einen anderen zu erwerben oder zu veräußern,
- einem anderen eine Insidertatsache unbefugt mitzuteilen oder zugänglich zu machen,
- einem anderen auf der Grundlage seiner Kenntnis von einer Insidertatsache den Erwerb oder die Veräußerung von Insiderpapieren zu empfehlen.

Unter Erwerbs- und Veräußerungsgeschäft sind alle wertmäßig relevanten Transaktionen, die zu Wertpapierumsätzen führen, zu verstehen. Wie die EU-Insiderrechtsrichtlinie erfaßt auch das WpHG nicht das aufgrund von Insiderwissen **unterlassene** Geschäft. 511

Die Ausnutzung von Insiderkenntnissen liegt immer dann vor, wenn ein Insider seinen Wissensvorsprung nutzt, um für sich oder andere einen wirtschaftlichen Vorteil zu erlangen, der als Verstoß gegen den Grundsatz der Chancengleichheit angesehen und mißbilligt wird (BT-Drucksache 12/6679, S. 47). Keine Ausnutzung von Insiderkenntnissen besteht dann, wenn sich eine konkrete Anlageentscheidung auch aufgrund öffentlich bekannter Tatsachen aufdrängt.

**Insidertatsache** ist die einem Insider bekannte, nicht öffentliche Tatsache, die sich auf einen oder mehrere Emittenten von Insiderpapieren oder auf Insiderpapiere bezieht und die geeignet ist, im Falle ihres öffentlichen Bekanntwerdens den Kurs der Insiderpapiere erheblich zu beeinflussen (§ 13 I Nr. 3 a. E. WpHG). Keine Insidertatsache ist dagegen eine Bewertung, die ausschließlich aufgrund bereits öffentlich bekannter Tatsachen erstellt wird (§ 13 II WpHG). Eine erhebliche Kursbeeinflussung ist ab 5% anzunehmen. 512

Gem. §§ 12 II Nrn. 2–4, 2 II WpHG sind **Insiderpapiere** auch 513
- Rechte auf Zahlung eines Differenzbetrages der sich an der Wertentwicklung von Wertpapieren bemißt,
- Terminkontrakte auf einen Aktien- oder Rentenindex oder Zinsminkontrakte (Finanztermkontrakte) sowie Rechte auf Zeichnung, Erwerb oder Veräußerung von Finanztermkontrakten, sofern die Finanztermkontrakte Wertpapiere zum Gegenstand haben oder sich auf einen Index beziehen, in den Wertpapiere einbezogen sind,

190 Dritter Teil. Privates Bankrecht

– sonstige Terminkontrakte, die zum Erwerb oder zur Veräußerung von Wertpapieren verpflichten,

wenn sowohl die Rechte oder Terminkontrakte wie auch die auf Termin gehandelten Wertpapiere

– in einem Mitgliedstaat der EU oder einem anderen Vertragsstaat des Abkommens über den Europäischen Wirtschaftsraum zum Handel an einem Markt i. S. d. § 2 WpHG (s. Rn. 329) zugelassen oder in den Freiverkehr einbezogen sind (§ 12 II, 1 Nrn. 2–4 WpHG), wobei der Zulassung der entsprechende Antrag oder die entsprechende Ankündigung gleichsteht (§ 12 II, 2 WpHG),

– der Markt- und Börsenpreis der Rechte unmittelbar oder mittelbar von der Entwicklung des Börsen- und Marktpreises von Wertpapieren oder ausländischen Zahlungsmitteln oder der Veränderung von Zinssätzen abhängt (§ 2 II WpHG).

## F. Beratungspflichten

514 Der Anlegerschutz gem. § 53 BörsG führt lediglich zur Termingeschäftsfähigkeit, ist also das gesetzliche Minimum, um überhaupt Börsentermingeschäfte eingehen zu können. Neben dem allgemeinen Informationsblatt gem. § 53 II BörsG hat in aller Regel die individuelle Beratung des Anlegers zu erfolgen, die je nach Komplexität des Geschäfts, geschäftsimmanentem Risiko, Sach-/Fachkunde des Anlegers und dessen „bargaining power" auch eine Warnpflicht enthalten muß. Dies gilt insbesondere für Optionen mit großer Hebelwirkung. Die besondere Aufklärungspflicht des gewerblichen Vermittlers von Warentermin-, Aktien-, Aktienindexoptionen[18] und Warentermindirektgeschäften[19] hat grds. in schriftlicher Form zu erfolgen;[20] ein bloßer Vermerk in der Kundenakte reicht in der Regel nicht aus.

515 Entsteht dem Kunden durch die Verletzung der Beratungspflicht ein Schaden, haftet die Bank dafür aus culpa in contrahendo. Von dieser Haftung kann sich die Bank, da die Beratungspflicht als vertragliche Nebenpflicht für den Kunden von grundlegender Bedeutung und also eine Kardinalpflicht i. S. d. § 9 II Nr. 2 AGBG ist, nicht hinsichtlich leichter Fahrlässigkeit durch ihre Allgemeinen Geschäftsbedingungen freizeichnen,[21] wohl aber ist u. U. der Einwand des Mitverschuldens möglich. Der Anspruch aus c. i. c. verjährt in der Regel erst in 30 Jahren.[22]

---

[18] BGH NJW 1991, 1106.
[19] BGH WM 1991, 1410.
[20] BGHZ 105, 108.
[21] BGH NJW 1985, 915.
[22] BGHZ 49, 80.

## 12. Kapitel. Termingeschäft

Verletzen eine Bank oder sonstige Dritte nicht nur ihre Beratungspflicht, sondern verleiten sie gewerbsmäßig Kunden unter Ausnutzung ihrer Unerfahrenheit in Börsentermingeschäften zu solchen Geschäften, dann kann dies, z. B. im Falle von Schäden aus Optionen auf spekulative An- oder Verkaufsgeschäfte mit aufgeschobener Lieferzeit, theoretisch zu einem Strafverfahren mit einer Freiheitsstrafe bis zu drei Jahren führen, und zwar auch dann, wenn die Geschäfte außerhalb einer inländischen oder ausländischen Börse abgeschlossen werden (§ 89 II Nr. 2 BörsG). In der Praxis ist es im Regelfall allerdings für eine Bank völlig unproblematisch, sich hinsichtlich eines dahingehenden Tatverdachtes damit zu exkulpieren, daß das Verleiten eines Kunden zu Börsentermingeschäften nicht gewerbsmäßig, also nicht mit Wiederholungsabsicht geschehen, und dessen Unerfahrenheit nicht bekannt gewesen sei.

516

# 13. Kapitel. Emissionsgeschäft

## A. Emission und Emissionskonsortium

**517** Das KWG-rechtliche Emissionsgeschäft ist ausschließlich die Übernahme von Wertpapieren und sonstigen Finanzinstrumenten für eigenes Risiko zur Plazierung oder die Abgabe gleichwertiger Garantien für den Plazierungserfolg durch einen Aussteller (Emittent) an eine Vielzahl von Erwerbern (Zeichner). Dieses sog. Underwriting ist gem. § 1 I 2 Nr. 10 KWG Bankgeschäft und erfolgt in der Regel durch ein Bankenkonsortium (sog. **Fremdemission**); die **Selbstemissionn** des Ausstellers ist selten. Ein Bankgeschäft in diesem Sinne ist ein sog. **Übernahmekonsortium**, bei dem mehrere Kreditinstitute eine Emission zu einem festen Kurs in den eigenen Bestand übernehmen, dem Emittenten sofort den Gegenwert vergüten und die übernommenen Wertpapiere anschließend im eigenen Namen und für eigene Rechnung plazieren. Das Übernahmekonsortium trägt das volle Absatzrisiko. Nicht absetzbare Wertpapiere müssen gegebenenfalls auf längere Frist oder auf Dauer in den Eigenbestand übernommen werden. Von der Emission im Rahmen eines Übernahmekonsortiums ist die Emission durch ein sog. **Begebungskonsortium** zu unterscheiden, bei dem das Konsortium die Wertpapiere im eigenen Namen, jedoch für Rechnung des Emittenten plaziert und als Vergütung eine Bonifikation erhält. Da das Konsortium lediglich kommissionsweise tätig wird, trägt der Emittent das Absatzrisiko. Diese Form der Emission ist KWG-rechtlich ein Finanzkommissionsgeschäft i. S. d. § 1 I 2 Nr. 4 KWG und als solches ebenfalls ein Bankgeschäft. Schließlich kann die Emission im Rahmen eines sog. **Geschäftsbesorgungskonsortium** erfolgen, bei dem das Konsortium die Emission im Namen und für Rechnung des Emittenten, also in offener Stellvertretung, gegen eine Bonifikation plaziert. Eine solche Emission ist KWG-rechtlich entweder eine Abschlußvermittlung i. S. d. § 1 I a 2 Nr. 2 KWG und als solche Finanzdienstleistung oder, falls das Konsortium darüber hinaus den Plazierungserfolg garantiert, ein Emissionsgeschäft i. S. d. § 1 I 2 Nr. 10 KWG und damit wiederum ein Bankgeschäft.

**518** Das **Bankenkonsortium** ist eine BGB-Gelegenheitsgesellschaft (§§ 705 ff. BGB) mit „gesellschaftsrechtlicher Typendehnung", d. h. in der Praxis werden viele gesetzliche Vorschriften weitgehend vertraglich abbedungen (s. Rn. 150 zum Kreditkonsortium). Hauptzweck der Gesellschaft ist die Übernahme der Emission durch die Konsorten aufgrund der im Konsortialvertrag vereinbarten Beteiligungsquoten. Abweichend von § 709 BGB gibt es für das Emissionskonsortium keine Gesamtge-

## 13. Kapitel. Emissionsgeschäft

schäftsführung, sondern meistens die Alleingeschäftsführung nur einer Bank, der Konsortialführerin. Abweichend von den §§ 718, 719 BGB, nach denen aufgrund des Gesamthandvermögens der einzelne Gesellschafter nicht allein verfügen kann, wird üblicherweise Alleineigentum der verschiedenen Konsorten an den ihnen aufgrund ihrer quotalen Beteiligung zugewiesenen Wertpapiere vereinbart. Abweichend von § 722 I BGB, der eine Beteiligung am Gewinn und Verlust nach Köpfen vorsieht, bestimmt sich diese im Emissionskonsortium nach der jeweils übernommenen Quote, die auch über die Höhe der entsprechenden Nachschußpflicht analog § 735 BGB entscheidet.

Das Konsortium endet in der Regel mit der Zweckerreichung (§ 726 BGB); dies kann je nach konsortialvertraglicher Regelung z. B. die Börseneinführung einer neu gegründeten Aktiengesellschaft (AG), die Durchführung der Kapitalerhöhung einer bereits bestehenden AG oder die Plazierung der Wertpapiere sein, falls diese ausnahmsweise nicht durch die einzelnen Konsorten fest übernommen werden, sondern durch das Konsortium kommissionsweise erfolgen soll. 519

Das Verhältnis des Konsortiums zu den Emittenten ist, soweit die Emission von jenem nicht ausnahmsweise in direkter Stellvertretung (§ 164 BGB) vorgenommen wird, 520
- ein Verpflichtungsvertrag zum Abschluß eines korporationsrechtlichen Beitrittsvertrages, wenn es sich um die feste Übernahme von Aktien handelt,
- ein Kaufvertrag, wenn die feste Übernahme von Teilschuldverschreibungen vereinbart wird,[1]
- eine einfache Verkaufskommission (s. Rn. 318 ff., 341 ff.), wenn die Aktien oder Teilschuldverschreibungen von dem Konsortium nicht fest übernommen werden, d. h. das Risiko der Plazierung beim Emittenten verbleiben soll.

Subsidiär finden in allen Fällen die Vorschriften über einen Dienstvertrag, der eine Geschäftsbesorgung zum Gegenstand hat, Anwendung (§§ 675, 611 ff. BGB). Aus diesem, wenn nicht schon aus dem Kommissionsvertrag, resultiert auch bei festen Übernahmen im Zweifel die Verpflichtung des Konsortiums, die Wertpapiere möglichst zügig und vollständig am Markt zu plazieren. Dies gilt jedenfalls dann, wenn es sich im Falle von Aktien um eine Kapitalerhöhung gem. § 186 V AktG handelt. 521

Hinsichtlich Insidergeschäfte gilt das im Rahmen des Wertpapiergeschäfts Gesagte entsprechend (s. Rn. 327 ff.). Der Emittent von Wertpapieren, die zum Handel an einer inländischen Börse zugelassen sind, hat, soweit er vom BAKred nicht davon befreit wurde, unverzüglich eine neue Tatsache zu veröffentlichen, die in seinen Tätigkeitsbereich eingetreten und nicht öffentlich bekannt ist, wenn sie wegen der Auswirkun- 522

---

[1] RGZ 28, 29, 30; 104, 119, 120.

gen auf die Vermögens- und Finanzlage oder auf den allgemeinen Geschäftsverlauf des Emittenten geeignet ist, den Börsenpreis der zugelassenen Wertpapiere erheblich zu beeinflussen, oder im Fall zugelassener Schuldverschreibungen die Fähigkeit des Emittenten, seinen Verpflichtungen nachzukommen, beeinträchtigen kann (§ 15 I WpHG).

523 Tatsachen, die die Grundlage für eine Veröffentlichungspflicht bilden können, sind beispielsweise die Kündigung bedeutender Patent-, Liefer- oder Abnahmeverträge, die Einstellung wichtiger Produktionszweige nach Unglücksfällen oder der Abschluß neuer vorteilhafter Verträge mit erheblicher Bedeutung für die weitere Entwicklung des Unternehmens (BT-Drucksache 12/6679, S. 48). Allgemein handelt es sich um solche Tatsachen, die auch in den Lagebericht des jeweiligen Unternehmens aufzunehmen wären.

524 Erfolgt die Veröffentlichung vorsätzlich oder leichtfertig (= grob fahrlässig) nicht, nicht richtig (vgl. § 15 III WpHG), nicht vollständig, nicht in der vorgeschriebenen Form oder nicht rechtzeitig, kann der Verstoß mit der Verhängung eines Bußgeldes geahndet werden (§ 39 I Nr. 2. a) WpHG).

## B. Prospekt

525 Die kaufvertragliche Beziehung zwischen dem Konsortium bzw. den einzelnen Konsorten und den Zeichnern wird vom Anlegerschutz bestimmt. Eine herausragende Rolle spielen in diesem Zusammenhang der Zulassungs- und der Verkaufsprospekt. Mangels einer höchstrichterlichen Definition des Begriffes „Prospekt" herrscht in der Literatur reger Streit über dessen rechtliche Einordnung. Zutreffenderweise ist er wohl eher als eine öffentliche Erklärung zu verstehen, die eine „**invitatio ad offerendum**" enthält, da ein sog. **stehendes Angebot** dem Manko der Spezialität des Erklärungsadressaten nur mit der Wiederbelebung der systemfremden „**offerte ad incertas personas**" begegnen kann.[2]

526 Der Prospekt hat über die tatsächlichen und rechtlichen Verhältnisse, die für die Beurteilung der angebotenen Wertpapiere notwendig sind, Auskunft zu geben und richtig sowie vollständig zu sein (§§ 13 I 1 BörsZulV; 2 I 1 VerkProspVO). Er muß in deutscher Sprache und in einer Form abgefaßt sein, die sein Verständnis und seine Auswertung erleichtert (§§ 13 I 2 BörsZulV; 2 I 3 VerkProspVO). Er muß ohne Unterschied, ob es sich um einen **Zulassungsprospekt** (BörsZulV) oder um einen **Verkaufsprospekt** (VerkProspVO) handelt, grds. gem. §§ 13 II BörsZulV, 2 I 2 VerkProspVO mindestens Angaben enthalten über

---

[2] Kohls S. 11 m. w. N.

## 13. Kapitel. Emissionsgeschäft

- die Personen oder Gesellschaften, die für den Inhalt des Prospektes die Verantwortung übernehmen (§§ 14 BörsZulV; 3 VerkProspVO),
- die Wertpapiere (§§ 15 bis 17 BörsZulV; 4 VerkProspVO),
- den Emittenten der Wertpapiere (§§ 18 bis 29 BörsZulV; 5 bis 8, 10, 11 VerkProspVO),
- die Prüfung der Jahresabschlüsse des Emittenten der Wertpapiere sowie sonstige Angaben (vgl. §§ 30–32 BörsZulV; 9, 12, 13 VerkProspVO).

Zu diesen Mindestangaben wiederum gibt es, abhängig davon, ob ein **527** Antrag auf Zulassung der Wertpapiere zur amtlichen Notierung gestellt ist oder nicht, mehr oder minder umfangreiche Ausnahmen (vgl. §§ 33 bis 42 BörsZulV, 14 VerkProspVO). Werden Wertpapiere erstmals im Inland angeboten, sind grds. der Zulassungsprospekt wie auch der Verkaufsprospekt, der im Fall der amtlichen Notierung der Wertpapiere inhaltlich dem Zulassungsprospekt zu entsprechen hat (§ 5 VerkProspG), mindestens drei Werktage vor Beginn des Handels oder des öffentlichen Angebots zu veröffentlichen (§§ 36 IV 1 BörsG, 43 I BörsZulV, 9 II VerkProspG), wobei sich die Art und Weise der Veröffentlichung danach richtet, ob eine Zulassung zur amtlichen Notierung beantragt wurde oder nicht (vgl. § 9 II, III VerkProspG). Vor Veröffentlichung muß der Prospekt von der Zulassungsstelle der Börse, bei welcher der Zulassungsantrag gestellt ist, gebilligt werden (§§ 43 II BörsZulV, 6 I VerkProspG) bzw., falls keine amtliche Notierung beantragt wird, der zuständigen obersten Landesbehörde übermittelt werden (§ 8 VerkProspG). Ausnahmsweise kann gem. § 2 VerkProspG von einer Veröffentlichung eines Verkaufsprospektes abgesehen werden, wenn die Wertpapiere

- nur Personen angeboten werden, die beruflich oder gewerblich für eigene oder fremde Rechnung Wertpapiere erwerben oder veräußern (sog. „**sophisticated-investor-test**" nach am. Recht; vgl. SEC-Rule 506 zu § 4 (2) des Securities Act von 1933);
- nur einem begrenzten Personenkreis angeboten werden, wobei dieser Ausnahmetatbestand dem sog. „**numerical test**" der SEC-Rule 506 entspricht, die gleichzeitig die Zahl der Angebote auf 35 im Falle von „private investors" begrenzt, für „institutional investors" aber eine darüber hinausgehende Anzahl zuläßt;
- nur den Arbeitnehmern von ihrem Arbeitgeber oder von einem mit seinem Unternehmen verbundenen Unternehmen angeboten werden;
- nur in Stückelungen von mindestens achtzigtausend Deutsche Mark oder nur zu einem Kaufpreis von mindestens achtzigtausend Deutsche Mark je Anleger erworben werden können oder wenn der Verkaufspreis für alle angebotenen Wertpapiere achtzigtausend Deutsche Mark nicht übersteigt;
- Teil einer Emission sind, für die bereits im Inland ein Verkaufsprospekt veröffentlicht worden ist.

**528** Darüber hinaus müssen auch Verkaufsprospekte hinsichtlich bestimmter Wertpapiere oder bestimmter Emittenten nicht veröffentlicht werden (vgl. im einzelnen §§ 3, 4 VerkProspG). Dazu gehören insbesondere Verkaufsprospekte hinsichtlich staatlicher Papiere bzw. solche bestimmter unter- oder überstaatlicher Gebietskörperschaften, Anstalten oder Organisationen sowie Anteilscheine, die von einer Kapitalanlagegesellschaft oder einer ausländischen Investmentgesellschaft ausgegeben werden und bei denen die Anteilinhaber ein Recht auf Rückgabe der Anteilscheine haben (s. **Investmentgeschäft**, Rn. 391). Auch Verkaufsprospekte hinsichtlich sog. **Euro-Wertpapiere** (vgl. dazu § 4 II VerkProspG), Neuemissionen von bereits auf dem Markt befindlichen Aktien und Schuldverschreibungen können unter bestimmten, gesetzlich vorgegebenen Bedingungen von der Pflicht zur Veröffentlichung ausgenommen sein.

## C. Prospekthaftung

### I. Haftung gem. §§ 45, 46 BörsG, 13 VerkProspG

**529** Sind in Zulassungsprospekten, aufgrund derer Wertpapiere zum Börsenhandel zugelassen sind, Angaben, welche für die Beurteilung des Wertes erheblich sind (sog. **wesentliche Angaben**), unrichtig oder unvollständig, dann haften diejenigen, die den Prospekt erlassen haben, gesamtschuldnerisch mit denjenigen, von denen der Erlaß des Prospektes ausgeht, wenn
– sie die Unrichtigkeit gekannt haben oder ohne grobes Verschulden hätten kennen müssen bzw. die Unvollständigkeit auf böslichem Verschweigen oder auf böslicher Unterlassung einer ausreichenden Prüfung beruht,
– dem Erwerber aus der von den gemachten Angaben abweichenden Sachlage ein Schaden erwächst,
– es sich um solche Stücke handelt, die aufgrund der Prospekte zugelassen und von dem Besitzer aufgrund eines im Inland abgeschlossenen Geschäftes erworben sind (sog. „**junge**" **Stücke**; §§ 45 I, 46 I BörsG).
Der Begriff „Angaben" impliziert u. U. nicht nur Tatsachenfeststellungen, sondern auch Werturteile und Prognosen (s. Rn. 533). Entsprechendes gilt für Verkaufsprospekte (§ 13 VerkProspG).

### II. Allgemeine zivilrechtliche Prospekthaftung

**530** Da die o. a. gesetzliche Prospekthaftung aufgrund ihrer einengenden Tatbestandsmerkmale (u. a. Ursachenzusammenhang zwischen Prospekt und Erwerb, „junge" Stücke, grobe Fahrlässigkeit bzw. Böslich-

## 13. Kapitel. Emissionsgeschäft

keit) den Anforderungen eines effektiven Anlegerschutzes kaum mehr Rechnung trägt, hat sich darüber hinaus praeter legem eine allgemeine zivilrechtliche Prospekthaftung entwickelt, und zwar als Anwendungsfall der culpa in contrahendo.[3] Sie wird durch die engere gesetzliche Prospekthaftung nicht ausgeschlossen.[4] Die quasi doppelt analoge Herleitung dieser allgemeinen zivilrechtlichen Prospekthaftung zwingt, da auch die Grenzen der gewohnheitsrechtlich anerkannten culpa in contrahendo weiterhin fließend sind, einerseits zu deren restriktiver Anwendung hinsichtlich der Vergleichbarkeit von Garantenstellungen[5] des in Anspruch genommenen Vertrauens[6] und des risikobehafteten Verhaltens, andererseits wird jedoch für vergleichbare Konstellationen der Weg für weitere Anwendungsfälle eröffnet.[7]

Nach der BGH-Rechtsprechung gilt für die allgemeine zivilrechtliche Prospekthaftung folgende, von den jeweiligen gesellschaftsrechtlichen Besonderheiten abstrahierende Formel: Jeder hat für die Richtigkeit und Vollständigkeit der in Verkehr gebrachten Prospekte einzustehen, der durch von ihm in Anspruch genommenes Vertrauen auf den Willensentschluß der Kapitalanleger Einfluß genommen hat.[8] Grundlage dieser Vertrauenshaftung ist nach dieser Rechtsprechung kein persönliches, sondern ein „**typisiertes Vertrauen**",[9] „das sich aus einer Art **Garantenstellung** herleitet, die kraft Amtes oder Berufes entsteht oder auf einer besonderen Fachkunde oder einer allgemein anerkannten oder hervorgehobenen beruflichen oder wirtschaftlichen Stellung beruht".[10]

Danach haften grds. für jedes Verschulden das Emissionskonsortium bzw. die einzelnen Konsorten und die Emittenten vor allem aufgrund ihrer Fachkunde und ihrer hervorgehobenen wirtschaftlichen Stellung gesamtschuldnerisch für unrichtige und/oder unvollständige Prospekte, wenn als Wertpapiererwerber auf der anderen Seite der Durchschnittsbürger als mehr oder minder unerfahrener, wenn auch vernünftiger Anleger steht, nicht aber, wenn es sich z.B. um „institutionelle Anleger" mit äquivalentem „know-how" sowie vergleichbaren Organisationsstrukturen und Zugängen zum Markt handelt („We are all big boys"), denn für diese in der Regel wirtschaftlich gleichrangigen und geschäftserfahrenen Gegenparteien besteht kein besonderes Anlegerschutzbedürfnis der einen im Verhältnis zur anderen Partei.[11]

---

[3] BGH WM 1984, 19; 84, 889f., DB 1985, 165 ff.
[4] BGH BB 1978, 1033.
[5] BGH WM 1982, 554; 1984, 19.
[6] BGHZ 74, 103, 109; 79, 337, 341.
[7] Kohls S. 9 Fußn. 9 m.w.N.
[8] BGHZ 74, 103, 104.
[9] BGH DB 1985, 165; WM 1984, 889; 1985, 533.
[10] BGHZ 79, 337, 341.
[11] BGH WM 1980, 284; KG NJW 1980, 1471.

533 Im Zusammenhang mit der spezialgesetzlichen Prospekthaftung gem. §§ 45, 46 BörsG war zunächst umstritten, ob unter falschen oder unvollständigen Angaben nur Tatsachenfeststellungen oder auch Werturteile und Prognosen zu subsumieren sind. Der BGH hat in seiner zweiten BuM-Entscheidung dazu ausgeführt, daß der Begriff „Angaben" auch Werturteile und Prognosen impliziert, jedenfalls insoweit, wie diese nicht „durch Tatsachen gestützt und kaufmännisch vertretbar" seien.[12] Dies muß auch für die allgemeine zivilrechtliche Prospekthaftung entsprechend gelten.

### III. Enthaftung

534 Eine Enthaftung erfolgt gem. § 46 III 1 BörsG (analog), wenn der Erwerber des Wertpapiers die Unrichtigkeit oder Unvollständigkeit der Angaben des Prospekts bei dem Erwerbe kannte. Gleiches gilt, wenn der Erwerber die Unrichtigkeit der Angaben des Prospektes bei Anwendung derjenigen Sorgfalt, welche er in eigenen Angelegenheiten beobachtet, kennen mußte, es sei denn, daß die Ersatzpflicht durch bösliches Verhalten begründet ist (§ 46 III 2 BörsG [analog]).

### IV. Verjährung

535 Ersatzansprüche verjähren in fünf Jahren seit Veröffentlichung des Verkaufsprospektes (§ 13 VerkProspG), unabhängig davon, ob es sich um die gesetzliche oder die allgemeine zivilrechtliche Prospekthaftung handelt; denn im letzten Fall wäre eine 30jährige Verjährungsfrist gem. § 195 BGB ein unzeitgemäßer Atavismus. Hat keine Veröffentlichung des Verkaufsprospekts stattgefunden, beginnt die fünfjährige Verjährungsfrist im Falle amtlich notierter Wertpapiere mit deren Zulassung (§ 47 BörsG) oder, wenn beides nicht zutrifft, analog § 852 BGB mit dem Zeitpunkt, in welchem der Erwerber von dem durch einen nichtveröffentlichten Verkaufsprospekt verursachten Schaden Kenntnis erlangt, mit der Maßgabe, daß die Verjährung ohne Rücksicht auf diese Kenntnis spätestens 30 Jahre nach dem Verkauf der Wertpapiere eintritt.

## D. Tender-Verfahren

536 Die Plazierung neuemittierter festverzinslicher Wertpapiere erfolgt, soweit die Emission nicht kommissionsweise durchgeführt wird, durch

---

[12] BGH NJW 1982, 2823 = BB 1982, 1626.

## 13. Kapitel. Emissionsgeschäft

die einzelnen Konsorten im eigenen Namen für eigene Rechnung, und zwar im Regelfall durch freihändigen Verkauf.

Eine Alternative dazu bietet das insbesondere für **Euronotes** angewandte Tender-Verfahren (s. Rn. 162), bei dem auf Betreiben des Emittenten ein Bietungskonsortium (Tender Panel) gebildet wird. Die Führungsbank in diesem Konsortium (Tender Panel – bzw. Facility Agent) fordert die anderen Mitglieder des Bietungskonsortiums zur Abgabe von Zinsangeboten auf, entsprechend der Abwicklung der Wertpapierpensionsgeschäfte durch die Deutsche Bundesbank (s. Rn. 39). Gleichzeitig werden die Konsorten über den im Einvernehmen mit dem Emittenten festgelegten Höchstzinssatz informiert. Die Schuldverschreibungen werden dann durch den Emittenten in der Reihenfolge der niedrigsten Zinsgebote zugeteilt. Dies hat für den Emittenten im Ergebnis meistens einen Zinsvorteil. Nachteile können sich daraus ergeben, daß das Konsortium von einigen wenigen plazierungsstarken Banken dominiert wird.

Falls eine Plazierung am Markt nicht oder nicht vollständig gelingt, wird in der Regel durch sog. **underwriting banks** eine **Kreditlinie als Back-up- oder back-stop facility** bereitgestellt. Die underwriting banks sind nicht notwendigerweise Mitglieder des Bietungskonsortiums.

537

# 14. Kapitel. Akkreditivgeschäft

## A. Begriff und Abwicklungsmodalitäten

**538** Gemäß Art. 2 der von der Internationalen Handelskammer aufgestellten „Einheitlichen Richtlinien und Gebräuche für Dokumentenakkreditive" (ERA), die entweder kraft ausdrücklicher AGB-Bestimmung (vgl. Nr. 16 AGBSp) oder kraft internationalem Handelsbrauchs (§ 346 HGB) im Rechtsverkehr mit Banken maßgeblich sind, bedeuten „**Dokumentenakkreditiv**" bzw. „**Standby Letter of Credit**" jede wie auch immer benannte oder bezeichnete Vereinbarung, derzufolge eine Bank (eröffnende Bank) auf Ersuchen und nach Weisungen eines Kunden (Akkreditiv-Auftraggeber) gegen Übergabe vorgeschriebener Dokumente
– eine Zahlung an einen Dritten (Begünstigten) oder dessen Order zu leisten oder vom Begünstigen gezogene Tratten zu bezahlen oder zu akzeptieren hat (Art. 2 i ERA) oder
– eine andere Bank zur Ausführung einer solchen Zahlung oder zur Bezahlung, Akzeptierung oder Negoziierung derartiger Wechsel (Tratten) ermächtigt (Art. 2 ii ERA),
sofern die Akkreditiv-Bedingungen erfüllt sind.

**539** Art. 3 ERA stellt klar, daß Akkreditive ihrer Natur nach von den Kaufverträgen oder anderen Verträgen, auf denen sie beruhen können, getrennte Geschäfte sind. Sie enthalten mithin ein von den jeweiligen Grundgeschäften getrenntes Leistungsversprechen i. S. d. § 780 BGB, mit der Maßgabe, daß Einwendungen aus den Grundgeschäften grds. ausgeschlossen sind. Die in der Praxis seltene Grundform des Akkreditives besteht aus drei Personen, und zwar
– dem Importeur (**Akkreditiv-Auftraggeber**),
– der Hausbank des Importeurs (**eröffnende Bank**),
– dem Exporteur (**Begünstigter**).

**540** Der (deutsche) Importeur bezieht von einem ausländischen Exporteur Waren. Beide vereinbaren in dem Kaufvertrag zugleich, daß der Importeur durch seine Hausbank ein Akkreditiv zugunsten des Exporteurs eröffnen lassen soll, aufgrund dessen der Exporteur nach fristgerechter Einreichung vertragsspezifischer Dokumente (Frachtbriefduplikate, Versicherungspolicen, Zollabfertigungsbescheinigungen, Lagerscheine, Ladescheine, Konnossemente etc.) von der Bank bezahlt wird (sog. **Akkreditivklausel**). Der Importeur beauftragt daraufhin seine Hausbank, zugunsten des Exporteurs ein Dokumentenakkreditiv mit bestimmten Bedingungen zu eröffnen. Die Bank ihrerseits eröffnet dann

## 14. Kapitel. Akkreditivgeschäft

mit einem Akkreditiveröffnungsschreiben dem Exporteur ein Akkreditiv zu den in dem Schreiben enthaltenen Akkreditivbedingungen.

In der Praxis allerdings nimmt die Hausbank des Importeurs nur in den seltensten Fällen eine direkte Eröffnung bzw. Auszahlung des Akkreditivs an den Exporteur vor. Vielmehr wird im Regelfall noch eine weitere Bank (**Zweitbank**) im Land des Exporteurs eingeschaltet.

Wie die Hausbank des Importeurs im Falle eines direkten Akkreditivs 541 kann diese Bank entweder lediglich die Eröffnung des Akkreditivs avisieren, mit der Maßgabe der jederzeitigen Widerrufbarkeit seitens der Hausbank des Importeurs (Art. 7a. i, 8, 9a. ERA), oder, falls sie das Akkreditiv unwiderruflich bestätigt (Art. 7a. ii, 10b. ERA), begründet damit zusätzlich zu einer etwaigen Verpflichtung der Hausbank des Importeurs eine selbständige Verpflichtung (§§ 780 BGB, 350, 351 HGB), falls hinsichtlich der ausschließlich möglichen Abwicklungsalternativen das Akkreditiv
- Sichtzahlung in der Weise vorsieht, zu zahlen oder zahlen zu lassen (Art. 10b. i ERA),
- hinausgeschobene Zahlung (deferred payment) in der Weise vorsieht, zu zahlen oder zahlen zu lassen, und zwar an dem (den) nach den Akkreditiv-Bedingungen bestimmbaren Datum (Daten) (Art. 10b. ii ERA),
- Akzeptleistung in der Weise vorsieht, vom Begünstigten gezogene Tratten zu akzeptieren, falls diese nach den Akkreditiv-Bedingungen auf die bestätigende Bank zu ziehen sind, oder die Verantwortung für die Akzeptierung von Tratten und deren Einlösung bei Fälligkeit zu übernehmen, falls diese nach den Akkreditiv-Bedingungen auf den Akkreditiv-Auftraggeber oder einen anderen im Akkreditiv benannten Bezogenen zu ziehen sind (Art. 10b. iii ERA),
- Negoziierung in der Weise vorsieht, Sicht- oder Nachsichttratten, die vom Begünstigten auf die eröffnende Bank oder den Akkreditiv-Auftraggeber oder einen anderen im Akkreditiv benannten Bezogenen als die bestätigende Bank selbst gezogen sind, ohne Rückgriff auf Aussteller und/oder gutgläubigen Inhaber zu negoziieren,

sofern die vorgeschriebenen Dokumente vorgelegt werden und die Akkreditiv-Bedingungen erfüllt sind.

Falls im Akkreditiv die Angabe der Widerrufbarkeit fehlt, gilt das 542 Akkreditiv hinsichtlich einer etwaigen Verbindlichkeit der Hausbank des Importeurs als grds. jederzeit widerruflich (Art. 7c., 9a. ERA; Ausnahmen: Art. 9b. ERA). Die Vereinbarung eines Akkreditives zwischen Importeur und Exporteur bietet daher folgende Vorteile:
- bargeldlose Kaufpreiszahlung,
- von der kaufvertraglichen Zahlungsverpflichtung abstrakte(s) Leistungsversprechen von einer oder zwei gesamtschuldnerisch haftenden Bank(en), falls das Akkreditiv der Hausbank des Importeurs unwiderruflich ist und/oder die Zweitbank dieses bestätigt,

– Liquiditätsvorteil für den Importeur, falls seine Hausbank keine sofortige Bareindeckung verlangt, sondern einen Zwischenkredit gewährt, der Importeur seine Bank mithin erst mit Inanspruchnahme des Akkreditives freizustellen hat.

## B. Rechtsbeziehungen

**543** Rechtlich sind die Rechtsbeziehungen zwischen den Beteiligten wie folgt einzuordnen: Zwischen Importeur und Exporteur besteht in der Regel ein Kauf- oder Werklieferungsvertrag mit Akkreditivklausel. Diese Klausel enthält insbesondere folgende Angaben:
- Art des Akkreditives (widerruflich/unwiderruflich, bestätigt/unbestätigt),
- Art des Avis' (per Luftpost, per Telekommunikation etc.),
- Name der avisierenden/bestätigenden Bank,
- geforderte Dokumente,
- Akkreditivbetrag,
- Name und Anschrift des Importeurs und Exporteurs,
- Gültigkeitsdauer,
- Abwicklungsmodalitäten (Barzahlung, Akzeptleistung oder Negozierung),
- letzter Tag der Beförderung,
- genaue Angabe der Warenbezeichnung und Lieferbedingungen,
- Versand- und Bestimmungsort,
- Frist zur Vorlage der Dokumente.

**544** Die in der Akkreditivklausel vereinbarte Stellung eines Akkreditives erfolgt nur erfüllungshalber i. S. d. § 364 II BGB,[1] d. h. die Kaufpreisforderung bleibt daneben bestehen und erlischt erst mit Auszahlung der Akkreditivsumme an den Exporteur. Zwischen Importeur und seiner Hausbank besteht ein Werkvertrag, der eine Geschäftsbesorgung zum Gegenstand hat (§§ 675, 631 ff. BGB); denn die Hausbank des Importeurs schuldet diesem den Erfolg der Auszahlung des Akkreditivbetrages an den Exporteur Zug um Zug gegen Übergabe der vertraglich geforderten Dokumente.

**545** Zwischen der Hausbank des Importeurs und der Zweitbank wird, soweit diese nur als Avisbank fungiert, ein Dienstvertrag, der eine Geschäftsbesorgung zum Gegenstand hat (§§ 675, 611 ff. BGB), geschlossen. Ist die Zweitbank darüber hinaus Zahlstelle, gewährt sie einen Akzeptkredit oder bestätigt sie das Akkreditiv durch eine selbständige Verpflichtung (§§ 350, 351 HGB, 780 BGB), dann besteht ein Werkvertrag, der eine Geschäftsbesorgung zum Gegenstand hat (§§ 675, 631 ff. BGB).

---

[1] BGH NJW 1981, 1905.

Falls ein Akkreditiv darüber hinaus die Negoziierung vorsieht, d. h. **546**
der Exporteur Zug um Zug mit Übergabe der Dokumente Zahlung
erhält oder die Zweitbank eine vom Exporteur auf den Importeur gezogene Tratte diskontiert, besteht ein Kreditverhältnis zwischen Hausbank
des Importeurs und negoziierender Bank; denn diese bevorschußt im
Auftrag der Hausbank des Importeurs die Dokumente und belastet
gleichzeitig ein bei ihr bestehendes Negoziierungskonto, das wiederum
gegen Belastung des laufenden Kontos der Hausbank des Importeurs
ausgeglichen wird (sog. **Negoziierungskredit**). Die entstehende Negoziierungsprovision ist eine Zinsprovision und geht in der Regel zu Lasten
der Hausbank des Importeurs. Der Exporteur ist bis zur Eröffnung des
Akkreditivs kein rechtlich Beteiligter (Art. 6 ERA).

Zwischen der Zweitbank und dem Exporteur besteht nach Eröffnung **547**
des Akkreditivs grds. nur dann ein Rechtsverhältnis, wenn die Bank den
Exporteur die Eröffnung eines unwiderruflichen Akkreditivs nicht nur
avisiert, sondern es als selbständige Verpflichtung bestätigt. Diese Bestätigung ist ein abstraktes Schuldversprechen (§§ 780 BGB, 350, 351
HGB) auf Zahlung des Akkreditivbetrages, Erteilung eines Akzeptkredits oder Negoziierung. Ausnahmsweise kann darüber hinaus auch noch
ein Kreditverhältnis bestehen, wenn die Zweitbank bei einem Akkreditiv mit hinausgeschobener Zahlung (deferred payment) dem Exporteur
auf eigene Rechnung einen Zwischenkredit gewährt.[2] Zwischen Importeur und Zweitbank bestehen keine direkten Rechtsbeziehungen. Bei
einer Vertragsverletzung der Zweitbank, durch die der Importeur einen
Schaden erleidet, hat dessen Hausbank ihre Ansprüche aus Drittschadensliquidation als deren vertragliche Nebenpflicht an ihn abzutreten.

## C. Haftung

Die Banken müssen alle Dokumente mit angemessener Sorgfalt da- **548**
nach prüfen, ob sie ihrer äußeren Aufmachung nach den Akkreditiv-
Bedingungen entsprechen (Art. 15 ERA). Diese rein formale Prüfung
entsprechend dem **Grundsatz der Dokumentenstrenge** betrifft vor allem die Vollzähligkeit der Dokumente, deren äußerliche Ordnungsmäßigkeit und das Vorhandensein etwaiger Widersprüche zwischen den
verschiedenen Dokumenten, nicht aber, soweit die nachgenannten
Merkmale nicht durch Akkreditiv-Bedingungen definiert sind, Form,
Vollständigkeit, Genauigkeit, Echtheit, Verfälschung oder Rechtswirksamkeit. Dafür übernehmen die Banken grds. keine Haftung (Art. 17
S. 1 ERA). Dies gilt auch für Bezeichnung, Menge, Gewicht, Qualität,
Beschaffenheit, Verpackung, Lieferung, Wert oder Vorhandensein der

---

[2] Vgl. BGH WM 1987, 977.

durch irgendwelche Dokumente vertretenen Waren, oder für Treu und Glauben oder Handlung und/oder Unterlassungen sowie für Zahlungsfähigkeit, Leistungsvermögen oder Ruf des Absenders, der Frachtführer oder der Versicherer der Waren oder irgendwelcher anderer Personen (Art. 17 S. 2 ERA).

## D. Übertragung

549   Gem. Art. 54a. ERA ist ein übertragbares Akkreditiv ein Akkreditiv, bei dem der Exporteur berechtigt ist, die zur Zahlung oder Akzeptleistung aufgeforderte oder jede zur Negoziierung berechtigte Bank zu ersuchen, das Akkreditiv im ganzen oder zum Teil Dritten (**Zweitbegünstigten**) verfügbar zu stellen. Bei den Dritten handelt es sich in der Regel um Vorlieferanten des Exporteurs, deren Lieferung dieser nicht aus eigenen Mitteln finanzieren kann oder will. Das übertragbare Akkreditiv ist mithin ein Finanzierungsinstrument des Exporteurs. Ein Akkreditiv kann nur übertragen werden, wenn es von der Hausbank des Importeurs ausdrücklich als „übertragbar" oder „transferable" bezeichnet wird (Art. 54b. ERA). Grundsätzlich erfolgt die Übertragung nur zu den im Originalakkreditiv angegebenen Bedingungen, allerdings mit einigen Ausnahmen, wie z. B., daß

– der Akkreditivbetrag,
– die im Akkreditiv genannten Preise pro Einheit,
– die Gültigkeitsdauer,
– das Verfalldatum zur Vorlage der Dokumente,
– die Verladungsfrist

insgesamt oder einzeln *ermäßigt* oder *verkürzt* werden können (Art. 54e. S. 3 ERA).

550   Nachdem die zur Übertragung berechtigte Bank (**übertragene Bank**) den Übertragungsauftrag geprüft hat, entscheidet sie, ob und wie (Umfang und Art) sie den Übertragungsauftrag ausführen will, und zwar je nach Vertrauenswürdigkeit des Zweitbegünstigten. Hat sich die übertragene Bank für die Ausführung des Übertragungsauftrags entschieden, macht sie dem Zweitbegünstigten davon Mitteilung, und zwar nicht, ohne in der Regel zuvor den Namen des Importeur durch den Namen des Exporteurs zu ersetzen (Art. 54e S. 4 ERA); denn es entspricht meistens nicht dem Interesse des Exporteurs, seine Geschäftsverbindungen dem Zweitbegünstigten offenzulegen.

551   Der Exporteur erhält eine Ausführungsbestätigung des Auftrags mit einer Kopie der Übertragung an den Zweitbegünstigten, seinen Lieferanten. Nachdem der Zweitbegünstigte die Dokumente nebst seiner Rechnung der übertragenen Bank vorgelegt hat, wird der Exporteur durch diese aufgefordert, den Austausch der Rechnungen und evtl. Trat-

ten vorzunehmen. Anschließend werden die Dokumente an die Hausbank des Importeurs weitergeleitet. Der Exporteur erhält die Differenz zwischen seiner Rechnung und der Rechnung des Zweitbegünstigten, i. e. seinen Gewinn, von der übertragenen Bank vergütet. Rechtlich gesehen handelt es sich auch bei der Akkreditivübertragung um ein abstraktes Schuldversprechen der Hausbank des Importeurs (§ 780 BGB), mit dessen Abgabe die Bank ihre Verpflichtung aus der Übertragungsvereinbarung mit dem Exporteur erfüllt. Die Übertragung erfolgt an Erfüllungs statt (§ 364 I BGB), und zwar dadurch auflösend bedingt, daß der Zweitbegünstigte das übertragene Akkreditiv innerhalb der Gültigkeitsdauer nicht in Anspruch nimmt.

Zwischen Exporteur und seinem Lieferanten (Zweitbegünstigten) besteht regelmäßig ein Kauf- oder Werklieferungsvertrag, mit der Maßgabe, daß der Exporteur die Übertragbarkeit des zu seinen Gunsten ausgestellten Akkreditivs gewährleistet. Die Übertragung des Akkreditivs erfolgt hier nur erfüllungshalber, d. h. der Zweitbegünstigte behält bis zur Auszahlung seines Teils der Akkreditivsumme seinen Kaufpreisanspruch gegen den Exporteur. 552

### E. Gegenakkreditiv (Back-to-Back-Credit)

Im Unterschied zum übertragenen Akkreditiv wird beim Gegenakkreditiv kein bestehendes Akkreditiv auf den Lieferanten des Exporteurs übertragen, sondern zu dessen Gunsten ein völlig neues eröffnet. Dieses wiederum wird in der Regel durch das Haupt-(Erst-)Akkreditiv unterlegt. Eine dahingehende Unterlegungsvereinbarung zwischen der Hausbank des Importeurs und dem Exporteur ist rechtlich als Aufrechnungsvertrag zu qualifizieren, mit dem die Bank ihre Forderung gegen den Exporteur, an sie gem. § 669 BGB wegen ihrer Aufwendungen aus dem Gegenakkreditiv mit dem Lieferanten Vorschuß zu leisten, mit ihrer Verbindlichkeit aus dem Hauptakkreditiv aufrechnet. Der Aufrechnungsvertrag ist allerdings durch die Einreichung der jeweils geforderten Dokumente seitens des Exporteurs bzw. seines Lieferanten bedingt. 553

# Stichwortverzeichnis
(Zahlenangaben sind Randnummern)

Abbuchungsauftrag (Lastschrift), 428
Abbuchungsauftragsverfahren (Lastschrift), 431
Abschlußvermittlung, 4
Abtretungsanzeige, 233
Abtretungsverbote, 221 ff.
Ad-hoc-approach, 148
Administrative agent, 153
Advance payment guarantee, 414
AGB-Sicherungsabtretung, 229
Agent, 152 f.
Akkreditivgeschäft, 538 ff.
Akkreditivklausel, 540
Akzeptkredit, 133 ff.
Akzessorietät, 175, 235
Allgemeine Geschäftsbedingungen (AGB), 45 ff.
Anderkonto, 85
Anlageberatung, 6
Anlagebuch, 10
Anlagebuch-Großkredit, 10
Anlagebuch-Großkrediteinzelobergrenze, 10
Anlagebuch-Großkreditgesamtobergrenze, 10
Anlagevermittlung, 4
Anlegerentschädigungseinrichtung, 30
Annuitätendarlehen, 103
Annuitätentabelle, 103
Anteilscheine, 367
Anwartschaftsrecht, 203
Arbitrage, 500
Ausbietungsgarantie, 412
Ausfallbürgschaft, 285
Ausfallhypothek, 241
Auskunftsklage, 105
Auswahlverschulden, 361
Auszahlungsgarantie, 414
Außenkonsortium, 149
Availibility-clause, 154
Avalurkunden, 402

Back-to-Back-Credit, 553
Back-up line facility, 162, 537
Backstop facility, 162, 537

Balloon-payment-clause, 154
Bankauskunft, 49 ff.
Bankgeheimnis, 49
Bankrecht, 1 ff.
 – öffentliches, 7 ff.
 – privates, 44 ff.
Bankvertrag, 44
Bargebot, 268
Begebungskonsortium, 517
Beratungspflichten (Termingeschäft), 514 ff.
Beschlagnahme, 242
Bestimmtheitsgrundsatz, 206, 228
Beteiligungsfonds, 383 ff.
Bista-Meldungen, 26, 41
Bogen, 351
Bonitätsprüfung, 16 ff.
Bonussparverträge, 74
Borrower Option for Notes and Underwritten Standby, 160
Börsentermingeschäft, 498 ff.
 – erlaubtes inoffizielles, 501
 – erlaubtes offizielles, 501
 – verbotenes, 501
Briefhypothek, 236
Broadcast approach, 148
Btx-home banking, 478 ff.
Buchhypothek, 236
Bullet-payment-clause, 154
Bundesbankgesetz, 32 ff.
Bürgschaft, 273 ff.
 – auf erstes Anfordern, 285
 – selbstschuldnerische, 285

Call option, 501

Dachfonds, Verbot, 378
Datenschutz, 62 ff.
Deckungsgrenze (Sicherheiten), 166
Delkredereanteil (Factoring), 483
Delkrederefunktion (Factoring), 484
Depotabstimmung, 365
Depotbank, 395 ff.
Depotbuch, 366
 – persönliches, 366
 – sachliches, 366

## Stichwortverzeichnis

Depotgeschäft, 113 ff.
Depotprüfung, 365 f.
Derivate, 497
Devisensperre, 298
Dienstleistungsfunktion (Factoring), 484
Differenzeinwand, 509
Differenzgeschäfte, 497
Disagio, 100
Diskont, 301
Diskontgeschäft, 301 ff.
Diskontpolitik, 36
Diskontsatz, 36
Dokumentenakkreditiv, 538
Dokumentenstrenge (Grundsatz), 548
Drittrangmittel, 20
Drittstaateneinlagenvermittlung, 4
Drittverwahrung, 360 ff.
Durchgriffskondiktion, 421

Ec-Automatenzahlung, 471 ff.
Ec-Karte, 405
Effektenlombard, 127
Effektiver Jahreszins, 101
Eigenanzeige, 362
Eigengeschäft, 323 ff.
Eigenhandel, 4
Eigenkapital, haftendes, 20
Eigenkonto, 85
Eigenmittel, 20
Eigentumsvorbehalt, 203 ff.
– einfacher, 203
– verlängerter, 205
Eigenwechsel, 134
Eingriffskondiktion, 422
Einkaufsgeschäft (Wertpapiere), 332 ff.
Einkaufskommission, 316
Einlagengeschäft, 73 ff.
Einlagenkreditinstitut, 22, 27
Einlagenpolitik, 40
Einlagensicherung, 29
Einlagensicherungseinrichtung, 29
Einlagensicherungsfonds, 29
Einmalkosten, 100
Einwendungen, 238
– rechtshindernde, 238
– rechtsvernichtende, 238
Einwendungsdurchgriff (Finanzierungskredit), 122
Einzelzession, 219
Einzugsermächtigung (Lastschrift), 428
Einzugsermächtigungsverfahren (Lastschrift), 431
Electronic-Cash-System, 476 f.

Emission, 517
Emissionsgeschäft, 517 ff.
Emissionskonsortium, 518 ff.
Enthaftung, 242
Ergänzungskapital, 9, 20
Euro-Note-Facilities, 159 ff.
Eurokonsortialkreditvertrag, 154

Factoring, unechtes, 486
Factoringgeschäft, 482 ff.
Festgelder, 73
FIBOR, 104
Fiduciary agent, 153
Finanzdienstleistungen, 4
Finanzdienstleistungsinstitut, 5
Finanzholding-Gesellschaft, 22
Finanzholdinggruppe, 22
Finanzierungsfunktion (Factoring), 484
Finanzierungskredit, 120 ff.
Finanzierungsleasing, 490
– absatzförderndes, 490
– zwischenhändlerisches, 490
Finanzkommissionsgeschäft, 2
Finanzportfolioverwaltung, 4
Finanztransfergeschäft, 4
Finanzunternehmen, 6
Finanzwechsel, 305
Fondanteile, Vertrieb ausländischer, 399 f.
Fondsbewertung, 385 ff.
Fondsverwaltung, 375 ff.
Forfaitierung, 487
Formale Auftragsstrenge (Grundsatz), 403
Forward transactions, 497 b
Fremdemission, 517
Full-pay-out-leasing, 488
Futures contracts, 497 b

Garantenstellung, Prospekthaftung, 531
Garantie, 290 ff.
– indirekte, 416
Garantiearten und -formen, 405 ff.
Garantiegeschäft, 401 ff.
Gegenakkreditiv, 553
Gegengarantie, 416
Gehaltsabtretungen, 223
Geldkarten, 2
Geldkartengeschäft, 2
Geldmaklergeschäft, 6
Geldwäsche, 66 ff.
Genehmigungstheorie, 431
Generalanweisungstheorie, 431

## Stichwortverzeichnis

Geringstes Gebot, 268
Gesamtbuch, 10
Gesamtbuch-Großkrediteinzelobergrenze, 10
Gesamtbuch-Großkreditgesamtobergrenze, 10
Gesamthypothek, 241
Gesamt-Überschreitungsposition, 10
Geschäft „für den, wen es angeht", 338
Geschäftsbesorgungskonsortium, 517
Geschäftskunden, 50
Geschäftsleiterqualifikation, 26 ff.
Gestaltungsklage, 105
Gewährleistungsgarantie, 414
Girogeschäft, 417 ff.
Girosammelverwahrung, 349
Girovertrag, 417
Gläubigergefährdung, 172
Globalzession, 219
Goldene Bilanzregel, 24
Grantor Underwritten Notes, 160
Großkredit, 9
Großkrediteinzelobergrenze, 9
Grundpfandrecht, 234 ff.
– Freigabe, 261 f.
– Zwangsvollstreckung, 263 ff.
Grundsätze (§§ 10, 11 KWG), 24 f.
Grundschuld, 250 ff.
GS-Gutschrift, 340
Gutschrift, 419
Gutschrift in Wertpapierrechnung, 357

Handelsbuch, 10
Handelsbuchinstitut, 10
Handelswechsel, 302
Hedging, 500
Hermes-Garantie, 411
Hilfsschuld (Bürgschaft), 275
Höchstbetragsbürgschaft, 286
Höchstbetragshypothek, 240
Höchstwertansätze, 17
Hypothek, 235 ff.
– forderungsentkleidete, 237
Hypothekenbankgesetz, 42 f.

Immobilienfonds, 384
Inhaberpapiere, 191, 225
Inkassostelle, erste, 428
Innenkonsortium, 149
– offenes, 149
– verdecktes, 149
Insichgeschäft, 59, 97
Insider, 327, 510

Insiderpapiere, 329, 513
Insidertatsache, 328, 512
Institutsgruppe, 21
Investmentgeschäft, 367 ff.
invitatio ad offerendum, 45

Kapitalanlagegesellschaft, 368 ff.
Kassageschäfte, 497
Kassenvereine, 346
Kernkapital, 9, 20
Kommission mit Selbsteintritt, 497 d
Kommission, 316 ff.
Konkursverschleppung, 172
Konsortialkredit, 146 ff.
Konsortium, 149 ff., 518 ff.
Konten pro Diverse (CpDs), 75
Kontoarten, 76 ff.
Kontokorrentkredit, 141 ff.
Kontokorrentklausel, 208
Kontokorrentkonto, 89 ff.
Kontokorrentvertrag, 91 f., 417
Kontokorrentvorbehalt, 205
Kredit, 99 ff.
– langfristiger, 151
Kreditanzeigen, 7 ff.
Kreditarten, 111 ff.
Kreditauftrag, 288 ff.
Kreditbegriff, 8
Kreditfazilitäten, 159 ff.
Kreditformen, 141 ff.
Kreditgebühren, 100
Kreditgeschäft, 99 ff.
Kreditinstitut, 3
Kreditkarte, 407 ff.
Kreditleihe, 133, 401
Kreditnehmer, 15
Kreditnehmerbezogene Anlagebuch-Gesamtposition, 10
Kreditnehmerbezogene Handelsbuch-Gesamtposition, 10
Kreditsicherheiten, 164 ff.
Kreditsicherungsgarantie, 414
Kreditwesengesetz, 6 ff.
Kundenorders, 308 ff.
Kündigungsgelder, 73

Lastschrift, 428 ff.
Laufendes Konto, 90
Lead Manager, 152
Leasinggeschäft, 488 ff.
Leistungskondiktion, 421
LIBOR, 104
Liquiditätsgrundsätze, 25 f.

Liquiditätsreserve, 391
Lombardkredit, 126 ff.
– unechter, 126, 145
Lombardpolitik, 37 f.
Lombardsatz, 37
Löschungsbewilligung, 262

Mantel, 351
Mantelzession, 219
Meistgebot, 268
Mengentender, 39
Metaverhältnis, 149
Millionenkredit, 13
Mindestbargebot, 268
Mindestreservepolitik, 34 f.
Mischfonds, 377
Mitbürgschaft, 285
Miteigentum an Wertpapieren, Übertragung, 337
Miteigentumslösung (Fondsanteile), 375
Mitverschluß, 191
Monatsausweise, 26
Multicurrency-clause, 154

Nachbürgschaft, 285
Nachgeordnetes Unternehmen, 21
Namenspapiere, 191, 225
Naturalobligation, 507
Negativdaten (SCHUFA), 63 f.
Negoziierungskredit, 139, 546
Netzgeld, 2
Netzkartengeschäft, 2
Nichthandelsbuchinstitut, 9
Non-full-pay-out-leasing, 489
Nostrobestand, 350
Note Issuance Facilities, 163
Notgeschäftsführungsrecht, 56
Nummernkonto, 88

Oder-Konto, 77
Offenmarktpolitik, 39
Open-End-Prinzip, 389
Optionsprämie, 501
Orderausführung (Wertpapiere), 316 ff.
Orderklausel, negative, 442
Orderpapiere, 191, 225
Organkredit, 14

Patronatserklärung, 295
– harte, 295
– weiche, 295
Performance bond, 414
Personalsicherheiten, 273 ff.

Pfanddepots, 363 ff.
Pfandindossament, 191
– offenes, 191
– verdecktes, 191
Pfandrecht, 174 ff.
– an beweglichen Sachen, 175 ff.
– an Rechten, 189 ff.
Pfandreife, 194
Positivdaten (SCHUFA), 63
Prioritätsgrundsatz, 231
Privatdiskonte, 305
Programmed approach, 148
Prospekt, 525 ff.
Prospekthaftung, 529 ff.
Publizität (Grundsatz), 175
Put option, 501

Qualifiziertes Legitimationspapier, 96, 197
Quittung, löschungsfähige, 262

Raumsicherungsverträge, 213
Realkredit, 127
Rediskontkontingente, 36
Rektascheck, 442
Remboursbank, 137
Rembourskredit, 135 ff.
Rentenschuld, 260
Revolving Euronote Issuance Facilities, 160
Revolving Underwriting Facilities, 161
Risikoaktiva, 23
Risikopositionen, 24
Roll-Over-Kredite, 147
Rückgarantie, 416
Rückbelastungsrecht (Wechsel), 303
Rückbürgschaft, 285

Sacheinlageverbot, 390
Sachsicherheiten, 174 ff.
Sale-and-lease-back, 489
Sammelverwahrung, 353 ff.
Schadlosbürgschaft, 285
Scheckeinlösung, 441 ff.
Scheckeinlösungsgarantie, 413, 447
Scheckinkasso, 458 ff.
Schecksperre, 446
Scheckvertrag, 441
Scheinbestandteile, 200
Schiffshypothek, 241
SCHUFA, 62
Schuldbeitritt, 299

## Stichwortverzeichnis

Schuldmitübernahme, 299
Schuldscheindarlehen, 155 ff.
Schuldübernahme, kumulative, 299
Selbstemission, 517
Selbsthaftung, 321
Short-term Note Issuance Facilities, 160
Sicherungsabtretung, 216 ff.
Sicherungsgrundschuld, 250
Sicherungshypothek, 240
Sicherungsübereignung, 198 ff.
Sicherungsvertrag, 168 ff.
Sicherungszweckvereinbarung, 168, 218, 251
Sichteinlagen, 73
Skontration, 449
Sondereigentum an Wertpapieren, Übertragung, 334
Sonderkonto, 82 ff.
Sonderrechtsfähigkeit, 199
Sonderverwahrung, 350 ff.
Sortengeschäft, 4
Sparbriefe, 74
Sparbuch, 95
Spareinlagen, 74, 95
Sparkonto, 95 ff.
Sparobligationen, 74
Sperrkonto, 87
Spezialfonds, 371, 385, 395
Spezialität (Grundsatz), 176
Sphärentheorie, 455, 480
Stand-by-clause, 154
Standby facility, 162
Standby Letter of Credit, 415, 538
Stillhalter, 501
Stornorecht, 419
Streifbänder, 350
Streifbandverwahrung, 350
Strikte Observanz (Grundsatz), 418
Stückeverzeichnis, 333
Stufenklage, 105
Surrogation, dingliche, 244
Surrogationsprinzip, 59
Syndizierung, 148

Tagesgelder, 73
Teilverzichtserklärung, dingliche, 132, 232
Tender Panel, 162
Tenderverfahren, 39, 536 f.
Termineinlagen, 73
Termineinwand, 502 ff.
Termingeschäft, 497 ff.
– unverbindliches, 506

Termingeschäftsfähigkeit, 502 ff.
– kraft Information, 504
Tod eines Kunden, 53 ff.
Traditionspapiere, 209
Traditionsprinzip, 339
Transferable Revolving Underwriting Facilities, 160
Transparenzgebot, 103
Treuhandlösung, Fondsanteile, 375

Überbringerklausel, 442
Übergeordnetes Unternehmen, 21
Übernahmekonsortium, 517
Überraschungsvernehmungen, 52
Übersicherung, 229
Überweisung, 418 ff.
Überziehung, 141 ff.
Überziehungskredit, 92, 141 ff.
Und-Konto, 77
Underwriting Banks, 162, 537
Universalsukzession, 59
Unternehmen mit bankbezogenen Hilfsdiensten, 21

Verbraucher, 111, 142, 492
Verbraucherkredit, 111 ff.
Verbundenes Geschäft (Finanzierungskredit), 120
Verhältnismäßigkeit (Grundsatz), 183
Verität, 484
Verkaufsgeschäft (Wertpapiere), 341 ff.
Verkaufskommission, 316
Verkaufsprospekt, 526
Verkehrshypothek, 237
Verpfändung, 358
– beschränkte, 359
– unbeschränkte, 359
Versanddokumente, 136
Vertragsbruchtheorie, 231, 486
Vertragserfüllungsgarantie, 414
Vertrauen (Prospekthaftung), 531
– persönliches, 531
– typisiertes, 531
Verwahrarten, 349 ff.
Verwahrung, unregelmäßige, 347
Vollstreckungsklausel, 265
Vollstreckungstitel, 264
– Zustellung, 265
Vorausklage, Einrede der, 278
Vorbehaltsklausel, 104

Warenlombard, 130
Warranty guarantee, 414

Wechseleinlösung, 470
Wechselinkasso, 470
Wegen-Konto, 82
Wertpapierbegriff
– Handel, 308
– Verwahrung und Verwaltung, 345
Wertpapierdepotkonten, 347
Wertpapierfonds, 381 ff.
Wertpapiergeschäft, 306 ff.
Wertpapierhandelsunternehmen, 22
Wertpapierhypothek, 241
Wertpapier-Pensionsgeschäfte, 39
Wertstellung, 102
Wetteinwand, 509
Wirtschaftliche Einheit (Finanzierungskredit), 121
WR-Gutschrift, 340, 357

Zahlstelle, 428
Zahlungsgarantie, 415
Zahlungsverkehr, 417 ff.
Zeitbürgschaft, 285
Zeitgeschäft, 499
Zession, stille, 216
Zins, 100 ff.
Zinsänderungsklausel, 104
Zinsbindungsfrist, maximale, 109
Zinseszinsen, 92
Zinsgleitklausel, 104
Zinstender, 39
Zubehör, 202
Zulassungsprospekt, 526
Zwangshypothek, 241
Zwangsversteigerung, 266 ff.
Zwangsverwaltung, 270 ff.
Zweckvereinbarung, weite, 168
Zweitbank (Akkreditiv), 540
Zwischenverwahrer, 360

Inhaber eines Kontos: = wer nach dem Willen der die Kontoeröffnung beantragenden Kunden Gläubiger der Bank werden soll.